高等职业教育财经商贸类技能型人才培养实用教材

国际物流实务

主 编 陈 英

西南交通大学出版社
·成 都·

图书在版编目（CIP）数据

国际物流实务 / 陈英主编. -- 成都：西南交通大学出版社，2025.3. --（高等职业教育财经商贸类技能型人才培养实用教材）. -- ISBN 978-7-5774-0370-0

Ⅰ.F259.1

中国国家版本馆 CIP 数据核字第 2025HZ3631 号

高等职业教育财经商贸类技能型人才培养实用教材
Guoji Wuliu Shiwu
国际物流实务
主编 陈 英

策 划 编 辑	罗在伟
责 任 编 辑	罗爱林
封 面 设 计	何东琳设计工作室
出 版 发 行	西南交通大学出版社
	（四川省成都市金牛区二环路北一段 111 号
	西南交通大学创新大厦 21 楼）
营销部电话	028-87600564　028-87600533
邮 政 编 码	610031
网　　　　址	https://www.xnjdcbs.com
印　　　　刷	成都蜀雅印务有限公司
成 品 尺 寸	185 mm × 260 mm
印　　　张	15
字　　　数	373 千
版　　　次	2025 年 3 月第 1 版
印　　　次	2025 年 3 月第 1 次
书　　　号	ISBN 978-7-5774-0370-0
定　　　价	45.00 元

课件咨询电话：028-81435775
图书如有印装质量问题　本社负责退换
版权所有　盗版必究　举报电话：028-87600562

前　言
PREFACE

国际物流是现代物流的重要组成部分，是国际货物跨越国与国、地区与地区之间的一种物流运作方式。现阶段，物流已经发展成为重要的支柱产业，对于降低社会流通费用等发挥了关键的作用。进入21世纪以来，国际贸易快速发展，规模急剧扩大。在经济全球化的条件下，国际物流的发展正面临着前所未有的机遇。对于国际物流而言，其在业务开展模式与流程等诸多方面，不同于国内物流，有许多新的含义。要充分重视国际物流的作用，对企业内外部资源进行协调，不断推进物流成本的降低和效用的提升，进而确保企业在复杂的国际市场竞争中，能够获得一定的优势。就国际物流产业来说，其发挥着企业发展的神经和血管的作用，如果得不到有效发展，必然影响其物流成本，降低利润水平，并对宏观经济产生影响。

本教材根据职业院校学生的特点和培养目标进行编写，将学习项目对应实际的工作项目，是高职高专院校物流类专业核心课教材，是校企合作双元开发的成果，集教、学、做于一体，具有内容新、实用性强等特点。

本教材以"项目导向、任务驱动"为架构，以满足国际物流技能型人才需求。教材将学习项目对应实际的工作项目，以完成一笔国际贸易业务并按照贸易合同条款实施该笔业务为主线，内容包括国际物流知识和国际贸易知识，国际海运、国际空运、国际多式联运的货物通关、货物运输等操作知识。每个项目均有案例引入，项目下的每个任务均注明了本任务的学习目标，项目的结尾设计了总结提升模块，包括学习提升、任务问题、完成结果、任务评价反馈、学习笔记等内容，从而让学生能更快地学习并进行自我检测。

本教材可作为现代物流管理、供应链运营等专业课教材，也可作为从事国家服务性产业的企业培养紧缺高端技能型人才的参考书。

由于编者水平有限，书中难免存在不足之处，恳请各位专家、同行及其他读者不吝批评和指正。需要特别指出，教材中的企业名和人名均为虚拟，请勿对号入座。

编　者

2024年2月

目 录
CONTENTS

学习项目一　认知国际物流和国际贸易 ··· 001
　　任务一　认知国际物流 ··· 003
　　任务二　认知国际贸易 ··· 027

学习项目二　成立橙汁国际物流公司 ··· 055
　　任务一　橙汁国际物流公司简介 ··· 056
　　任务二　国际物流公司工作内容 ··· 064

学习项目三　签订出口业务合同 ··· 082
　　任务一　正确选择贸易术语 ··· 085
　　任务二　交易磋商 ··· 086
　　任务三　选择货物运输保险 ··· 092
　　任务四　货款的结算 ··· 096

学习项目四　完成海运出口任务 ··· 127
　　任务一　货物通关 ··· 130
　　任务二　货物运输 ··· 168
　　任务三　收汇核销 ··· 177

学习项目五　完成空运、多式联运出口任务 ······································· 190
　　任务一　国际空运操作 ··· 192
　　任务二　国际多式联运操作 ··· 199

学习项目六　总结国际物流公司工作流程 ··· 211
　　国际物流业务流程汇总 ··· 212

附　录　国际物流常用英语 ··· 227

参考文献 ··· 234

学习项目一
认知国际物流和国际贸易

【任务准备】

案例引入

（一）

中国 WY 股份有限公司（以下简称"中国 WY"）是招商局集团物流业务统一运营平台和统一品牌，2003 年 2 月 13 日在香港联合交易所上市，2019 年 1 月 18 日在上海证券交易所上市，是"A+H"两地上市公司。根据全球物流业权威杂志《Transport Topics》2024 年公布的全球海运/空运货代 50 强榜单，中国 WY 海运货代位居全球第二、亚洲第一，空运货代位列全球第五、亚洲第一。

中国 WY 的产品和服务包括海运、空运、公路和铁路运输、船务代理、仓储及配送、码头服务等。不管客户的货物种类是什么，目的地在何处，中国外运总能给予无微不至的关怀，使客户的产品更加准时、安全、高效地面向市场，帮助客户获得竞争优势。中国外运以建设世界一流智慧物流平台企业为愿景，聚焦客户需求和深层次的商业压力与挑战，以最佳的解决方案和服务持续创造商业价值及社会价值，形成了以专业物流、代理及相关业务、电商业务为主的三大业务板块，为客户提供端到端的全程供应链方案和服务。

中国 WY 是世界知名的海运代理服务商之一，能提供中国各主要港口与全球各国家和地区之间，以及全球第三国之间的全程物流服务，以高效、可靠、灵活的物流服务应对海运中的各种挑战。海运服务包括：集装箱海运代理、海运订舱、陆上操作、全程交付、散杂货海运代理等服务。通过集成全网能力、整合优势资源，形成标准化的服务模块与定制化的解决方案，满足不同细分行业的物流需求。

中国 WY 也是全球知名的空运全程物流服务商，为国际航空货运进出口及跨境电商物流提供专业的服务。凭借强大的国内外服务网络、国际干线运力资源，以"产品+解决方案"双引擎模式，为客户提供全程可视化、专业化、定制化的全链路空运物流服务。

中国 WY 也是国内领先的陆运服务提供商，可为客户提供包括国际铁路代理（含过境）、国内铁路代理、国际公路代理等在内的全程综合物流服务。中国 WY 通过参与国家物流枢纽建设，完善境内外网络布局和覆盖范围，形成端到端全程陆运服务通道。能为客户提供包括拼拆箱、集疏运、报关报检、仓储装卸和信息追踪等标准化全场景的物流配套增值服务，并能根据客户的需要提供全程端到端解决方案。

中国WY旗下的中国船务代理有限公司是中国最大的船舶代理公司之一。在中国70余个主要江海港口为客户提供高效、便捷和周到的船舶代理服务，主要服务项目包括：办理船舶进出港查验手续等船舶服务，安排货物报关、装卸、检验等货运（客运）服务，安排燃料、淡水、物料、伙食供应，代购、转送船用备件和物料等供应服务。

中国WY还拥有丰富的码头和集装箱场站资源。这些资源是提供优质、高效的货运和综合物流服务的重要依托，也是中国WY为广大客户提供公共服务的重要平台。

（二）

ZY集团数百家国内外成员企业形成了以北京为中心，以远洋航运和全球物流为依托，以中国香港、欧洲、美洲、大洋洲、非洲、西亚、新加坡、日本和韩国9个区域为支点的全球运营网络和服务体系，目前已经发展成拥有和控制船舶700首、4000多万载重吨的跨国航运、物流和修造船企业集团，在全球160多个国家和地区、1500多个港口不间断地为全球客户提供及时、优质的服务。

ZY把信息技术作为强化物流竞争能力的一个重要手段。早在数年前，ZY就已经通过国际互联网向全球客户推出了网上订舱、中转查询和信息公告等多项业务的网上服务系统。应用完善的物流网络，ZY为上海通用提供了"门到门"全程物流运输服务。

思考：

什么是物流系统？国际物流系统需要具备哪些功能？通过对ZY集团的了解，你如何理解企业的物流系统及其功能要素？

（三）

1956—1967年，苏伊士运河被封闭，直接影响国际货物的运输。当时日本的对外贸易商品运输受到严重威胁，如果将货物绕道好望角或巴拿马运河运往欧洲，则会导致航线增长、时间过长、经济效益下降。后来，日本利用横贯北美大陆的铁路线运输，取得了良好的效果，于是大陆桥运输闻名世界。这说明当时日本的国际物流系统设计成功，面对外部环境的干扰采取了积极的措施应对，使系统具有新的生命力。

（四）

我方某出口公司向外商出口一批苹果。合同及对方开来的信用证上均写的是三级品，但卖方交货时才发现三级苹果库存告罄，于是该出口公司改以二级品交货，并在发票上加注："二级苹果仍按三级计价，不另收费。"当时正赶上国际市场价格大幅度下滑，买方拒收货物，导致我方遭受巨大损失。

任务一　认知国际物流

【学习目标】

掌握国际物流的概念、特点及作用；理解国际物流标准化及相关术语；了解国际物流的基本组成部分，国际物流的产生与发展过程，未来趋势与影响因素；熟悉世界主要国家国际物流发展的特征。

一、国际物流的概念

企业是社会经济的构成个体，多个企业的物流逐渐扩展开来，就形成了城市物流，即微观层面的物流；再扩展起来又形成了国民经济物流，即宏观层面的物流。但是经济发展到今天，企业之间的贸易往来已经不仅仅局限于一个国家之内。随着经济全球化的发展，国际贸易在社会经济中发挥着越来越重要的作用，由国际贸易引发的国际物流也逐步走进了人们的视线，备受关注。

国际贸易是国际物流的前提。当生产和消费在两个以上的国家分别进行时，为了克服生产和消费之间的空间隔离、时间距离，就要对物资进行物理性移动，便形成了国际物流。例如，美国的商务复印机售价相对来说比较低廉，而韩国的家用录像机比较便宜，即使加上横跨大洋的运费，这两种产品的价格还是比本土产品更便宜，这种货物的跨国分配就构成了国际贸易。

国际贸易中同样有4流：商流、物流、信息流、资金流。所以单纯的外贸商品的买卖似乎不能构成国际贸易，还有一个重要的部分就是实现商品从出口国向进口国的运输。这就体现了国际物流的重要性。

国际物流（International Logistics，IL），是相对于国内物流而言的，是指货物及物品在不同国家之间的流动和转移，是国内物流越过国界在全球范围内开展的物流。它有广义和狭义之分。狭义的国际物流是指与另一国进出口贸易相关的物流活动，包括货物集运、分拨配送、货物包装、货物运输、申领许可文件、仓储、装卸、流通加工、报关、保险、单据等。广义的国际物流是指各种形式的物资在国与国之间的流入和流出，包括进出口商品、暂时进出口商品、转运物资、过境物资、捐赠物资、援助物资、加工装配所需物料、部件以及退货等在国与国之间的流动。

二、国际物流的作用

国际物流是指跨越国界的物流活动,包括货物的运输、仓储、配送和相关的信息流、资金流等。它是全球贸易的重要组成部分,对于促进国际贸易、推动全球经济发展具有重要的作用。

(一)国际物流是实现全球化贸易的基础

随着全球化的深入发展,越来越多的企业开始跨国经营,需要进行跨国贸易。国际物流为其提供了货物运输、仓储、配送等服务,使跨国贸易变得更加便捷和高效。

(二)国际物流对于促进全球经济发展具有重要作用

国际物流的高效运作可以降低物流成本,提高物流效率,从而促进全球贸易的发展。同时,国际物流也可以促进国际分工和产业升级,推动全球经济的发展。

(三)国际物流可以促进国际合作和交流

在国际物流的业务过程中,不同国家和地区的企业、政府、机构需要进行合作和交流,以确保货物的安全和顺利运输。这种合作和交流可以促进国际上的相互理解和友谊,有利于促进国际和平与发展。

总之,国际物流是全球贸易和经济发展的重要组成部分,对于推动全球化、促进经济发展和促进国际合作具有重要的作用。

三、国际物流的特点

(一)国际物流环境存在差异性

不同国家的物流适用法律不同,所以国际物流的复杂程度远远高于国内的物流活动。不同国家的经济和科技发展水平会导致在不同技术条件支撑下,有些地区无法适应某些物流技术而造成物流全系统水平降低。

物流环境的差异使一个物流系统需要在不同法律、人文、习俗、语言、科技、设施的环境下运行,物流难度和物流系统的复杂度大大增加。

(二)国际物流系统范围广

国际物流系统往往需要跨越多个国家和地区,系统的地理范围大,不仅辐射的空间和地域范围更广,物流过程时间更长,而且还需要通过报关、报检等业务环节。

(三)国际物流必须有国际化信息系统的支持

国际化信息系统是国际物流的主要支持手段。建设国际化信息系统有很大难度,管理困难、投资巨大、各地物流水平不一致，无法建设均衡的国际化信息系统。为了解决这一矛盾，比较好的办法就是与各国分管的公共信息系统联网，及时掌握各港口、机场和联运线路的实际情况。

（四）国际物流的标准化程度要求更高

目前，美国、欧洲基本实现了物流工具和设施的统一标准。比如：叉车的体积是多大？一个托盘的面积是多少？一个集装箱的长、宽、高是多少？物流标准术语里面也规定了物流模数为600毫米×400毫米，衡量一个集装箱港口吞吐能力的指标是标准箱（TEU）。

（五）国际物流的多种运输方式组合

国际物流运输距离长，以远洋运输为主，并采用多种运输方式组合运输。运输方式有海洋运输、铁路运输、航空运输、公路运输以及由这些运输手段组合而成的国际综合运输方式等。国际运输方式的选择和组合不仅关系到国际物流交货周期的长短，还关系到国际物流总成本的多少，运输方式选择和组合的多样性是国际物流的一个显著特征。

（六）国际物流的流量结构正在发生重大调整和转移

国际物流的流量结构是与国际产业结构调整紧密相连的。劳动密集型—资本密集型—技术知识密集型是世界产业结构演变的共同趋势。产业结构的这种演变规律，使各国进出口商品的结构不断调整，因此，国际物流的流量结构也必须随之进行调整与转移。

（七）国际物流具有风险性

国际物流的复杂性使国际物流具有风险性。国际物流过程中涉及更多的内外因素，由此会极大地增加操作过程的难度和风险。国际物流的风险性主要包括政治风险、经济风险和自然风险。政治风险主要指由所经国家的政局动荡，如罢工、战争等原因造成商品可能受到损害或灭失；经济风险主要分为汇率风险和利率风险，主要指从事国际物流必然要发生的资金流动，因而产生汇率风险和利率风险；自然风险则指物流过程中，可能因自然因素，如海风、暴雨等，而引起的商品延迟、商品破损等风险。积极开发和推广国际物流系统中的现代化技术，不仅可以有效地降低物流过程的复杂性，减小风险，而且有助于提高物流系统的效益。

四、国际物流系统

（一）物流系统的概念

物流系统是指在一定的时间和空间里，由所需输送的物料和包括有关设备、输送工具、仓储设备、人员以及通信联系等若干相互制约的动态要素构成的具有特定功能的有机整体。

目的：实现物资的空间效益和时间效益。

组成：运输、装卸、储存、流通加工、包装、配送等。

（二）国际物流系统的概念

国际物流系统是由国家或地区之间的商品运输、储存、装卸搬运、流通加工、包装及国际配送等子系统组成。运输和储存子系统是物流系统的主要组成部分。国际物流通过商品的储存和运输，实现其自身的时间和空间效益，满足国际贸易活动和跨国公司经营的需求。

（三）物流系统的组成要素

物流系统的组成要素包括：一般要素、功能要素、支撑要素和物质基础要素。

1. 物流系统的一般要素

物流系统的一般要素主要是指人、财、物方面。

人是物流的主要因素，是物流系统的主体。人是保证物流得以顺利进行和提高管理水平的最关键的因素。因此，提高人的素质是建立一个合理化的物流系统并使之有效运转的根本。为此，需要合理确定物流从业人员的选拔和录用，加强物流专业人才的培养。

财是物流活动中不可缺少的资金。物流运作的过程，实际也是资金运动过程，同时物流服务本身也需要以货币为媒介。物流系统建设是资本投入的大领域，离开了资金这一要素，物流则难以实现。

物是物流中的原材料、成品、半成品、能源、动力等物质条件，包括物流系统的劳动对象。没有物，物流系统便成为无本之木。

一般要素对物流产生的作用和影响，构成物流系统的"输入"。

2. 物流系统的功能要素

物流系统的功能要素是指物流系统所具有的基本效能组合元素。这些基本效能组合元素有效地组合、集成在一起，就构成了物流的总功能，从而有效、合理地实现物流系统的总目的。

一般认为，物流系统的功能要素主要有运输、仓储、包装、装卸搬运、流通加工、配送和物流信息等7个方面。上述7项功能要素中，运输及仓储功能在物流系统中处于主要功能要素地位。

3. 支撑要素

物流系统的建立需要许多支撑手段，尤其是处于复杂的社会经济系统中，要确定物流系统的地位，要协调与其他系统的关系，这些要素必不可少。支撑要素主要包括以下内容：

（1）体制、制度。这是物流系统的重要保障，它决定了物流系统的结构、组织、领导、管理方式。有了这个支撑条件，才能确立物流系统在国民经济中的地位。

（2）法律、规章。物流系统的运行，不可避免会涉及企业或人的权益问题。一方面，限制法律、规章和规范物流系统的活动，使之与更大的系统协调；另一方面，给予保障，合同的执行、权益的划分、责任的确定都需要依靠法律、规章来维系。

（3）行政、命令。物流系统关系到国家经济命脉。所以，行政、命令等手段也常常是支持物流系统正常运转的重要因素。

（4）标准化系统。标准化保证物流环节协调运行，是物流系统与其他系统在技术上实现连接的重要支撑条件。

4. 物流系统的物质基础要素

物流系统的物质基础要素主要是指物流系统建立和运行所需要的技术装备手段,这些手段的有机联系对物流系统的运行有决定性意义。物质基础要素主要包括以下内容:

(1)物流设施是组织物流系统运行的基础物流条件,包括物流场站、货场、物流中心、仓库、公路、铁路、港口等。

(2)物流装备主要包括货架、搬运及输送设备、加工设备、运输设备、装卸机械等。

(3)物流工具包括包装工具、维护保养工具、办公设备等。

(4)信息技术及网络是掌握和传递物流信息的手段,根据所需信息水平的不同,分为通信设备及线路、传真设备、计算机及网络设备等。

(5)组织及管理是物流网络的软件,起着连接、调运、运筹、协调、指挥各要素的作用,保障物流系统目标的实现。

物流系统具有一般系统所共有的特点,即整体性、相关性、目的性、环境适应性,具有规模庞大、结构复杂、目标众多等大系统所具有的特征。

(四)国际物流系统的组成

1. 运输子系统

运输的作用是将商品使用价值进行空间移动。物流系统依靠运输作业克服商品生产地和需要地点的空间距离,创造了商品的空间效益。国际货物运输是国际物流系统的核心。

2. 仓储子系统

商品储存、保管使商品在其流通过程中处于一种或长或短的相对停滞状态,这种停滞是完全必要的。因为商品流通是一个由分散到集中,再由集中到分散的源源不断的流通过程。国际贸易和跨国经营中的商品从生产厂或供应部门被集中运送到装运港口,有时须临时存放一段时间再装运出口,是一个集和散的过程。它主要在各国的保税区和保税仓库进行,主要涉及各国保税制度和保税仓库建设等方面。保税制度是对特定的进口货物,在进境后,尚未确定内销或复出的最终去向前,暂缓缴纳进口税,并由海关监管的一种制度。这是各国政府为了促进对外加工贸易和转口贸易而采取的一项关税措施。保税仓库是经海关批准专门用于存放保税货物的仓库。

3. 商品检验子系统

国际贸易和跨国经营具有投资大、风险高、周期长等特点,因而商品检验成为国际物流系统中的重要子系统。通过商品检验确定,交货品质、数量和包装条件是否符合合同规定。

4. 商品包装子系统

杜邦定律(美国杜邦化学公司提出)认为:63%的消费者是根据商品的包装装潢进行购买的,国际市场和消费者是通过商品来认识企业的,而商品的商标和包装就是企业的面孔,反映了一个国家的综合科技文化水平。

5. 国际物流信息子系统

该子系统的主要功能是采集、处理、传递国际物流和商流的信息情报。没有功能完善的信息系统,国际贸易和跨国经营将寸步难行。

国际物流信息的主要内容包括进出口单证的作业过程、支付方式信息、客户资料信息、市场行情信息和供求信息等。国际物流信息系统的特点是信息量大，交换频繁；传递量大，时间性强；环节多、点多、线长。所以需要建立技术先进的国际物流信息系统。

（五）国际物流系统的运作模式

国际物流系统的运作模式包括：系统的输入部分、系统的输出部分以及将系统的输入转换成输出的转换部分。在系统运行过程中或一个系统循环周期结束时，有外界信息反馈回来，为原系统的完善提供改进信息，使下一次的系统运行有所改进，如此循环往复，使系统逐渐达到有序的良性循环。

（六）国际物流系统网络

国际物流网络系统是由多个国际物流"节点"和它们之间的连线所构成的物流抽象网络，以及与之相伴的信息流网络的有机整体。

（1）国际物流节点是指进出口过程中所涉及的国内外各层仓库。

（2）国际物流连线是指连接国内外众多收发节点间的运输线路。

国际物流的节点执行停顿使命，连线执行运动使命，这两个元素相互关联组成不同的国际物流系统网络。

五、国际物流节点

（一）国际物流节点的功能

物流节点又称物流接点，是物流网络中连接物流线路的结节之处，具有 3 项功能：衔接功能、信息功能、管理功能。

1. 衔接功能

物流结点将各个物流线路联结成一个系统，使各个线路通过节点变得更为贯通而不是互不相干，这种作用被称为衔接作用。国际物流节点一般采用以下手段来衔接物流：

（1）通过转换运输方式，衔接不同运输手段；

（2）通过加工，衔接干线物流及配送物流；

（3）通过储存，衔接不同时间的供应物流与需求物流；

（4）通过集装箱、托盘等集装处理，衔接整个"门到门"运输，使之成为一体。

2. 信息功能

物流节点是整个物流系统或与节点相接物流的信息传递、收集、处理、发送的集中地。这种信息作用在现代物流系统中起着非常重要的作用，也是复杂物流存储单元联结成有机整体的重要保证。

3. 管理功能

物流系统的管理设施和指挥机构往往集中设置于物流节点之中。实际上，物流节点大多是集管理、指挥、调度、信息、衔接及货物处理于一体的物流综合设施。整个物流系统运转的有序化和正常化，整个物流系统的效率和水平取决于物流节点管理职能实现的情况。

（二）国际物流节点的类型

1. 转运型结点

转运型节点以连接运输方式为主要职能，停留时间短，如铁路货运站、海运码头港口、公路货场、航运机场、不同运输方式之间的转运站、终点站和口岸等。货物在这类节点上停留的时间较短。

2. 储存型节点

储存型节点以货物储存为主要职责，停留时间长，如储备仓库、营业仓库、中转仓库、港口和口岸仓库等。国际货物在这类节点上停留的时间较长。

3. 流通型节点

流通型节点以组织国际货物在物流系统中的运动为主要职能，如流通仓库、配送中心、流通中心等。

4. 综合型节点

综合型节点是指将若干功能有机结合在一体的集约型节点，如国际物流中心、自由贸易区、保税区、出口加工区等。

（三）国际物流节点——口岸

1. 口岸的概念

口岸是国家指定对外经贸、政治、外交、科技、文化、旅游和移民往来，并用作往来人员、货物和交通工具出入国（边）境的港口、机场、车站的通道。简单来说，口岸是国家指定对外往来的门户。

2. 口岸的分类

（1）按批准开放的权限划分。

一类口岸，指国务院批准开放的口岸（包括中央管理的口岸和由省区市管理的部分口岸）。

二类口岸，指省级人民政府批准开放并管理的口岸。

（2）按出入境的交通运输方式划分。

港口口岸，指国家在江河湖海沿岸开设的供人员和货物出入国境及船舶往来停靠的通道。

陆地口岸，指国家在陆地上开设的供人员和货物出入国境及陆上交通运输工具停站的通道。

航空口岸，又称空港口岸，是指国家在开辟有国际航线的机场上开设的供人员和货物出入国境及航空器起降的通道。

3. 中国电子口岸

中国电子口岸运用现代信息技术，借助国家电信公网资源，将国家各行政管理机关分别管理的进出口业务信息流、资金流、货物流的电子底账数据集中存放在公共数据中心，实现数据共享和数据交换。各个国家行政管理部门可进行跨部门、跨行业的联网数据核实，企业可以在网上办理各种进出口业务。

中国电子口岸建立的重要意义：首先，有利于增强管理部门的管理综合效能；其次，使管理部门在进出口环节的管理更加完整和严密；最后，降低贸易成本，提高贸易效率。总之，中国电子口岸是中国电子化政府的雏形，是贸易现代化的重要标志，是提高行政执法透明度，实现政府部门行政执法公平、公正、公开的重要途径。

（四）国际物流节点——港口

1. 港口的分类

港口按其基本功能可分为商港、渔港、军港和避风港4大类。

2. 港口的特点

（1）货物集结点。港口是整个供应链上最大的集结点，连接着各种陆路运输方式，汇聚着内陆运输、水路运输等大量的货物。世界贸易90%以上是通过港口实现的。

（2）信息中心。在港口地区落户的有货主、货运商、批发商、物流企业、海关、商品检验机构及其他各有关机构，汇集了大量的货源信息、技术信息和服务信息，促使港口成为重要的信息中心。

（3）现代产业中心。港口是生产要素的最佳结合点，缩小国家之间生产要素的禀赋差异，优化配置国际生产要素建设工业，节省大量物流成本，增强国际竞争力。

（4）国际贸易服务基地。港口是国际贸易中重要的服务基地。在物流方面，港口为船舶、汽车、火车、飞机、货物、集装箱提供中转运输、装卸仓储等综合物流服务；在商流方面，为用户提供如代理、保险、融资、货代、船代、通关等商贸和金融服务。

3. 港口的功能

港口是内地的货物、旅客运往海外，或船舶靠岸后起卸客货运送至本地或内陆各地的交汇地。因此港口的功能可以归纳如下：

（1）货物装卸和转运功能，是港口最基本的功能，即货物通过各种运输工具转运到船舶或从船舶转运到其他各种运输工具，实现货物在空间位置的有效转移，开始或完成水路运输的全过程。

（2）商业功能，即在商品流通过程中，货物的集散、转运和一部分储存都发生在港口。

（3）工业功能。随着港口的发展，临江工业、临海工业越来越发达，通过港口，由船舶运入供应工业的原料，再由船舶输出加工制造的产品。前者使工业生产得以进行，后者使工业产品的价值得以实现。

4. 世界主要区域的港口

（1）欧洲地区主要港口。

① 欧洲基本港：安特卫普港、汉堡港、勒阿佛尔港、弗利克斯托港、南安普顿港、鹿特丹港。

② 欧洲内陆港：泽布吕赫港、不来梅港、马赛港、朴次茅斯港、都柏林港、腓特烈斯塔港、里斯本港、斯德哥尔摩港。

（2）北美地区主要港口。

① 美国地区主要港口：

美国东海岸港口：纽约港、萨凡纳港、迈阿密港、诺福克港、杰克逊维尔港、查尔斯顿港、休斯敦港。

美国西海岸港口：洛杉矶港、长滩港、西雅图港、奥克兰港。

② 加拿大地区主要港口：温哥华港口、多伦多港口、蒙特利尔港。

（3）南美地区主要港口。

一般以巴拿马运河为界与北美洲分隔。

① 南美西地区港口：布埃纳文图拉港、卡亚俄港、瓜亚基尔港、伊基克港、瓦尔帕莱索港、圣安东尼奥港。

② 南美东地区港口：布宜诺斯艾利斯港、蒙得维的亚港、桑托斯港、帕拉那瓜港、里奥格兰德港、里约热内卢港、伊塔雅伊港、亚松森港、培森港。

（4）澳、新地区主要港口。

① 澳大利亚：阿德莱德港、布里斯班港、佛力曼特尔港、墨尔本港、悉尼港。

② 新西兰：奥克兰港、惠灵顿港。

（5）地中海地区主要港口。

地中海以亚平宁半岛、西西里岛和突尼斯之间的突尼斯海峡为界，分东西两部分。

① 地东线港口：利马索尔港、亚历山大港、达米埃塔港、阿什杜德港、贝鲁特港。

② 地西线港口：巴塞罗那港、瓦伦西亚港、那不勒斯港、利沃诺港。

（6）东南亚地区主要港口。

新加坡港、马来西亚巴生港、马来西亚槟城港、越南海防港、柬埔寨金边港、泰国曼谷港、泰国林查班港、缅甸仰光港、菲律宾马尼拉港、印度尼西亚雅加达港、印度尼西亚三宝垄港、印度尼西亚泗水港。

（五）国际物流节点——自由港或自由贸易区

1. 基本概念

自由港（Free Port）又称自由口岸。自由贸易区（Free Trade Zone）又称对外贸易区、自由区、工商业自由贸易区等。无论自由港或自由贸易区是否划在关境以外，对进出口商品全部或大部分免征关税，并且准许在港内或区内开展商品自由储存、展览、拆散、改装、重新包装、整理、加工和制造等业务活动，有助于本地区的经济和对外贸易的发展，增加财政收入和外汇收入。

广义的自由贸易区指由两个或两个以上国家或地区或单独的关税区组成，取消关税等非关税限制，在区外实施贸易保护的经济特区或经济集团。比如北美市场自由经济贸易区（包括美国、加拿大、墨西哥）、东盟国家自由贸易区（包括中国东盟10国）等。

狭义的自由贸易区是指在一个国家或单独的关税地区设立的经济特区，由栅栏隔开，置于海关管辖范围之外。允许外国船舶自由进出该区，外国货物免税进口，取消对进口货物的配额控制，它是自由港的进一步延伸，如德国汉堡的自由贸易区。

2. 自由贸易区的分类

（1）按性质划分。

就性质而言，自由贸易区可分为：商业自由区和工业自由区。前者不允许货物的拆包零售和加工制造；后者允许免税进口原料、元件和辅料，并指定加工作业区加工制造。

（2）按功能划分。

世界自由贸易区的功能设定是根据区位条件和进出口贸易的流量而确定的，并随着国内外经济形势的发展而调整和发展。其主要类型有以下几种：

① 转口集散型。这一类自由贸易区利用优越的自然地理环境从事货物转口及分拨、存储、商业性加工等。最突出的是巴拿马的科隆自由贸易区。

② 贸工结合、以贸为主型。这类自由贸易区以进出口贸易为主，兼搞一些简单的加工和装配制造。在发展中国家最为普遍，如阿联酋迪拜港自由港区。

③ 出口加工型。这类自由贸易区主要以加工为主，以转口贸易、国际贸易、仓储运输服务为辅，如尼日利亚自由贸易区。

④ 保税仓储型。这类自由贸易区主要以保税为主，免除外国货物进出口手续，较长时间处于保税状态，如荷兰阿姆斯特丹港自由贸易区。

3. 自由贸易区的一般规定

（1）建立自由贸易区的目的是便利组成自由贸易区的国家和地区之间的贸易，贸易壁垒大体上不得高于或严于未建立自由贸易区时各成员国和地区对未参加自由贸易区的各成员所实施的关税、贸易规章的一般限制水平。

（2）任何成员如决定加入自由贸易区或签订成立自由贸易区的临时规定，应有一个在合理期间内成立自由贸易区的计划和进程表。

（3）任何成员决定加入自由贸易区，或签订成立自由贸易区的临时协定，应及时通知全体成员，并应向其提供有关拟议的自由贸易区的资料，以使全体成员得以斟酌并向各成员提供报告和建议。如果全体成员发现参加协定各方在所拟议的期间内不可能组成自由贸易区，或认为所拟议的期间不够合理，全体成员应向参加协定各方提出建议，如参加协定各方不准备按照这些建议修改临时规定，则有关协定不得维持或付诸实施。

（4）对自由贸易区成立计划或进程表的任何重要修改都应通知全体成员。如果这一改变将危及或不适当地延迟自由贸易区的建立，全体成员可以要求同有关成员进行协商。

（5）为建立自由贸易区的过渡性临时协议的合理期限只有在特殊情况下才允许超过10年，当一项协议的成员认为10年不够时，则须向货物理事会提供需要更长一段时间的完整解释。

（6）自由贸易区要接受世界贸易组织工作组的检查，并定期向世界贸易组织理事会做出协议执行情况的报告。当今世界，自由贸易区的发展形势非常迅猛，在全球范围内其数量已经达到数十个，范围遍及各大洲，是区域经济一体化的主要形式之一。其中，北美自由贸易区和东盟自由贸易区最具典型意义，而北美自由贸易区也是世界上最大的自由贸易区。其他自由贸易区还有中欧自由贸易区、欧盟—拉美自由贸易区等。

4. 我国主要自由贸易区

（1）中国（上海）自由贸易试验区。

发展目标：按照党中央、国务院对自贸试验区"继续积极大胆闯、大胆试、自主改""探索不停步、深耕试验区"的要求，深化完善以负面清单管理为核心的投资管理制度、以贸易便利化为重点的贸易监管制度、以资本项目可兑换和金融服务业开放为目标的金融创新制度、以政府职能转变为核心的事中事后监管制度，形成与国际投资贸易通行规则相衔接的制度创新体系，充分发挥金融贸易、先进制造、科技创新等重点功能承载区的辐射带动作用，力争建设成为开放度最高的投资贸易便利、货币兑换自由、监管高效便捷、法治环境规范的自由贸易园区。

实施范围：自贸试验区的实施范围120.72平方千米，涵盖上海外高桥保税区、上海外高桥保税物流园区、洋山保税港区、上海浦东机场综合保税区4个海关特殊监管区域（28.78平方千米）以及陆家嘴金融片区（34.26平方千米）、金桥开发片区（20.48平方千米）、张江高科技片区（37.2平方千米）。

功能划分：按区域布局划分，上海浦东机场综合保税区已形成融资租赁、空运亚太分拨中心、跨境电商、航空维修、高端消费品保税展示、快件转运中心等临空功能服务产业链；上海外高桥港综合保税区已形成跨国公司面向东北亚的出口采购中心和有色金属、IT零部件进口分拨基地，积极拓展国际中转集拼、全球分拨中心、进口汽车展销、多式联运、跨境电商等功能业态；上海外高桥保税区已形成以国际贸易、高端制造和现代物流为主的功能集聚区；陆家嘴金融片区探索建立与国际通行规则相衔接的金融制度体系，与总部经济等现代服务业发展相适应的制度安排；金桥片区是上海重要的先进制造业核心功能区、生产性服务业集聚区、战略性新兴产业先行区和生态工业示范区；张江高科技片区重点在国家科学中心、发展"四新"经济、科技创新公共服务平台、科技金融、人才高地和综合环境优化等领域。

（2）中国（广东）自由贸易试验区。

发展目标：经过三至五年改革试验，营造市场化、法治化、国际化营商环境，构建开放型经济新体制，实现粤港澳深度合作，形成国际经济合作竞争新优势，力争建成符合国际高标准的法治环境规范、投资贸易便利、辐射带动功能突出、监管安全高效的自由贸易园区。

实施范围：自贸试验区的实施范围116.2平方千米，涵盖3个片区：广州南沙新区片区60平方千米（含广州南沙保税港区7.06平方千米）、深圳前海蛇口片区28.2平方千米（含深圳前海湾保税港区3.71平方千米）、珠海横琴新区片区28平方千米。

功能划分：按区域布局划分，广州南沙新区片区重点发展航运物流、特色金融、国际商贸、高端制造等产业，建设以生产性服务业为主导的现代产业新高地和具有世界先进水平的综合服务枢纽；深圳前海蛇口片区重点发展金融、现代物流、信息服务、科技服务等战略性新兴服务业，建设我国金融业对外开放试验示范窗口、世界服务贸易重要基地和国际性枢纽港；珠海横琴新区片区重点发展旅游休闲健康、商务金融服务、文化科教和高新技术等产业，建设文化教育开放先导区和国际商务服务休闲旅游基地，打造促进澳门经济适度多元发展新载体。

（3）中国（重庆）自由贸易试验区。

发展目标：经过三至五年改革探索，努力建成投资贸易便利、高端产业集聚、监管高效便捷、金融服务完善、法治环境规范、辐射带动作用突出的高水平高标准自由贸易园区，努力建成服务于"一带一路"倡议和长江经济带发展的国际物流枢纽、口岸高地，推动构建西部地区门户城市全方位开放新格局，带动西部大开发战略深入实施。

实施范围：自贸试验区的实施范围 119.98 平方千米，涵盖 3 个片区：两江片区 66.29 平方千米（含重庆两路寸滩保税港区 8.37 平方千米）、西永片区 22.81 平方千米［含重庆西永综合保税区 8.8 平方千米、重庆铁路保税物流中心（B 型）0.15 平方千米］、果园港片区 30.88 平方千米。

功能划分：按区域布局划分，两江片区着力打造高端产业与高端要素集聚区，重点发展高端装备、电子核心部件、云计算、生物医药等新兴产业及总部贸易、服务贸易、电子商务、展示交易、仓储分拨、专业服务、融资租赁、研发设计等现代服务业，推进金融业开放创新，加快实施创新驱动发展战略，增强物流、技术、资本、人才等要素资源的集聚辐射能力。西永片区着力打造加工贸易转型升级示范区，重点发展电子信息、智能装备等制造业及保税物流中转分拨等生产性服务业，优化加工贸易发展模式。果园港片区着力打造多式联运物流转运中心，重点发展国际中转、集拼分拨等服务业，探索先进制造业创新发展。

（4）中国（四川）自由贸易试验区。

战略定位：以制度创新为核心，以可复制可推广为基本要求，立足内陆、承东启西，服务全国、面向世界，将自贸试验区建设成为西部门户城市开发开放引领区、内陆开放战略支撑带先导区、国际开放通道枢纽区、内陆开放型经济新高地、内陆与沿海沿边沿江协同开放示范区。

发展目标：经过三至五年改革探索，力争建成法治环境规范、投资贸易便利、创新要素集聚、监管高效便捷、协同开放效果显著的高水平高标准自由贸易园区，在打造内陆开放型经济高地、深入推进西部大开发和长江经济带发展中发挥示范作用。

实施范围：自贸试验区的实施范围 119.99 平方千米，涵盖 3 个片区：成都天府新区片区 90.32 平方千米［含成都高新综合保税区区块四（双流园区）4 平方千米、成都空港保税物流中心（B 型）0.09 平方千米］、成都青白江铁路港片区 9.68 平方千米［含成都铁路保税物流中心（B 型）0.18 平方千米］、川南临港片区 19.99 平方千米［含泸州港保税物流中心（B 型）0.21 平方千米］。

功能划分：按区域布局划分，成都天府新区片区重点发展现代服务业、高端制造业、高新技术、临空经济、口岸服务等产业，建设国家重要的现代高端产业集聚区、创新驱动发展引领区、开放型金融产业创新高地、商贸物流中心和国际性航空枢纽，打造西部地区门户城市开放高地；成都青白江铁路港片区重点发展国际商品集散转运、分拨展示、保税物流仓储、国际货代、整车进口、特色金融等口岸服务业和信息服务、科技服务、会展服务等现代服务业，打造内陆地区联通丝绸之路经济带的西向国际贸易大通道重要支点；川南临港片区重点发展航运物流、港口贸易、教育医疗等现代服务业，以及装备制造、现代医药、食品饮料等先进制造和特色优势产业，建设成为重要区域性综合交通枢纽和成渝城市群南向开放、辐射滇黔的重要门户。

世界主要自由贸易区如表 1-1 所示。

表 1-1　世界主要自由贸易区

名称或特点	国家、地区、城市
杰贝阿里自由区	迪拜
独联体成员国多边自由贸易区	独联体成员国
中日韩自由贸易区	中国、日本、韩国
北美自由贸易区（简称 NAFTA）	美国、加拿大、墨西哥
美洲自由贸易区（简称 FTAA）	阿根廷、安提瓜和巴布达、巴巴多斯、巴哈马、巴拉圭、巴拿马、巴西、秘鲁、玻利维亚、多米尼加、多米尼克、厄瓜多尔、哥伦比亚、哥斯达黎加、格林纳达、海地、加拿大、美国、墨西哥、尼加拉瓜、萨尔瓦多、圣卢西亚、圣文森特和格林纳丁斯、圣基茨和尼维斯联邦、苏里南、特立尼达和多巴哥、危地马拉、委内瑞拉、乌拉圭、牙买加、智利、圭亚那、伯利兹、古巴、加勒比
中欧自由贸易区（简称 CEFTA）	波兰、匈牙利、捷克、斯洛伐克、斯洛文尼亚、罗马尼亚、保加利亚
东盟自由贸易区（简称 AFTA）	印度尼西亚、马来西亚、菲律宾、新加坡、泰国、文莱、越南、老挝、缅甸、柬埔寨
欧盟与墨西哥自由贸易区	奥地利、比利时、保加利亚、塞浦路斯、克罗地亚、捷克、丹麦、爱沙尼亚、芬兰、法国、德国、希腊、匈牙利、爱尔兰、意大利、拉脱维亚、立陶宛、卢森堡、马耳他、荷兰、波兰、葡萄牙、罗马尼亚、斯洛伐克、斯洛文尼亚、西班牙、瑞典、英国、墨西哥
中国—东盟自由贸易区	中国、印度尼西亚、马来西亚、菲律宾、新加坡、泰国、文莱、越南、老挝、缅甸和柬埔寨
巴拿马科隆自由贸易区	巴拿马、科隆
德国汉堡自由贸易区	德国
美国纽约1号对外贸易区	美国
中国自由贸易试验区	上海、广东、天津、福建、辽宁、浙江、河南、湖北、重庆、四川、陕西、海南、山东、江苏、广西、河北、云南、黑龙江
加勒比自由贸易区	安提瓜和巴布达、巴巴多斯、巴哈马、伯利兹、多米尼克、格林纳达、圭亚那、圣卢西亚、圣基茨和尼维斯、圣文森特和格林纳丁斯、特立尼达和多巴哥、蒙特塞拉特、苏里南、海地、牙买加

六、国际物流连线

（一）基本概念

国际物流连线是指连接国内外众多收发货物节点间的运输线，如各种海运航线、铁路线、飞机航线以及海、陆、空联运航线。

这些网络连线是库存货物的移动（运输）轨迹的物化形式；每一对节点有许多连线以表

示不同的运输路线、不同产品的各种运输服务；各节点表示存货流动暂时停滞，其目的是更有效地移动（收或发）。

国际物流连线实质上也是国际物流流动的路径，主要包括国际远洋航线及通道、国际航空线、国际铁路运输线与大陆桥、国际主要输油管道等。

（二）国际远洋航线及海上通道

世界各地水域，在港湾、潮流、风向、水深及地球球面距离等自然条件的限制下，可供船舶航行的一定路径称为航路。海上运输运营为实现最大的经济效益在许多不同航路中所选定的运营通路称为航线。

海上航线有以下几种分类方式：

1. 根据行径水域划分

（1）远洋航线，又称大洋航线，指国与国之间或地区间经过一个或数个大洋的国际海上运输，如中国至美国、欧洲一些国家的海上运输。

（2）近洋航线，指一国各海港至邻近国家海港间的海上运输航线，如中国至日本、韩国各港口的海上运输航线。

（3）沿海航线，指一国沿海区域各港口间的运输线，如上海港至大连港的海上运输线。

（4）环球航线，指将太平洋、大西洋和印度洋连接起来进行航行的航线。

2. 根据航线有效时间划分

（1）季节性航线，指随季节的改变而改变的航线，由于船舶航行受自然条件特别是大洋洋流、季风等因素的影响，而大洋洋流、季风又会因气候的变化而改变方向或流量，如随着季节的变化，洋流的方向、流量，风的方向、风力也会随之发生变化。为了借助风力和洋流，节省运力，加快速度，船舶通常在不同的季节会走不同的航线。例如，为避免北太平洋冬季的海雾与夏季的风暴，远东—北美西海岸各港航线夏季偏北，冬季南移。

（2）常年航线，指不随季节的改变而改变的航线。

3. 根据运力、运程和运量划分

（1）主干航线，又称干线，是连接枢纽港口或中心港口的海上航线，主要是指世界主要的集装箱班轮航线。这类航线连接世界各集装箱枢纽港口，航行大型集装箱船舶。如全球集装箱班轮的主干航线有：远东/北美、远东/欧洲、欧洲/北美航线，包括环球钟摆式航线在内，是全球集装箱运输的3大主干航线。世界主要集装箱枢纽港大多坐落在这3条航线上。

（2）分支航线，又称支线，是连接分流港口或称交流港口的海上航线，是为主干航线提供服务的海上运输线。支线上运行的船舶多为小型船舶，连接的港口多为地方枢纽港或分流港口。

4. 根据组织形式划分

（1）直达航线，是指在水运范围内，船舶从起运港（始发港）到终点港，不在中途挂靠港口、装卸货物或增减驳船的运输航线。直达航线具有运输速度快、船舶周转快、节省费用等优点，但它要求在两港口之间有较稳定的货流。这类航线在班轮运输中多为主干航线。

（2）中转航线，是指在水运范围内，船舶从始发港至终点港，在中途挂靠港口、装卸货物或使用驳船的运输航线。

5. 根据发船时间划分

（1）定期航线（班轮航线），是指在水运范围内，船舶定线、定点、定期的航线。这类航线现在多为集装箱班轮航线，通常是指定时间、定航线、定船舶、定货种、定港口的"五定"航线。在设定航线特别是班轮干线航线时，不仅要考虑货物的情况、航线情况等，还要考虑港口的综合条件，如自然条件、腹地状况、装卸能力、仓储能力、装卸效率等一系列的参数。

（2）不定期航线，是指相对于定期船运输而言的另一种船舶劳动方式。与班轮运输不同，不定期船运输没有预订的船期表，没有固定的航线和停靠港口，而是追随货源，须依据船舶所有人和承租人双方签订的租船合同安排船舶就航的航线。不定期船主要从事大宗货物的运输，如谷物、石油、矿石、煤炭、木材、砂糖、化肥、磷矿石等，一般都是整船装运。

6. 根据航海技术划分

（1）大圆航线，是地球圆体上两点之间最短的航程线。但它与所有子午线相交成不等的角度（子午线和赤道除外），即沿大圆弧航行时，必须时刻改变航向。

（2）恒向线航线。不是地球面上两点之间的最短航程线（子午线和赤道除外），但在低纬度或航向接近南北时，它与大圆航线的航程相差不大。

（3）等纬圈航线。若两地在同一纬度，则沿纬度圈航行，即计划航迹为90度或270度，它是恒向线航线的特例。

（4）混合航线。为了避开高纬度的航行危险区，在设置一限制纬度的情况下，采用大圆航线与等纬圈航线相结合的最短航程航线。

另外，在大洋航行中，两地相距较远，根据具体情况整个航程可能并不采用一种固定航线。

7. 根据气候、气象条件划分

（1）气候航线，是指在最短航程航线的基础上，考虑了航行季节的气候条件和可能遭遇到其他因素而设计的航线，如航路设计图和《世界大洋航路》中推荐的航线。

（2）气象航线，是指气象定线公司在航线的基础上，再根据中、短期天气预报，考虑气象条件和船舶本身条件后，向航行船舶推荐的航线。

在上述各种航线的基础上，确定的航行时间最少、船舶周转最快、营运效率最高的航线被称为最佳航线。

（三）国际航空线

1. 世界重要航线

（1）西欧—北美的北大西洋航空线。

该航线主要连接西欧的巴黎、伦敦、法兰克福和美国的纽约、芝加哥、蒙特利尔等航空枢纽。

（2）西欧—中东—远东航空线。

该航线连接西欧各主要机场至远东的香港、北京、东京等机场。途经的重要航空站有雅典、开罗、德黑兰、卡拉奇、新德里、曼谷和新加坡等。

（3）远东—北美的北太平洋航线。

该航线主要由远东的北京、上海、香港、东京等重要的国际机场经北太平洋上空至北美西海岸的温哥华、西雅图、旧金山、洛杉矶等地，再连接北美大西洋沿岸的航空中心。太平洋中部的火奴鲁鲁等国际机场是该航线的主要中继加油站。

此外，还有北美—南美、西欧—南美、西欧—非洲、西欧—东南亚—澳新、远东—澳新、北美—澳新等重要国际航空线。

从我国的情况看，主要的国际航线可以分为东部、南部和西部3大通道。东部国际航空通道占国际航线客运总量的一半以上，主要有通往邻近的朝鲜、俄罗斯、日本航线，及跨越太平洋通往美国、加拿大的洲际航线；南部通道分别通往泰国、缅甸、新加坡、菲律宾、马来西亚和澳大利亚等国的主要城市；西部国际通道通达亚、欧、非3洲主要国家，包括俄罗斯、欧盟、南亚、中亚、中东和北非。

2. 国际航空站

（1）法赫德国王国际机场。

法赫德国王国际机场占地774平方千米，是世界上面积最大的机场，又被称作达曼机场，位于沙特阿拉伯。该机场于1999年开始运营，是沙特阿拉伯、卡塔尔和加纳的枢纽。

机场的基础设施包括3个不同的航站楼。主航站楼横跨6层，可容纳国际和国内航班。机场有两条跑道，方便快捷。

（2）丹佛国际机场。

丹佛国际机场位于科罗拉多州，占地137平方千米，自1995年以来一直在运营，并拥有几个显著的荣誉。它是全球第二大机场，也是美国最大的机场。此外，它还自豪地宣称自己是世界上第二繁忙的机场，这是以证明它的繁忙程度。

值得注意的是，该机场拥有北美最长、全球第七长的公共跑道，全长16 000英尺（4 800米）。作为联合航空公司、南方航空快运公司和丹佛航空公司的枢纽，它也是西南航空公司和边疆航空公司的基地。

丹佛国际机场的单一航站楼连接着3个主要的中场大厅——A、B和C。为了适应其动态的空中交通，机场总共配备了6条跑道。

（3）伊斯坦布尔机场。

自2019年投入运营以来，伊斯坦布尔机场已成为土耳其航空公司的主要全球枢纽。机场占地76平方千米，有一个航站楼，服务国内和国际航班。机场有5条跑道，其中一条长度超过13 000英尺（4 000米）。这种容量允许有效地处理大量航班。

（4）达拉斯/沃思堡国际机场。

1973年以来，位于得克萨斯州的达拉斯/沃思堡国际机场作为美国航空公司、美国航空公司、南方航空公司和联合包裹航空公司等多家航空公司的主要航空枢纽，发挥了关键作用。此外，它还拥有精神航空公司、边境航空公司和太阳国家航空公司的焦点城市地位。

达拉斯机场占地67平方千米，共有5个航站楼。A航站楼是美国航空公司的专用航站楼，而其余的航站楼——B、C、D和E航站楼，则为国际和国内航班提供便利。

（5）奥兰多国际机场。

自1940年开放以来，奥兰多国际机场一直是几家著名航空公司的重要运营基地，包括边境航空公司、西南航空公司和精神航空公司。此外，它还是捷蓝航空和银航的枢纽。

奥兰多机场占地52平方千米，主航站楼分为3个部分，即A、B和C航站楼。A和B航站楼与两个空侧航站楼相连，为国际和国内航班提供便利。C航站楼专用于非美国航空公司运营的国际航班和所有捷蓝航班。为了容纳所有繁忙的活动，机场配备了4条跑道。

（6）北京大兴国际机场。

北京大兴国际机场占地47平方千米，在世界最大机场名单上排名第六，拥有世界上最大的单建筑机场航站楼。北京大兴国际机场于2019年开始运营，现已成为中国国际航空公司、中国南方航空公司和中国东方航空公司的中心航空枢纽。

大兴机场只有一个航站楼，但这个独特的结构拥有5个大厅。为方便机场广泛运作，机场设有4条跑道。

（7）华盛顿杜勒斯国际机场。

华盛顿杜勒斯国际机场，通常被称为杜勒斯国际机场，占地47平方千米，自1962年以来一直在运营。作为联合航空公司的第一个和主要枢纽，它也拥有南方航空快运的枢纽，被评为世界第五大机场，美国第四大机场。

机场的航站楼结构包括一个中央主航站楼和两座中间航站楼，分别标示为A/B和C/D大厅。杜勒斯机场共有4条跑道。

（8）乔治·布什洲际机场。

该机场最初的名称为"休斯敦洲际机场"，于1969年开放，位于得克萨斯州休斯敦，占地44平方千米。作为美国联合航空公司的重要航空枢纽，它也是美国得克萨斯州第二繁忙的机场。

乔治·布什机场设有5个航站楼，分别为A、B、C、D和E航站楼。这些航站楼共同容纳国内和国际航班。为配合机场的运作，机场设有5条跑道，以有效管理繁忙的交通。

（9）上海浦东国际机场。

上海浦东机场于1999年开始商业运营，占地39平方千米，位于上海。作为上海航空公司和中国东方航空公司等航空公司的主要航空枢纽，具有重要地位。

浦东机场拥有2个客运航站楼，其中1号航站楼和2号航站楼分别服务国内和国际航班。目前，该机场有5条跑道。

（10）开罗国际机场。

开罗国际机场于1963年开始运营，占地36平方千米，位于赫利奥波利斯，是埃及最繁忙的机场，也是埃及航空公司、开罗航空公司、阿拉伯航空公司和尼罗河航空公司的中心枢纽。同时它也是非洲最繁忙的机场。

该机场拥有4个航站楼，其中3个为国际和国内航班提供服务。

（四）国际铁路运输线

1. 西伯利亚大铁路

西伯利亚大铁路东起符拉迪沃斯托克，途经伯力、赤塔、伊尔库茨克、新西伯利亚、鄂木斯克、车里雅宾斯克、古比雪夫，止于莫斯科，全长 9 300 多千米，后又向远东延伸至纳霍德卡—东方港。该线东连朝鲜和中国；西接北欧、中欧、西欧各国；南由莫斯科往南可接伊朗。我国与俄罗斯、东欧国家及伊朗之间的贸易，主要用此干线。

2. 加拿大连接东西两大洋铁路

鲁珀特港—埃德蒙顿—温尼伯—魁北克（加拿大国家铁路）；

温哥华—卡尔加里—温尼伯—散德贝—蒙特利尔—圣约翰—哈利法克斯（加拿大太平洋大铁路）。

3. 美国连接东西两大洋铁路

西雅图—斯波坎—俾斯麦—圣保罗—芝加哥—底特律（北太平洋铁路）；

洛杉矶—阿尔布开克—堪萨斯城—圣路易斯—辛辛那提—华盛顿—巴尔的摩（圣菲铁路）—洛杉矶—图森—帕索—休斯敦—新奥尔良（南太平洋铁路）；

旧金山—奥格登—奥马哈—芝加哥—匹兹堡—费城—纽约（联合太平洋铁路）。

4. 中东—欧洲铁路

中东—欧洲铁路从伊拉克的巴士拉，向西经巴格达、摩苏尔、叙利亚的穆斯林米亚、土耳其的阿达纳、科尼亚、厄斯基色希尔至博斯普鲁斯海峡东岸的于斯屈达尔。过博斯普鲁斯大桥至伊斯坦布尔，接巴尔干铁路，向西经索非亚、贝尔格莱德、布达佩斯至维也纳，连接中、西欧铁路网。

（五）国际主要输油管道

近年来，随着世界范围内能源运输需求的不断增加，运营商对管道建设的要求不断提高：管线长度不断增加、运输量不断提高、管径不断增大，这对管道工程的建设提出了更高的要求。

1. 中东地区

中东地区是世界上最大的产油区和石油出口区，也是油气管道密布的地区。

沙特在 1987 年建成了东起波斯湾沿岸的阿卜凯克，向西横越阿拉伯半岛后到达红海岸边的延布港，全长 1 200 千米、管径 1 219 毫米的大口径长输原油管道。该管道的运输油量仅在 1988 年达到1.1 亿吨，至今年运输量仍保持在 9 000 多万吨，是世界上运量最大的石油管道。

伊朗的阿瓦士—阿加贾里—加拉维管道，尽管全长仅248 千米，但其第一期工程年输量就达到 7 500 万吨。

中东地区比较重要的管道，还有从伊拉克北方油田基尔库克到土耳其地中海港口城市杰伊汉的跨国石油管道。

2. 美洲

美国是世界上最大的石油消费国和主要的生产国之一，石油消费的一半以上依赖进口。由于本国石油资源高度集中在墨西哥湾沿岸和阿拉斯加的北冰洋沿岸地区，为了向非产油区供应油气，美国修建了长达 29 万多千米的输油管道和 30 多万千米的输气管道。其各类管道总长度位居世界第一，也是世界上管道技术最为先进的国家。早在 1943 年，美国就修建了两条当时世界上最长的管道：一条是从得克萨斯州到宾夕法尼亚州的原油管道，全长 2 158 千米，管径 600 毫米；另一条是从得克萨斯州到新泽西州的成品油管道，全长 2 745 千米，管径 500 毫米。第二次大战后，美国的管道运输业继续高速发展，目前其管道运输量已占到了全国货运总量的 20% 以上，是世界上管道工业最发达的国家之一。

加拿大的油气管道业也十分发达。加拿大拥有总长超过 35 000 千米的输油管道。密集的管网把落基山东麓的产油区与消费区（中央诸省和太平洋沿岸）联结起来，并与美国的管道网相连。加拿大还拥有横贯全国的泛加输气管道，管道总长 8 500 千米，管径从 500 到 1 000 毫米不等，年输气量达 300 亿立方米，是世界上最长的输气管道。

3. 欧洲地区

在欧洲主要发达国家，油气运输已实现管网化。自北海油田发现后，欧洲陆续新建了一批大口径（管径在 1 000 毫米以上）的高压力管道，管道长度已超过 10 000 千米，目前仍是世界上油气管道建设的热点地区之一。

俄罗斯自己现有的石油管网总长 5 万多千米。由于国土辽阔，横贯俄罗斯大陆的每条输油管道的干线长度一般均在 3 500～4 000 千米。但由于许多输油管道都已老化或超期服役，目前俄罗斯输油管道系统的运行效率偏低。为了适应本国大规模出口原油的需要，这些管道大多需要进行大修和综合改造。

4. 中国

我国的油气资源大部分分布在东北和西北地区，而消费市场绝大部分在东南沿海和中南部的大中城市等人口密集地区。这种产销市场的严重分离使油气产品的输送成为油气资源开发和利用的最大障碍。管道运输正是突破这一障碍的最佳手段。

我国自 1959 年建成新疆克拉玛依至独山子输油管道以来，随着大庆、胜利、四川、华北、中原、青海、塔里木和吐哈等油气田的相继开发建设，我国油气管道建设事业取得了令人瞩目的成就。我国已相继建成长输油气管道 35 000 千米，其中天然气管道总长 22 000 千米，已初步形成了北油南运、西油东进、西气东输、海气登陆的油气输送格局。

七、国际物流标准化

（一）标准化的概念

标准化是对产品、工作或服务等普遍的活动规定统一的标准，并且对这个标准进行贯彻实施的整个过程。标准化的内容，实际上就是经过优选之后的共同规则。

日内瓦国际标准化组织（ISO）负责协调世界范围的标准化问题，以推行世界范围的共同规则。

（二）国际物流标准化

国际物流标准化是以国际物流为一个大系统，制定系统内部设施、机械设备、专用工具等各个分系统的技术标准；制定系统内各分领域如包装、装卸、运输等方面的工作标准；以系统为出发点，研究各分系统与分领域中技术标准与工作标准的配合性，按配合性要求，统一整个目标物流系统的标准；研究整个国际物流系统与相关其他系统的配合性。

（三）国际物流标准化相关术语

国际标准化组织 ISO 对国际化物流系统标准做出了统一规定。相关术语如下：

1. 物流模数

物流模数是指为了物流的合理化和标准化，而以数值表示的物流系统各种因素的尺寸的标准尺度。

它是由物流系统中的各种因素构成的，这些因素包括：货物的成组、成组货物的装卸机械、搬运机械和设备，货车、卡车、集装箱以及运输设施，用于货物保管的机械和设备等。

2. 物流托盘化

物流托盘化是指把成为物流对象的货物的尺寸，通过托盘统一起来。由于物流中的各种货物的尺寸不同，为了方便货物的运输、搬运等环节的顺利进行，需要先把不同尺寸的货物放在托盘中，再将托盘标准化。

目前由于不同的国家习惯不同，各自使用的托盘标准也不同，如世界上流行的托盘有：美国托盘、欧洲的标准托盘和日本的标准托盘。ISO 规定的托盘标准是欧洲的标准托盘。

3. EDI 标准

EDI 是指电子交换数据系统，即能够做到结构合理化、标准化地使用计算机处理的商务文件，企业与企业之间通过计算机网络直观地进行信息交流。

要实现这个目的，就需要电子信息交换用的标准规则，即 EDI 标准。国际通行的 EDI 标准有联合国管理的 UN/EDIFACT。目前国际贸易中的许多信息都依靠 EDI 进行数据传递。

（四）现有的国际标准介绍

（1）物流的基础模数尺寸：600 毫米×400 毫米（基础模数尺寸）。

（2）物流模数尺寸：以 1 200 毫米×1 000 毫米为主，也有 1 200 毫米×800 毫米，1 100 毫米×1 100 毫米。

（3）识别与标志标准：传统的识别与识别的标准方法（包装）。

包装标记分为 3 类：① 识别标记；② 储运指示标记；③ 危险货物标记（见图 1-1）。

图 1-1 包装标记

（五）国际物流标准化发展现状

1. 经济全球化的大趋势

经济全球化趋势已成为世界经济和国际形势发展的一个突出特点。经济全球化的加强是当前世界经济的一个重要特征，它的产生意味着"无国界经济"及"地球村"等现象的显现，表明世界经济中各国经济开放度不断提高及相互依存关系的加深。

2. 经济全球化下的标准化研究

经济的全球化必然带动物流的全球化，要想使物流在全球范围内节省、高效、顺畅，发展国际物流标准化就势在必行。全球化大生产、大流通、大贸易、大循环的经济格局逐步形成，与世界经济接轨、与国际惯例同步是物流发展不可逆转的大趋势。因此，各国的物流标准无疑需要与国际一致，不能违背国际统一标准。此外，物流标准化是一种超前性的工作，在各国物流发展初期就把标准化工作抓好，防患于未然，对各国物流业以及世界物流业的长远发展具有重大的现实意义和深远的历史意义。

3. 国际物流标准化的现状

随着贸易的国际化，标准也日趋国际化。以国际标准为基础制定本国标准，已经成为世界贸易组织对各成员方的要求。物流标准化的重点在于通过制定标准规格尺寸来实现全物流系统的贯通，提高物流效率。

与物流密切相关的两大标准化体系是 ISO 和 EAN.UCC。目前，ISO/IEC 下设了多个物流标准化的技术委员会负责全球物流相关标准的制修订工作，已经制定了 200 多项与物流设施、运作模式与管理、基础模数、物流标识、数据信息交换相关的标准。EAN 是管理除北美以外的对货物、运输、服务和位置进行唯一有效编码并推动其应用的国际组织，是国际上从事物流信息标准化的重要国际组织，而美国统一代码委员会（UCC）是北美地区与 EAN 对应的组织。近 2 年来，两个组织加强合作，达成了 EAN.UCC 联盟，以共同管理和推广 EAN.UCC 系统，意在全球范围内推广物流信息标准化。

随着信息技术和电子商务、电子数据、供应链的快速发展，国际物流业已经进入快速发展阶段。而物流系统的标准化和规范化，已经成为先进国家提高物流运作效率和效益，提高竞争力的必备手段。

4. 物流标准化的地位与作用

（1）国际物流标准化是企业进入国际市场，促进全球贸易的保障。

随着全球经济的快速发展，国际交往、对外贸易对各国经济发展的作用越来越重要，而所有的国际贸易最终又靠国际物流来完成。所以各个国家都很重视本国物流与国际物流的衔接，在本国物流管理发展初期就力求使本国物流标准与国际物流标准化体系一致。

（2）国际物流标准化是降低物流成本，提高物流效益的有效措施。

物流标准化可以为多式联运以及物流在生产、仓储、销售、消费等环节间的流动提供最有效的衔接方式和手段，可以使企业获得直接或间接的物流效益。

（3）国际物流标准化是促进世界物流管理现代化的重要手段和必要条件。

由于经济的不同步发展以及其他因素的影响，世界各国的物流发展水平并不一致。美国、欧洲、日本等一些国家和地区物流发展水平相对较高。但从世界范围来看，物流体系的标准化，各个国家都还处于初始阶段。而在此时推行国际物流标准化，不仅有利于世界各国贸易的发展，而且有利于新的物流技术、物流理念、物流管理方法等在世界各国、各行业的同步推广；同时能够快速推进世界各国整体物流管理现代化水平的提高。

5. 我国物流标准化的现状

近些年，中国国民经济与对外贸易的发展为中国物流标准化的发展提供了良好的机遇，尤其是近几年来，国内的专业化物流公司和商业企业配送中心渐成气候，一些大型制造企业也在物流配送方面有所动作。随着物流产业基础市场的发育，我国的物流标准化工作开始启动，并取得了一系列成绩，具体表现在以下几个方面：

（1）制定了一系列物流或与物流有关的标准。

据粗略统计，在我国现已制定颁布的物流或与物流有关的标准已有近千个。

（2）建立了与物流有关的标准化组织、机构。

中国已经建立了一套以国家技术监督局为首的全国性的标准化研究管理机构体系，而这中间有许多机构和组织从事着与物流有关的标准化工作。

（3）积极参与国际物流标准化活动。

中国参加了国际标准化组织 ISO、国际电工委员会 IEC 与物流有关的各技术委员会和技术处，并明确了各自的技术归口单位。此外，还参加了国际铁路联盟 UIS 和社会主义国家铁路合作组织 OSJD 等两大国际铁路的权威机构。

（4）积极采用国际物流标准。

在包装、标志、运输、贮存方面的近百个国家标准中，已采用国际标准的约占 30%；在公路、水路运输方面的国家标准中，已采用国际标准的约占 5%；在铁路方面的国家标准中，已采用国际标准的约占 20%；在车辆方面的国家标准中，已采用国际标准的约占 30%。

（5）积极开展物流标准化的研究工作。

加入世界贸易组织后，中国物流国际化是必然的趋势，因此物流标准化工作被提到了前所未有的高度，全国不少相关科研院所、高等院校的科研机构，都投入到这项研究工作当中。

6. 我国物流标准化存在的问题

近几年来，我国的标准化工作取得了一些进展。但由于诸多原因，目前我国的标准化状况仍不容乐观，存在着诸多问题。

（1）条块分割、部门分割、地区分割。

由于物流及其物流管理思想在我国诞生较晚，组成物流大系统的各个分系统在没有归入物流系统之前，早已分别实现了本系统的标准化。这就必然导致在标准制定内容上的条块分割、部门分割。同时由于在长期计划经济体制的影响下，各地区各行业各自为政，物流标准不一致，跨区域性、多式联运物流效率下降。

（2）在货物的仓储、装卸和运输等过程中缺乏基本设备的统一规范。

仓储、装卸和运输是物流系统中极其重要的组成部分，其效率直接影响物流速度和效率。目前，我国物流系统货物的仓储、装卸和运输等各环节因缺乏统一的标准而难以实现有效的衔接。

（3）信息标准化落后。

目前，我国许多部门和单位都在建设自己的商品信息数据库，但数据库的字段、类型和长度都不一致，形成一个个信息孤岛，以致严重影响作为物流管理基础的信息交换和电子商务的运作。

（4）采用国际标准的比例低。

我国的标准包括物流相关标准在制定过程中较少考虑与国际标准的一致性。因此，目前能与国际标准接轨的物流标准所占比例很低，这必将为我国的国际贸易设下障碍。

（5）物流标准的推广、执行上存在问题。

尽管我国建立了物流标准体系，并制定了一些重要的国家标准，但这些标准的推广应用存在着较多问题。

7. 发展我国物流标准化的对策

（1）理顺和协调物流系统内各分系统管理部门之间的关系；

（2）进一步完善我国物流标准的制定工作；

（3）加强物流市场的培育；

（4）加强监督和政策支持；

（5）加大宣传和人才的培养力度；

（6）重视物流标准化研究、制定和推广工作；

（7）深化流通体制改革；

（8）建立完善的物流信息服务系统；

（9）物流标准化体系建设应与国际接轨。

任务二　认知国际贸易

【学习目标】

了解国际贸易分类，掌握国际贸易术语的作用，能在国际物流业务中正确使用国际贸易术语。

一、国际贸易概述

国际物流运作过程中，环节多、环境复杂、风险高，且与国际贸易紧密联系，因此，必须了解国际贸易惯例，通晓国际贸易术语，严格按国际贸易合同进行国际物流运作。

（一）基本概念

国际贸易（International Trade），是指世界各国（地区）之间的商品、服务和技术交货活动，包括进口和出口两个方面。

从一个国家的角度看这种交换活动，就是该国的对外贸易（Foreign Trade）。

从国际上看，世界各国对外贸易的总和，就构成了国际贸易，亦称世界贸易（World Trade）。

（二）国际贸易的分类

1. 按商品移动的方向划分

按商品移动的方向，国际贸易可划分为以下3类

进口贸易（Import Trade）：将其他国家的商品或服务引进到该国市场销售。

出口贸易（Export Trade）：将该国的商品或服务输出到其他国家市场销售。

过境贸易（Transit Trade）：A国的商品经过C国境内运至B国市场销售，对C国而言就是过境贸易。由于过境贸易对国际贸易有阻碍作用，WTO成员方之间互不从事过境贸易。

进口贸易和出口贸易是就每笔交易的双方而言的，对于卖方而言，就是出口贸易，对于买方而言，就是进口贸易。此外，输入该国的商品再输出时，称为复出口；输出国外的商品再输入该国时，称为复进口。

2. 按商品的形态划分

按商品的形态，国际贸易可划分为以下2类：

有形贸易（Visible Trade）：有实物形态的商品的进出口。例如，机器、设备、家具等都

是有实物形态的商品，这些商品的进出口称为有形贸易。

无形贸易（Invisible Trade）：没有实物形态的技术和服务的进出口。专利使用权的转让、旅游、金融保险企业跨国提供服务等都是没有实物形态的商品，其进出口称为无形贸易。

3. 按生产国和消费国在贸易中的关系划分

按生产国和消费国在贸易中的关系，国际贸易（是否有第三国参加）可分为以下2类：

直接贸易（Direct Trade）：商品生产国与商品消费国不通过第三国进行买卖商品的行为。贸易的出口国方面称为直接出口，进口国方面称为直接进口。

间接贸易（Indirect Trade）和转口贸易（Transit Trade）：商品生产国与商品消费国通过第三国进行买卖商品的行为。间接贸易中的生产国称为间接出口国，消费国称为间接进口国，而第三国则是转口贸易国，第三国所从事的就是转口贸易。

4. 按贸易内容划分

按贸易内容划分，可分为服务贸易、加工贸易、商品贸易、一般贸易。

5. 按贸易参加国的数量划分

按贸易参加国的数量，可划分以下2类：

双边贸易：两国之间通过协议在双边结算的基础上进行的贸易。这种贸易下，双方以一方的出口支付从另一方的进口，多实行于外汇管制国家。另外，双边贸易也泛指两国间的贸易往来。

多边贸易：又称多角贸易，指3个或3个以上的国家通过协议在多边结算的基础上进行互有买卖的贸易。很显然，在经济全球化的趋势下，多边贸易更为普遍。

（三）国际贸易与国际物流的关系

（1）国际物流是国际贸易的必要条件；

（2）国际贸易促进物流国际化；

（3）国际贸易对物流提出新的要求：质量要求、效率要求、安全作用、经济要求。

二、国际贸易术语

（一）贸易术语的概念

贸易术语（Trade Terms）又称价格术语、交货条件，是在长期贸易实践中形成的，以一个简短的概念或3个英文字母缩写来表示货物价格的构成，说明交货地点、确定买卖双方有关责任、风险、费用划分等问题的专门术语。

（二）国际贸易术语的作用

贸易术语所表示的贸易条件，主要分为两个方面：其一，说明商品的价格构成，是否包括成本以外的主要从属费用，即运费和保险；其二，确定交货条件，即说明买卖双方在交接货物方面彼此所承担的责任、费用和风险的划分。

贸易术语是国际贸易中表示价格的必不可少的内容。报价中使用贸易术语，明确了双方在货物交接方面各自应承担的责任、费用和风险,说明了商品的价格构成,从而简化了交易磋商的手续,缩短了成交时间。国际惯例对各种贸易术语下买卖双方应该承担的义务,做了完整而确切的解释,避免了因对合同条款的理解不一致,而在履约中可能产生的某些争议。

(三) 国际贸易惯例

1. 国际贸易惯例的概念

国际贸易惯例是指在国际贸易长期实践中形成的一些具有普遍意义的习惯做法和解释。国际贸易双方可自行约定选择国际贸易惯例。

2. 国际贸易惯例的应用

(1) 国际上一些组织、团体就国际贸易某一方面问题的解释或订立规则,如支付、运输、价格等。

(2) 国际上一些主要港口的传统惯例或行业惯例。

(3) 各国司法机关或仲裁机构的典型案例或裁定。

3. 国际贸易惯例的地位

(1) 非强制性,可被各国所超越。

(2) 指导性:① 应用强制性(一旦订入合同,具有强制性);② 判决、裁决的依据。

(四) 有关贸易术语的国际贸易惯例

有影响力的有关贸易术语的国际贸易惯例如下。

1. Warsaw-Oxford Rules 1932(《1932年华沙-牛津规则》)

该协议是国际法协会专门对CIF制定的。1928年,国际法协会在华沙开会,制定关于CIF买卖合同的统一规则,经数次修订,在1932年牛津会议上定型。

协议以英国的贸易惯例和案例为基础,对CIF买卖合同的性质,买卖双方承担的费用、责任、风险做出了说明。

2. Revised American Foreign Trade Definitions 1941(《1941年美国对外贸易定义修正本》)

1919在美国举行泛美贸易会议时所制定的出口报价定义,1941年经美国商会、全国对外贸易委员会 National Council of American Importers,Inc. 等3个民间团体所组成的联合委员会修订后,改称现名。

该规则主要在北美大陆使用,因其FOB的定义与INCOTERMS不同,所以在同该区域客户进行贸易时应注意贸易术语的定义。

(1) 原产地交货(EX Point of Origin);

(2) 在运输工具上交货(Free on Board);

(3) 在运输工具旁边交货(Free Along Side);

(4) 成本加运费(Cost and Freight);

(5) 成本、保险费加运费(Cost, Insurance and Freight);

(6) 目的港码头交货(EX Dock)。

3. 《国际贸易术语解释通则》

《国际贸易术语解释通则》是国际商会（ICC）创立的对各种贸易术语进行解释的正式规则。在销售合同中引用《国际贸易术语解释通则》可以明确界定当事方的各自义务，并减少法律纠纷的风险。

ICC 于 1936 年首次公布，在 1953 年、1967 年、1976 年、1980 年、1990 年、2000 年、2010 年、2020 年不同版本中做了修订和补充，以适应当前国际贸易实践的发展。

4. INCOTERMS 2000（《2000 年国际贸易术语解释通则》）

本书主要介绍 2000 年国际贸易术语解释通则。该规则考虑了新近出现的无关税区的广泛发展、交易中使用电子讯息的增多以及运输方式的变化。

INCOTERMS 2000 版本中 13 个贸易术语比 INCOTERMS 1990 更简洁明了。新的版本主要在以下两个方面做了实质性的改变：① FAS 和 DEQ 术语办理清关手续和交纳关税义务；② FCA 术语装货和卸货义务。INCOTERMS 2000 的 4 组术语（共 13 种）如表 1-2 所示。

表 1-2　INCOTERMS 2000 的贸易术语

组别	贸易术语
E 组（Group E），启运（Departure）	EXW（Ex Works），工厂交货
F 组（Group F），主要运费未付（Main Carriage Unpaid）	FCA（Free Carrier），货交承运人
	FAS（Free Alongside Ship），装运港船边交货
	FOB（Free on Board），装运港船上交货
C 组（Group C），主要运费已付（Main Carriage Paid）	CFR（Cost and Freight），成本加运费
	CIF（Cost, Insurance and Freight），成本、保险费、加运费
	CPT（carriage Paid to），运费付至目的地
	CIP（Carriage and Insurance Paid to），运费/保险费付至目的地
D 组（Group D），到达（Arrival）	DAF（Delivered at Frontier），边境交货
	DES（Delivered Ex Ship），目的港船上交货
	DEQ（Delivered Ex Quay），目的港码头交货
	DDU（Delivered Duty Unpaid），未完税交货
	DDP（Delivered Duty Paid），完税后交货

INCOTERMS 2000 规定的买卖双方的义务为：

（1）卖方义务：

A1，提供符合合同的货物；

A2，许可证、核准书和手续；

A3，运输和保险合同；

A4，交付货物；
A5，风险转移；
A6，费用划分；
A7，通知买方；
A8，交货证明、运输单据或具有同等效力的电子信息；
A9，检验、包装、标记；
A10，其他义务。
（2）买方义务：
B1，支付货款；
B2，许可证、核准书和手续；
B3，运输合同；
B4，收取货物；
B5，风险转移；
B6，费用划分；
B7，通知卖方；
B8，交货证明、运输单据或具有同等效力的电子信息；
B9，货物检验；
B10，其他义务。

三、主要贸易术语介绍

（一）FOB

FOB，Free on Board（Named Port of Shipment），即装运港船上交货（指定装运港），指卖方必须在合同规定的装运期内在指定装运港将货物交至买方指定的船上，并负担货物越过船为止的一切费用和货物灭失、损坏的风险（见图1-2）。

1. FOB术语中卖方主要义务

（1）负责在合同规定的日期或期间内，在指定装运港，将符合合同的货物按港口惯常方式交至买方指定的船上，并给予买方充分的通知。

（2）负责办理货物出口手续，取得出口许可证或其他核准书。

（3）负责货物在装运港越过船舷为止的一切费用和风险。

（4）负责提供商业发票和证明货物已交至船上的通常单据。

2. FOB术语中买方主要义务

（1）负责按合同规定支付价款。

（2）负责租船或订舱，支付运费，并给予卖方关于船名、装船地点和要求交货时间的充分通知。

（3）自负风险和费用取得进口许可证或其他核准书，并办理货物进口以及必要时经由另一国过境运输的一切海关手续。

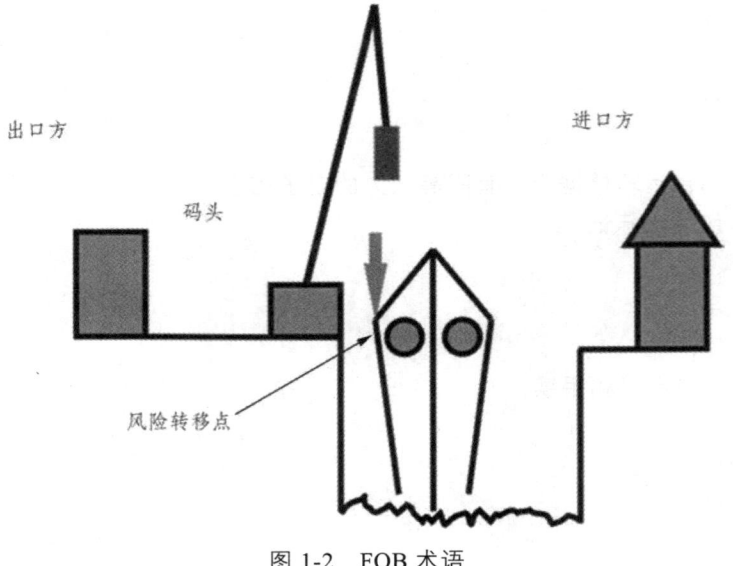

图 1-2　FOB 术语

（4）承担货物在装运港越过船舷后的一切费用和风险。

（5）收取卖方按合同规定交付的货物，接收与合同相符的单据。

3．采用 FOB 术语需注意的问题

（1）"装上船"的要求和风险转移。

（2）买方租船或订舱的责任。

① 船货衔接问题：船先到：造成空舱（Dead Freight）；船后到：增加货物仓储费。

② 卖方代办租船问题：买方有时指定卖方为租船订舱的代理，但即使这样，风险和费用仍由买方承担。

（3）装船费用的负担（FOB 的变形）：

一般条件下，卖方要承担装船的主要费用（装船费），不包括货物装船后的理舱费、平舱费等。

4．FOB 术语的风险转移问题

买方必须按照下述规定承担货物灭失或损坏的一切风险：

（1）自货物在指定的装运港越过船舷时起。

（2）由于买方未按照费用划分规定通知卖方，或其指定的船只未按时到达，或未接收货物，或较按照费用划分规定通知的时间提早停止装货，则自约定的交货日期或交货期限届满之日起，但以该项货物已正式划归合同项下，即清楚地划出或以其他方式确定为合同项下之货物为限（费用划分规定通知卖方：买方必须给予卖方有关船名、装船点和要求交货时间的充分通知）。

5．FOB 术语的费用划分问题

由于买方指定的船只未按时到达，或未接收上述货物，或较按照费用划分规定通知的时间提早停止装货，或买方未能按照费用划分规定给予卖方相应的通知而发生的一切额外费用，但以该项货物已正式划归合同项下，即清楚地划出或以其他方式确定为合同项下之货物为限。

6. 美国对 FOB 术语的特殊解释

《1941 年美国对外贸易定义修正本》将 FOB 术语分为 6 种，其中只有"指定装运港船上交货"[FOB Vessel(Named Port Of Shipment)]与 *INCOTERMN 2000* 解释的 FOB 术语接近，但还是有所不同。使用 FOB Vessel 术语时应注意：卖方不须负责取得出口许可证，不须负担出口税捐及费用，除非买方提出请求并负担费用和捐税的情况下，卖方才有义务协助买方取得各种出口证件。

7. 装船费用的负担——FOB 术语的变形

（1）FOB 班轮条件（FOB Liner Terms）：装船费用由支付运费的买方负担。

（2）FOB 吊钩下交货（FOB Under Tackle）：从货物被轮船吊钩起吊开始的装船费用由买方负担。

（3）FOB 包括理舱（FOB Stowed，FOBS）：卖方负担将货物装入船舱并包括理舱费在内的装船费用。

（4）FOB 包括平舱（FOB Trimmed，FOBT）：卖方负担将货物装入船舱并包括平舱费在内的装船费用。

（二）CIF

CIF，Cost Insurance and Freight（Named Port of Destination），成本加保险费、运费（指定目的港），指卖方必须在合同规定的装运期内在装运港将货物交至运往指定目的港的船上，负担货物越过船舷为止的一切费用和货物灭失或损坏的风险，并负责办理货运保险，支付保险费，以及负责租船或定舱，支付从装运港到目的港的运费（见图 1-3）。

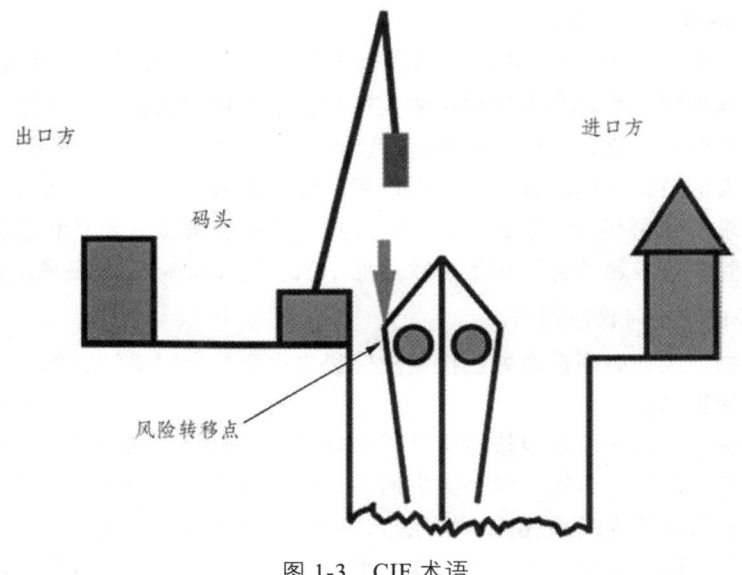

图 1-3　CIF 术语

1. CIF 术语中卖方主要义务

（1）负责在合同规定的日期或期间内，在装运港将符合合同的货物交至运往指定目的港的船上，并给予买方充分的通知。

（2）负责办理货物出口手续，取得出口许可证或其他核准书。
（3）负责租船或订舱，并支付至目的港的运费。
（4）负责办理货物运输保险，支付保险费。
（5）负责货物在装运港越过船舷为止的一切费用和风险。
（6）负责提供商业发票和证明货物已交至船上的通常单据。

2. CIF 术语中买方主要义务

（1）负责按合同规定支付价款。
（2）负责办理货物进口手续，取得进口许可证或其他核准书。
（3）负担货物在装运港越过船舷后的一切费用和风险。
（4）收取卖方按合同规定交付的货物，接收与合同相符的单据。

3. 采用 CIF 术语需注意的问题

（1）CIF 合同属于"装运合同"，非到货合同，要注意"到岸价""到货合同"与风险点划分问题。
（2）卖方租船订舱和办理保险的责任。
① 买方对运输工具的要求（卖方只负责按通常条件租船订舱）；
② 最低责任的保险险别，保险的起讫期限。
（3）卸货费用的负担。
① 班轮：卖方。
② 租船：在合同中明文规定用 CIF 术语的变形表示。
（4）单据买卖和"象征性交货"。

4. CIF 术语办理保险的责任

卖方必须按照合同规定，自付费用取得货物保险，并向买方提供保险单或其他保险证据，以使买方或任何其他对货物具有保险利益的人有权直接向保险人索赔。保险合同应与信誉良好的保险人或保险公司订立，在无相反明确协议时，应按照《协会货物保险条款》（伦敦保险人协会）或其他类似条款中的最低保险险别投保。保险期限应按照风险转移和受领货物规定确定。应买方要求，并由买方负担费用，卖方应加投战争、罢工、暴乱和民变险，如果能投保的话，最低保险金额应包括合同规定价款另加 10%（即 110%），并应采用合同货币。

5. CIF 术语保险合同保险期限

（1）受领货物：买方必须在卖方已按照交付货物规定交货时受领货物，并在指定的目的地从承运人处收受货物。
（2）风险转移：买方必须承担按照交付货物规定交货时起货物灭失或损坏的一切风险。
如买方未能按照通知卖方规定给予卖方通知，则买方必须从约定的交货日期或交货期限届满之日起，承担货物灭失或损坏的一切风险，但以该项货物已正式划归合同项下，即清楚地划出或以其他方式确定为合同项下之货物为限（通知卖方一旦买方有权决定发送货物的时间和/或目的地，买方必须就此给予卖方充分通知）。

6. CIF 术语的变形

（1）CIF 班轮条件（CIF Liner Terms）：卸货费用按班轮条件处理，由支付运费的卖方负担。

（2）CIF 舱底交货（CIF Ex Ship's Hold）：买方负担将货物从舱底起吊卸到码头的费用。

（3）CIF 吊钩交货（CIF Ex Tackle）：卖方负担将货物从舱底吊至船边卸离吊钩为止的费用。

（4）CIF 卸到岸上（CIF Landed）：卖方负担将货物卸到目的港岸上的费用。

7. "象征性"交货

CIF 合同的重要特点之一就是：只要单据齐全（主要是提单、保险单和商业发票）和正确（符合合同要求），卖方提交凭单据即推定为履行交货义务，买方凭单据履行付款义务。按 CIF 单据达成的交易可以认为是一种典型的"单据买卖"和"象征性交货'。

（三）CFR

CFR，Cost and Freight（Named Port of Destination），成本加运费（指定目的港），指卖方必须在合同规定的装运期内，在装运港将货物交至运往指定目的港的船上，负担货物越过船舷为止的一切费用和货物灭失或损坏的风险，并负责租船或订舱，支付抵达目的港的正常运费（见图1-4）。

CFR 在 *INCOTERMS 1980* 和以前版本中等同 C&F。

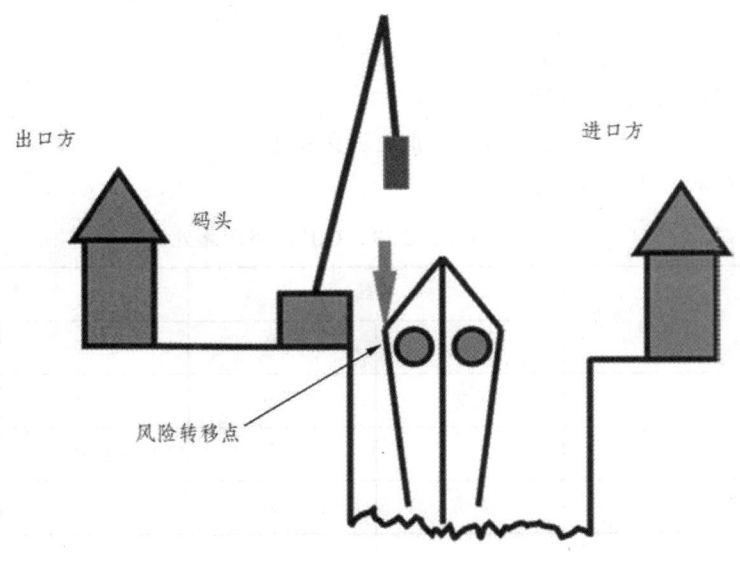

图 1-4　CFR 术语

1. CFR 与 FOB、CIF 比较

（1）CFR 与 FOB 的不同之处：CFR 合同的卖方负责租船或订舱，在规定的日期或期限内，在装运港将货物交付船上，并支付至目的港的正常运费。

（2）CFR 与 CIF 的不同之处：CFR 合同的卖方不负责办理保险手续和不支付保险费，不提供保险单据。有关海上运输的货物保险由买方自理。

2. CFR 装船通知规定

（1）通知买方：卖方必须给予买方说明货物已按照交付货物规定交货的充分（时间上毫

不迟延，内容上必须详尽）通知，以及要求的任何其他通知，以便买方能够为受领货物采取通常必要的措施。

（2）交货：卖方必须在装运港，在约定的日期或期限内，将货物交至船上。

3．CFR 的装船通知操作

（1）实际业务中，使用 FOB/CFR 术语，除非已确立习惯约定，应事先或缔约时与买方约定：应如何向其发出装船通知，以免事后发生纠纷。

（2）如双方无约定，也没有习惯做法，一般应及时发装船通知。

4．CFR 术语的变形

（1）CFR 班轮条件（CFR Liner Terms）：卸货费用按班轮条件处理，由支付运费的卖方负担。

（2）CFR 舱底交货（CFR Ex Ship's Hold）：买方负担将货物从舱底起吊卸到码头的费用。

（3）CFR 吊钩交货（CFR Ex Tackle）：卖方负担将货物从舱底吊至船边卸离吊钩为止的费用。

（4）CFR 卸到岸上（CFR Landed）：卖方负担将货物卸到目的港岸上的费用。

5．FOB 与 CFR、CIF 比较

（1）相同：

① 交货都在出口国的装运港；

② 风险划分都以装运港船舷为界；

③ 凭合格单据证明已完成交货（"象征性"交货）。

（2）不同之处如表 1-3 所示。

表 1-3 FOB、CFR、CIF 的不同之处

术语	装上船后风险	手续		费用	
		订舱	保险	运费	保费
FOB	买方	买方	买方	买方	买方
CFR	买方	卖方	买方	卖方	买方
CIF	买方	卖方	卖方	卖方	卖方

（四）FCA

FCR，Free Carrier（Named Place），货交承运人（指定地），指卖方必须在合同规定的交货期内，在指定地或地点将经出口清关的货物交给买方指定的承运人监管，并负担货物被交由承运人监管为止的一切费用和货物灭失或损坏的风险（见图 1-5）。买方必须自负费用订立从指定地或地点发运货物的运输合同，并将有关承运人的名称、要求交货的时间和地点，充分地通知卖方；负担货交承运人后的一切费用和货物灭失或损坏的风险；负责按合同规定收取货物和支付价款。

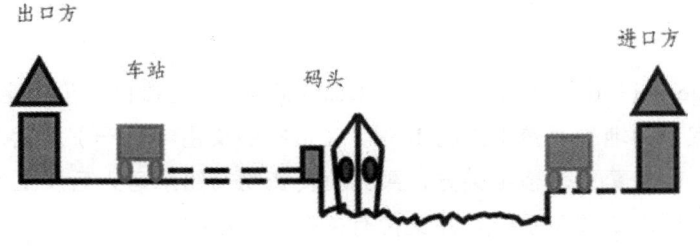

图 1-5 FCA 术语

1. FCA 术语的特点

FCA 是在 FOB 的基础上发展起来的，适用于各种运输方式特别是集装箱和多式运输的一种术语。采用该术语应注意以下问题：

（1）交货点和风险转移；

（2）卖方代为安排运输；

（3）货物集合化的费用负担。

2. FCA 和 FOB 比较

（1）相同：买卖双方风险、责任、费用划分的原则基本相同。

（2）不同：

① 风险：FOB 下以船舷为界；FCA 下以货交承运人为界。

② 适用范围：FOB 适用于海运、内河运输；FCA 适用于各种运输方式和组合。

3. FCA 交货点和风险转移

（1）不同运输方式下交货义务：

按 *INCOTERMS 2000*，交货地点的选择直接影响装卸货物的责任划分。

（2）风险转移，以货交承运人为界：因买方责任，卖方无法按时交货，自规定交货约定日期起，买方应承担相应费用和风险，但前提是卖方要明确将货物划归买方（货物特定化）。

（3）交付货物：卖方必须在指定的交货地点，在约定的交货日期或期限内，将货物交付给买方指定的承运人或其他人，或由卖方按照规定选定的承运人或其他人。

交货在以下时候完成：

① 若选定的地点是卖方所在地，则当货物被装上买方指定的承运人或代表买方的其他人提供的运输工具时。

② 若指定的地点不是卖方所在地而是其他任何地点，则当货物在卖方的运输工具上，尚未卸货而交给买方指定的承运人或其他人或由卖方按照规定选定的承运人或其他人的处置时。

4. 卖方代为安排运输

卖方无义务。但是，如果买方请求，或如果这是一种商业惯例以及买方未在适当的时间内给予相反的指示，卖方可按通常条件订立运输合同，而由买方承担风险和费用。在任何一种情况下，卖方可以拒绝订立运输合同，如果要拒绝，则须立即通知买方。

（五）CPT

CPT，Carriage Paid to（Named Place of Destination），运费付至（指定目的地），指卖方支付货物运至指定目的地的运费（见图1-6）。在货物被交由（第一）承运人保管时，货物灭失或损坏的风险，即从卖方转移至买方，买方负责货物交给承运人后发生的事件引起的额外费用；卖方负责办理出口清关手续，并支付有关费用和税捐。

按CPT术语订立合同，需特别注意的是装运通知问题。

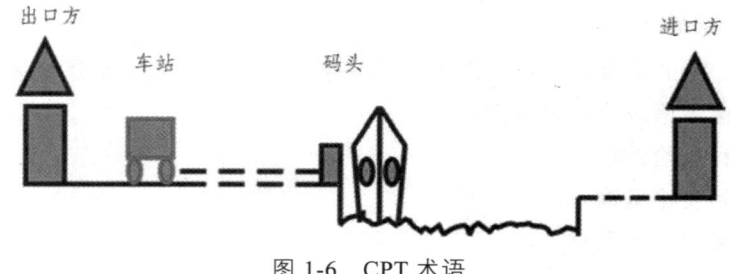

图1-6　CPT术语

1. CPT注意事项

（1）风险划分与费用划分点分离。

（2）明确双方的责任和费用：

① 明确装运期、装运地点和目的地；

② 买方确定交货时间后，买方要及时通知卖方；

③ 具体交货地点未确定，卖方可在最适合要求的地点交货。

2. CPT和CFR比较

（1）相同：基本原则相同。

① 风险在交货地转移；

② 卖方订立运输合同，交付运费；

③ 风险划分点与费用划分点分离；

④ 同属装运合同。

（2）不同：

① 适用的运输方式可能不同；

② 风险划分不同，CFR以船舷为界；CPT以货交承运人为界；

③ CPT在不同运输方式下买卖双方的费用和责任不同。

（六）CIP

CIP，Carriage and Insurance Paid to（Named Place of Destination），运费、保险费付至（指定目的地），指卖方除了须承担在CPT术语下同样的义务外，还须对货物在运输途中灭失或损坏的买方风险取得货物保险，订立保险合同，并支付保险费（见图1-7）。

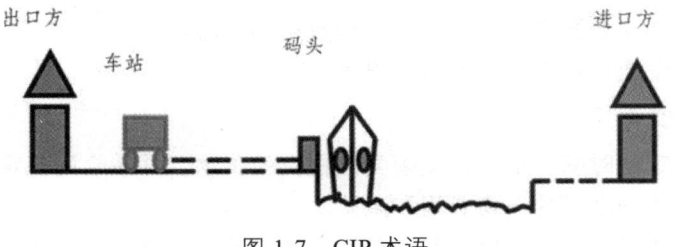

图 1-7　CIP 术语

1. CIP 注意事项

风险：货物运输途中的风险由买方承担，但保险责任由卖方承担。

保险：卖方应按双方约定险别、保险额投保；若无约定，卖方按最低责任险投保，最低保险金额为合同价款加成 10%，并以合同货币投保。

2. CIF 和 CIP 比较

（1）基本原则相同：
① 价格构成的原则相同；
② 同属装运合同；
③ 风险在装运地转移；
④ 风险划分点和责任划分点分离。

（2）不同：
① 运输方式不同；
② 不同运输方式下，交货地点、风险、费用、责任划分不同。

风险、责任、费用划分的基本原则相同，都是"凭单交货"（见表 1-4）。

表 1-4　两组术语比较

术语	FOB、CFR、CIF	FCA、CPT、CIP
运输方式	海运和内河运输	海运和内河运输、陆运、空运、多式运输
交货和风险转移的地点	越过船舷	根据运输方式和不同约定而定
装卸费用负担	通过术语变形来明确费用负担	在运费中已包含
运输单据	已装船清洁提单	可转让提单、海运单、内河运单、铁路运单、公路运单、航空运单、多式运输单据

（七）工厂交货术语：EXW

EXW，Ex Work（Named Place）：卖方在其所在处所（工厂、工场、仓库等）将货物提供给买方时，即履行了交货义务，除非另有约定，卖方不负责将货物装上买方备妥的车辆，也不负责出口清关，买方要负担自卖方所在处所提取货物后至目的地的一切费用和风险。这是卖方责任最小的一种术语。若买方无法办理出口手续，则应使用 FCA。

1. 卖方义务

（1）在合同规定的时间、地点，将合同要求的货物置于买方的处置之下。

（2）承担将货物交给买方处置之前的一切费用和风险。

（3）提交商业发票或具有同等作用的电子信息。

2. EXW 买方义务

（1）在合同规定的时间、地点，受领卖方提交的货物，并按合同规定支付货款。

（2）承担受领货物之后的一切费用和风险。

（3）自负费用和风险，取得出口和进口许可证或其他官方批准文件，并办理货物出口和进口的一切海关手续。

3. EXW 注意事项

风险与费用划分：

（1）卖方应将交货时间、地点及时通知买方。

（2）若买方不按约定收取货物，或交货时间、地点由买方决定时买方没有做出及时决定，交货时间一到，货物风险与费用得以提前转移，但前提是货物已划归本合同项下，而且卖方仍有保全货物数量、质量的义务。

包装问题：卖方应自费运输包装。前提是，买方及时通知卖方运输情况。

出口手续：由买方办理。

（八）装运港船边交货：FAS

FAS，Free Along Ship（Named Port of Shipment）：卖方在装运港将货物放置在码头或驳船上靠船边，即履行交货义务。买方必须自该时刻起，负担一切费用和风险。FAS 下，货物通关过境的出口许可证及其他官方文件、出口清关手续由卖方办理。

1. FAS 卖方义务

（1）在合同规定的时间和装运港将合同规定的货物交到买方所派船只的旁边，并及时通知买方。

（2）承担货交装运港船边的一切费用和风险。

（3）自负费用和风险，取得出口许可证和其他官方文件，并办理货物出口的一切海关手续。

（4）提交商业发票或具有同等作用的电子信息，并自负费用提供通常的交货凭证。

2. FAS 买方义务

（1）订立从指定装运港运输货物的合同，支付运费，并将船名、装货地点和要求装货的时间及时通知卖方。

（2）在合同规定时间、地点受领货物，并支付货款。

（3）承担受领货物后发生的一切费用和风险。

（4）自负费用和风险，取得进口许可证和其他官方文件，并办理货物进口的一切海关手续。

3. FAS 注意事项

（1）*INCOTERMS 2000* 下与 1941 美国对外贸易定义修订本的不同：后者规定的 FAS 是

Free alongside，适用于各种运输工具，其 FAS vessel 与 INCOTERMS 下的 FAS 基本相同。

（2）与 EXW 相比：买卖双方的责任和风险划分，FAS 延至船边，而且卖方负责办理出口和清关事宜。

（3）船货衔接：买方必须把船名、交货地点、时间及时通知卖方。卖方货抵船边后，也应通知买方。

（4）和 FOB 相比：同属装运港交货。不同点在于：FAS 下卖方不负责装船费。

（九）边境交货：DAF

DAF，Delivered at Frontier（Named Place）：卖方在毗邻国家关境前的边境指定地提供了经出口清关的货物时，即履行交货义务。"边境"一词可用于任何边境，包括出口国边境。该术语可用于陆地边界交货的各种运输方式，当在目的港船上或码头交货时，应使用 DES 或 DEQ 术语。

1. DAF 卖方义务

（1）订立将货物运往边境约定地点的运输合同，并支付运费。

（2）在合同规定的时间，在边境约定地点将仍处于交货运输工具上尚未卸下的货物置于买方控制之下。

（3）承担货物在边境约定地点交给买方控制之下的一切费用和风险。

（4）自负费用和风险，取得出口许可证和其他官方文件，并办理货物出口的一切海关手续。

（5）提交商业发票或具有同等作用的电子信息，并自负费用提供通常的交货凭证。

2. DAF 买方义务

（1）接收卖方提供的有关单据，在边境约定地点受领货物，并支付货款。

（2）承担受领货物后发生的一切费用（包括卸货费用）和风险。

（3）自负费用和风险，取得进口许可证和其他官方文件，并办理货物进口的一切海关手续。

（十）目的港船上交货：DES

DES，Delivered Ex Ship（Named Port of Destination）：卖方在指定目的港船上向买方提供了未经进口清关的货物，即履行了交货义务。

1. DES 卖方义务

（1）订立将货物运往约定目的港的水运合同，并支付运费。

（2）在合同规定的时间，在边境约定地点将仍处于交货运输工具上尚未卸下的货物置于买方控制之下。

（3）承担货物在边境约定地点交给买方控制下的一切费用和风险。

（4）自负费用和风险，取得出口许可证和其他官方文件，并办理货物出口的一切海关手续。

（5）提交商业发票或具有同等作用的电子信息，并自负费用提供通常的交货凭证。

2. DES 买方义务

（1）接受有关单据，在目的港船上受领货物，并支付货款。

（2）承担受领货物后发生的一切费用（包括卸货费用）和风险。

（3）自负费用和风险，取得进口许可证和其他官方文件，并办理货物进口的一切海关手续。

3. DES 注意事项

目的港交货工作：

（1）卖方及时通知买方预计船货抵达时间。

（2）若在港口的具体地点未确定，或不能按惯例予以确定，则卖方可在指定地选择最合适其意图的地点交货。

（3）买方有权确定交货时间、地点，未及时通知卖方的，自约定的交货期限终止起，承担货物风险和额外费用。条件是卖方已将货物划归本合同项下。

4. CIF 与 DES 比较

（1）性质不同：DES 是实质性交货。

（2）风险划分不同：DES 于目的港船上买方有效控制货物时划分风险。

（3）费用不同：DES 下卖方承担的费用包括正常运费和可能的不正常运费——DES 才是真正的到岸价。

（4）付款方式不同：CIF 术语成交常采用信用证方式；DES 采用货到付款方式。

（十一）目的港码头交货：DEQ

DEQ，Delivered Ex Quay（Named Port of Destination）：卖方将货物运至指定目的港码头，可供买方收取时即履行交货义务。卖方承担货物交至该处的一切风险和费用。

1. DEQ 卖方义务

（1）订立将货物运往约定目的港的水运合同，并支付运费。

（2）在合同规定的时间，将货物运至约定的目的港，承担卸货的责任和费用，并在该码头将货物置于买方控制之下。

（3）承担货物在目的港码头交给买方控制之前的一切费用和风险。

（4）自负费用和风险，取得出口许可证和其他官方文件，并办理货物出口的一切海关手续。

（5）提交商业发票或具有同等作用的电子信息，并自负费用提供通常的交货凭证。

2. DEQ 买方义务

（1）接收卖方提供的有关单据，在目的港码头受领货物，并支付货款。

（2）承担受领货物后发生的一切费用（包括卸货费用）和风险。

（3）自负费用和风险，取得进口许可证和其他官方文件，并办理货物进口的一切海关手续。

（十二）进口国内地未完税交货：DDU

DDU，Delivered Duty Unpaid（Named Place of Destination）：卖方将货物运至进口国指定地点，可供买方收取时即履行交货义务。卖方承担货物交至该处的一切风险和费用。进口清关的手续及费用由买方办理和承担。

1. DDU 卖方义务

（1）订立将货物按照通常路线和习惯方式运往进口国约定地点的运输合同，并支付运费。

（2）在合同规定的时间、地点，将货物置于买方控制之下。

（3）承担在指定目的地约定地点将尚未卸下的货物交给买方控制之前的一切费用和风险。

（4）自负费用和风险，取得出口许可证和其他官方文件，并办理货物出口的一切海关手续。

（5）提交商业发票或具有同等作用的电子信息，并自负费用提供通常的交货凭证。

2. DDU 买方义务

（1）接收卖方提供的有关单据，在指定地点受领货物，并支付货款。

（2）承担受领货物后发生的一切费用（包括卸货费用）和风险。

（3）自负费用和风险，取得进口许可证和其他官方文件，并办理货物进口的一切海关手续。

3. DDU 注意事项

（1）货物进口的清关手续和税费由买方负担，但卖方要负责将货物交至进口国的指定地点，适用于自由贸易区及关税同盟。若进口国进口手续繁杂，卖方可能承担更多的风险。所以卖方在使用该术语时要留意进口国进口清关情况。

（2）因 DDU 属实际交货合同，卖方要承担货交进口国指定地点前的一切费用和风险，所以要根据实际采用的运输方式和路线进行投保。

（十三）进口国内地完税后交货：DDP

DDP，Delivered Duty Paid（Named Place of Destination）：卖方将货物运至进口国指定地点，可供买方收取时即履行交货义务。卖方承担货物交至该处的一切风险和费用（包括关税、税捐和其他费用，并办理货物进口清关手续）。

1. DDP 卖方主要义务

（1）订立将货物按照通常路线和习惯方式运往进口国约定地点的运输合同，并支付运费。

（2）在合同规定的时间、地点，将货物置于买方控制之下。

（3）承担在指定目的地约定地点将尚未卸下的货物交给买方控制之前的一切费用和风险。

（4）自负费用和风险，取得出口和进口许可证及其他官方文件，并办理货物出口和进口的一切海关手续，承担相关费用。

（5）提交商业发票或具有同等作用的电子信息，并自负费用提供通常的交货凭证。

2. DDP 买方义务

（1）接收卖方提供的有关单据，在指定地点受领货物，并支付货款。

（2）承担受领货物后发生的一切费用（包括卸货费用）和风险。

（3）根据卖方要求，并由卖方承担风险和费用的情况下，给予卖方一切协助，使其取得进口许可证和其他官方文件。

四、贸易术语的选择

（1）买卖双方的市场优势：若是卖方市场，卖方可选择对其较有利的 EXW、FAS 或 FOB 条件。

（2）当事人的能力：若买方的营销能力强，卖方所在地设有分支机构、代办处，可办理出口手续，则可采用 EXW 条件；相应地，能力强的卖方可采用 DDP 条件。

（3）运输方式：以海运方式运输的合同可采用 FAS，FOB，CIF，CFR，DES 及 DEQ，而 EXW，FCA，CPT，CIP，DAF，DDU 和 DDP 可适用任何运输方式。

（4）货物的种类：若成交的是普通货物，多数以定期租船运输为主，需要预订，采用 CFR，CIF，CPT 或 CIP，由卖方在出口地负责安排运输事宜。若成交货物是大宗物资或散装货，多以不定期船运输，采用 FOB 或 FAS 等由买方洽订运输。

（5）法则限制：有些国家规定以 CFR 或 CIF 条件出口，指定本国船公司运输及/和保险公司投保。

（6）运费及保费的考虑：有些出口商与船公司或保险公司有良好关系或契约，可享受优惠费率，则可选择由卖方安排运输和/或保险；若运费及保费有上涨/下跌趋势，可采用 FOB/CIF 或 CFR 条件。

（7）交易习惯：如日本习惯用 FOB，中东习惯用 CFR。

（8）关税制度：若买卖双方国家对进口货物采取免征收关税措施，可采用 DDU 条件。若进口国有保税区，则区内买方进口货物也可采用 DDU 条件。

五、选择贸易术语时应注意的问题

（一）必须体现本国的对外政策

选择贸易术语时，必须体现平等互利的原则，尽量选择双方熟悉的、对买卖双方都较为便利的贸易术语，如最常用的贸易术语是 FOB、CFR、CIF 3 种。

（二）应该考虑本国保险业和运输业的发展情况

从宏观经济利益考虑，为了扶持和促进本国保险业和运输业的发展，在可能的情况下，企业在出口业务中，应尽量采用 CFR、CPT、CIF 和 CIP 等术语，在进口业务中，应尽量采用 FOB 和 FCA 等术语。

（三）必须考虑运输条件和运费因素

买卖双方应该根据自身的实际情况正确选择适合的贸易术语。除此之外，买卖双方还应考虑本身的运输能力,在本身能力充足的情况下,尽量由自身安排运输条件成交,否则应由对方安排运输。

(四)必须重视规避风险

首先,要考虑运输途中的货运风险。货物在国际贸易中一般都要经过长途运输,可能会遇到各种意外事故、自然灾害等风险,运输途中的风险更大。为规避风险,除了考虑购买适合的保险外,也应在选择贸易术语上着重考虑,应争取选择由对方承担货运风险的贸易术语。其次,要考虑贸易欺诈风险,尤其是采用 FOB 术语成交时。因此在选择贸易术语时,除非交易对象信用良好或者是长期合作的交易伙伴,否则买方一般不应该选择 FOB 术语。

(五)必须考虑办理进出口清关手续的难易程度

关于进出口货物的清关手续,不同的国家有着不同的规定。比如:有些国家规定不能由买方办理清关手续,则不宜按 EXW 术语成交,应选择按 FCA 术语成交;有些国家规定不能由卖方办理清关手续,则不宜按 DDP 术语成交,应选择 DAP 术语成交。

13 种贸易术语汇总如表 1-5 所示。

表 1-5 贸易术语汇总

术语	交货地点风险界限	运输	保险	报关	运输方式	交货性质
EXW	工厂货交买方	买方	买方	买方	任何	实际
FCA	启运地货交承运人	买方	买方	分别	任何	象征
FAS	装运港船边	买方	买方	分别	水上	实际
FOB	装运港船舷	买方	买方	分别	水上	象征
CFR	装运港船舷	卖方	买方	分别	水上	象征
CIF	装运港船舷	卖方	卖方	分别	水上	象征
CPT	启运地货交承运人	卖方	买方	分别	任何	象征
CIP	启运地货交承运人	卖方	卖方	分别	任何	象征
DAF	边境货交买方	分别	分别	分别	任何	实际
DES	目的港船上	卖方	卖方	分别	水上	实际
DEQ	目的港码头	卖方	卖方	分别	水上	实际
DDU	目的地货交买方	卖方	卖方	分别	任何	实际
DDP	目的地货交买方	卖方	卖方	卖方	任何	实际

【总结提升】

一、学习提升

（一）分析题

1. 按 CIF 贸易术语出口。卖方按合同规定装船完毕后取得包括提单在内的全套装运单据。但是，载货轮船在启航后第二天就触礁沉没，买方闻讯后提出拒收单据，拒付货款。试问：卖方应如何处理？为什么？

2. 在 20 世纪 80 年代，有一出口商同国外买方达成一交易，合同约定的价格条件为 CIF。当时正值海湾地区爆发战争，装有出口货物的轮船在公海上航行时，被一发导弹误中而沉。由于在投保时没有加保战争险，不能取得保险公司的赔偿。试问：买方为此向买方提出索赔是否合理？

3. 我方与美商达成的合同中采用的术语为 FOB 上海，合同规定的交货时间为 2001 年 3—4 月，可是到了 4 月 30 日，买方指派的船只还未到达上海港。试问：

（1）如果货物在 5 月 2 日因仓库失火而全部灭失。发生灭失的风险应由谁来负担？

（2）如果船于 5 月 2 日到达并装运，由此为保存货物而发生的额外费用由谁负担？

4. 有一份 FOB 合同，甲公司出口卡车 500 辆，该批货物装于舱面，其中 40 辆是卖给某国乙公司的。货物抵运目的港后由承运人负责分拨，船行途中遇到恶劣天气，有 50 辆卡车被冲进海中。事后甲公司宣布出售给乙公司的 40 辆卡车已在运输途中全部损失。乙公司认为甲公司未履行交货义务，要求赔偿损失。甲公司认为货物已经越过船舷，风险已转移，无须赔偿。试问：孰是孰非？为什么？

5. 我方某公司每公吨（1公吨 = 1吨）242美元 FOB Vessel New York 进口200公吨钢材。我方如期开出48 400美元信用证，但美商来电要求增加信用证金额至50 000美元，不然有关出口捐税及签证费应由我另行电汇。试问：美方此举是否合理？

6. 某公司按 CIF London 向英国出口一批季节性较强的货物，双方在合同中规定：买方须于9月底前将信用证开到，卖方保证运货船只不得迟于12月2日驶抵目的港。如货轮迟于12月2日驶抵目的港，买方有权取消合同。如货款已收，卖方须将货款退还买方。试问：如此签约是否正确？

7. 印度孟买一家电视进口商与日本京都电器制造商洽谈买卖电视交易。从京都（内陆城市）至孟买，有集装箱多式联运服务，京都当地货运商以订约承运人的身份可签发多式联运单据（MTD）。货物在京都距制造商5千米的集装箱堆场（CY）装入集装箱后，由货运商用卡车经公路运至横滨，然后装上海轮运到孟买。京都制造商不愿承担公路和海洋运输的风险；孟买进口商则不愿承担货物交运前的风险。试问：

（1）京都制造商是否可以按FOB、CFR或CIF术语报价？
（2）京都制造商是否应提供已装船运输单据？
（3）你认为京都制造商应采用何种术语？

（二）简答题

1. 简述FOB、CFR、CIF贸易术语与FCA、CPT、CIP贸易术语对卖方有何不同。

2. 简述CIF术语与DES术语的区别。

3. 简述 FOB、CFR、CIF 3 种贸易术语的相同点和区别。

4. 简述 C 组贸易术语的相同点。

5. 简述 CIF 与 CIP 的异同。

二、任务问题

三、完成结果

四、任务评价反馈

五、学习笔记

学习项目二
成立橙汁国际物流公司

【任务准备】

案例引入

XF国际物流成立于1997年,是一家集海运、空运、陆运于一体的综合性物流企业集团。公司总部设于上海,建有10余家分公司和30个物流中心。

XF国际物流直属的运输事业部,管理着1 500辆不同载重和类型的卡车,满足了不同行业客户的运输需求。业务范围包括:市内短拨,省内配送,长途干线运输等门到门服务,分送网点除大中城市以外,已延伸到三、四城市。对于行业客户增加了卖场、超市配送服务,卖场、超市包括沃尔玛、家乐福、好又多、麦德龙、乐购、农工商、联华、华联等。在时效性方面,做到当天订单当天出货,票票货物电子跟踪,对于货物状态进行实时监控和反馈。

直属的仓储事业部,管理着上海的CDC和全国范围内30个RDC仓库,主要提供库位管理、收发货管理、货物的二次包装、拆零分拣、贴标签、打印条码等服务。分布在东北、华北、华东、华中、华南、西北、西南的30个大中城市的RDC与上海的CDC,形成了强大的仓储分拨网络,使货物在城市间的运转更快速、便捷。

目前XF在国际供应链管理中的需求大致为:

(1)仓储配送系统策略管理:顾客B to C订单管理对仓储配送起配合和协调作用。

(2)仓库管理专业化:根据产品特性设计仓储布局,专业化管理和内部信息流通可以节约物流成本。

(3)配送效率提高:信息共享程度提高可以加快配送频率和效率。

(4)采用先进信息系统管理物流运作:内部数据库管理,信息共享技术。

(5)客户服务水平提高:根据顾客订单做货物分发再包装,JIT运输配送服务体系。

(6)与供应链相关的内部管理成本的降低。

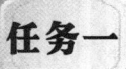

任务一　橙汁国际物流公司简介

【学习目标】

能进行国际物流公司的市场调研与行业分析，会制订商业计划书，能设计国际物流供应链。

一、市场调研与行业分析

通过市场调研分析橙汁国际物流的需求、市场竞争、政策与法规环境、潜力和挑战，了解国际物流行业背景与市场现状。

（一）橙汁国际物流市场需求分析

1. 全球贸易增长

随着全球供应链的不断扩展，跨国公司需要更多的物流服务来管理不同国家之间的货物运输。橙汁国际物流公司可以通过优化全球运输网络，提供定制化的跨境运输解决方案（如海运、空运、铁路运输等）来适应多变的全球贸易环境。

一些国际经济合作区（如欧盟、亚太经合组织）促进了贸易自由化，这为橙汁物流提供了更多的商机。在这些区域内，运输成本的降低和通关程序的简化将使橙汁国际物流公司更高效地运营。

2. 电商崛起

随着像阿里巴巴、亚马逊这样的电商平台不断扩展，全球电商业务的增长带动了跨境物流需求的增加。特别是对小包裹、快速交货、透明度高的物流需求日益增长。橙汁国际物流公司需要能够提供灵活的小批量运输服务，并在"最后一公里"配送上提供优化方案。

电商客户更注重货物追踪和透明的配送信息。橙汁可以通过数字化管理平台提供实时物流跟踪功能，让消费者和商家能够随时了解货物的位置和预计到达时间，提升客户满意度。

3. 冷链与时效性要求

对于易腐商品（如生鲜食品、药品、化妆品等），冷链物流至关重要。橙汁物流可以通过引入温控技术、提供冷藏运输车辆、建设冷链仓储系统等手段来满足这一类商品的市场需求。

在中国和欧美市场，生鲜电商发展迅猛，这部分市场对时效性和保鲜要求非常高。橙汁国际物流公司可以专注于建立更具时效性的运输模式，如快速冷链运输和快速配送网络，以满足这些特定的市场需求。

4. 环保趋势

随着全球环保意识的提升，越来越多的企业在选择物流合作伙伴时，开始关注其环保实践。橙汁国际物流公司可以通过减少碳排放、使用电动车或新能源车队、减少包装浪费等方式，提升其在市场中的绿色形象。如果橙汁物流能够获得一些国际或国家级的绿色认证（如 ISO 14001 环境管理体系认证），不仅可以增强企业形象，还能吸引那些对环保有高要求的企业客户。

5. 目标客户群体

跨国公司通常对国际运输的可靠性和稳定性有较高要求。橙汁可以提供一站式的全球运输解决方案，包括门到门的运输、仓储和清关服务等。此外，为了满足这些客户的需求，橙汁物流应注重网络覆盖广度、信息透明度以及定制化服务。

随着互联网的普及，中小企业的国际化步伐加快。许多小企业希望通过电商平台将产品销售到海外市场，但他们对物流成本和时效性有着较高要求。橙汁可以为这些企业提供灵活的物流服务，如按需支付的物流方案、小批量配送、简化的报关服务等。

（二）橙汁国际物流公司的竞争分析

1. 主要竞争对手

DHL、FedEx、UPS 等公司拥有全球化的物流网络、雄厚的资金和先进的物流技术。橙汁国际物流公司可以通过提供个性化服务和更高效的物流解决方案，来与这些大公司竞争。例如，橙汁可以集中精力提供某些细分市场的服务，提供更灵活的定制服务。

马士基（Maersk）等大型海运公司在海运领域占据主导地位，拥有庞大的船队和物流设施。橙汁公司可以通过提供空运、陆运、铁路运输等服务来与这些公司区分开来，尤其在综合运输和门到门服务上发力。

2. 竞争策略分析

可以通过价格竞争、服务差异化、客户关系管理等方面进行竞争策略分析。

价格竞争：为了降低成本，橙汁可以通过优化运输路线、提高装载率、提升运输工具的利用率来实现价格优势。利用大数据和人工智能技术预测需求并动态调整定价策略，减少空载率，从而控制成本。

服务差异化：例如，橙汁可以为特定行业（如药品、食品等）提供专业的物流服务，建立行业专用的仓储设施、运输路线及供应链管理系统，满足客户特定的需求。

客户关系管理：通过精准的客户需求分析，橙汁可以为长期客户提供优质的客户关系管理服务，如定期的需求评估、专门的客服团队等，增强客户忠诚度。

3. 潜在竞争威胁

随着科技的发展，一些新兴的初创公司正在采用更加先进的技术（如无人驾驶卡车、自动化仓储等），这些技术可能会使传统物流公司面临成本上的压力。橙汁国际物流公司需要跟进技术创新，并加大投资以提升自身的竞争力。

一些地方性的物流公司可能在特定市场中提供更灵活的服务，并且能在价格上占据一定优势。橙汁公司需要在大市场中寻找自己的细分市场，以避免直接与这些地方性公司正面竞争。

(三)政策与法规环境分析

1. 国际贸易政策

各国之间的自由贸易协定(如 RCEP、USMCA)可能会简化跨境物流的关税和非关税壁垒。橙汁国际物流公司需要及时了解这些政策变化,以便在这些区域提供优惠的运输服务。

全球贸易摩擦和关税政策的变化(如中美贸易战、英国脱欧等)可能导致市场不稳定。橙汁公司需要灵活调整战略,在不稳定的贸易环境中找到最优的物流方案。

2. 海关与检疫政策

一些国家对于进口货物的海关要求非常严格,特别是对敏感商品(如药品、化学品等)的检验检疫。橙汁物流公司需要与客户合作,确保所有货物都能符合各国的海关规定,避免延误和罚款。

橙汁需要提供高效的清关服务,尤其是在有特殊要求的市场(如欧盟、美国等)。可以通过设立本地清关团队、使用自动化清关软件等手段提高通关效率。

3. 环保法规

全球越来越多的国家对运输行业实施碳排放限制,特别是在欧盟、美国等地区。橙汁国际物流公司需要提前投入绿色技术,使用低排放车辆,优化路线规划等手段,降低碳足迹。

如果橙汁能够获得绿色物流认证,如 ISO 14001 等,将有助于提升企业形象,并赢得那些重视环保的客户群体。

(四)市场潜力与未来发展趋势

1. 增长潜力

亚太地区是全球贸易增长最快的区域,尤其是中国、印度等国家的需求不断增长。橙汁国际物流公司可以通过在这些地区增加仓储设施、加强与本地电商平台的合作,来抓住这些增长机会。

非洲是全球发展最快的经济体之一,橙汁可以通过在非洲建立物流枢纽、加强与当地政府和企业的合作,提前布局该市场。

2. 数字化与智能化物流

通过物联网设备对运输过程进行实时监控,橙汁可以提高物流效率并减少运输过程中的风险。此外,基于大数据分析,橙汁可以预测需求、优化运输路线,进一步提升服务质量,还可以利用 AI 技术提升仓储管理效率等。

二、制订商业计划书

一个完整的商业计划书,包括公司定位、战略目标及运营模式等。

（一）公司定位与目标

1. 公司核心使命

公司的使命是指公司存在的根本目的，它决定了公司为什么要运营以及如何为客户、员工、股东等利益相关者创造价值。

橙汁国际物流公司的使命是：通过高效、创新的物流服务，打破国界，为全球客户提供快速、安全、可靠的跨境物流解决方案，助力全球贸易流通。

这一使命体现了公司为客户解决实际问题的决心，并且突出了跨境物流的国际化特点。

2. 公司愿景

愿景是公司在未来希望达到的理想状态，它具有前瞻性，激励全体员工朝着共同的目标努力。

橙汁国际物流公司的愿景是：成为全球领先的国际物流解决方案提供商，打造无缝连接全球市场的物流网络。

这一愿景展示了公司在行业中的野心和长期发展目标，尤其是全球化的视野。

3. 公司价值观

公司价值观体现了公司的文化和运营理念，是公司在日常决策和行动中应遵循的原则。

橙汁国际物流公司的价值观是：

客户至上：始终把客户需求放在首位，提供个性化的物流服务。

创新驱动：持续创新，应用新技术提升服务效率。

诚信为本：遵循诚实守信的原则，建立长期可靠的合作伙伴关系。

可持续发展：关注环境保护，推行绿色物流解决方案。

这些价值观帮助公司在快速变化的市场中树立品牌形象，赢得客户和合作伙伴的信任。

（二）服务模式与运营策略

1. 选择适合的物流模式

物流模式的选择直接影响公司的服务效率和市场竞争力。目前主流的物流模式是直销模式、代理模式、合作伙伴关系模式等，选择何种模式取决于公司的资源、市场定位以及发展阶段。

直销模式：公司直接与客户进行合作，无中介，保证全程控制物流服务质量。例如，公司通过自有平台或APP接单，直接安排运输和仓储。

代理模式：公司通过合作伙伴或代理商扩展业务，代理商负责客户开发和服务交付，而公司负责提供核心物流资源和技术支持。这种模式可以降低初期的市场拓展成本，快速建立网络。

合作伙伴关系模式：与其他物流公司、航运公司、航空公司等建立战略合作伙伴关系，形成跨公司、跨国界的物流解决方案。通过共享资源和网络，提供全球范围的物流服务。

2. 橙汁国际物流公司主要服务内容

海运：提供全球范围的海上货物运输服务，适用于大宗货物和长途运输。

空运：提供快速的空运物流服务，适用于高价值、时效性要求高的货物。

仓储服务：提供全球范围的仓储、配送和库存管理服务，确保货物在运输过程中的安全和管理高效。

供应链管理：为客户提供全方位的供应链管理服务，从货物采购、运输到最终交付的整个流程管理。

报关清关服务：为客户提供进出口报关、清关及相关手续处理，确保跨境物流的顺利进行。

这些服务内容需要在商业计划书中进行详细描述，明确公司将如何通过这些服务为客户创造价值。

3. 运营策略

运营策略需要确保物流服务的高效性和可持续性。大部分国际物流公司需要考虑以下几个方面：

技术驱动：引入先进的物流管理系统（如 WMS、TMS 系统）来优化运输路线、提高效率、减少错误和延误。

绿色物流：发展低碳环保的运输方案，选择绿色运输工具，减少碳排放，为客户提供环保的物流选项。

客户定制化服务：根据客户的具体需求提供个性化的物流方案，如定制化仓储管理、灵活的交货时间等。

多式联运：结合海运、空运、陆运等多种运输方式，提供更加灵活、高效的物流解决方案。

（三）财务预测与预算

财务部分是商业计划书中至关重要的一部分，能够帮助投资人和管理层评估公司的盈利能力和资金需求。

1. 收入来源

橙汁国际物流公司的收入来源主要有：

运输服务收入：根据货物的重量、体积和运输距离收取运输费用。

仓储服务收入：根据存储的货物数量和存储时间收取服务费用。

增值服务收入：如提供保险、包装、报关等增值服务。

定制化物流解决方案收入：根据客户的定制需求收取服务费用。

2. 成本分析

橙汁国际物流公司的成本通常包括：

运输成本：包括燃油费用、船舶或飞机租赁费用、运输工具的维护和保险费用。

仓储成本：包括仓库租赁、人工成本、设备维护费用。

技术投入成本：包括信息技术系统的开发、维护和更新费用。

营销和销售成本：广告费用、销售人员工资、市场推广费用。

行政成本：公司日常运营所需的固定支出，如租金、员工薪资等。

3. 资金需求

公司启动时的资金需求包括：

初期投资：用于购买运输设备（如船舶、卡车）、租赁仓库、购买信息技术系统等。

运营资金：用于支付日常运营中的开支，如员工薪资、租金、市场推广等。

通常，资金需求的来源可能包括创始人或股东的投资、银行贷款、风险投资/股权融资等。

4. 盈利模式

通常，国际物流公司的盈利模式可以通过提高效率降低成本、客户黏性、多元化收入来源等几个方面实现：

提高效率降低成本：通过优化运输路线、提高仓储管理效率、减少损耗来提高利润率。

客户黏性：通过提供定制化服务和增值服务，增加客户的复购率和忠诚度。

多元化收入来源：除了传统的运输和仓储收入，还可以通过提供增值服务（如物流咨询、供应链优化等）来增加收入来源。

三、设计国际物流供应链

设计橙汁物流公司的供应链和运输流程需要确保从生产商到消费者的物流路径高效、可控且具备灵活性。从生产商到消费者的完整物流路径，这一过程涉及多个环节，主要包括供应链网络规划、运输方式选择、合作伙伴选择等。

供应链网络规划：确定物流供应链中的各个环节，如采购、运输、仓储、分销等。

运输方式选择：分析各种运输方式（如海运、空运、陆运）的优缺点，选择最适合橙汁运输的方式。

合作伙伴选择：选择合适的物流供应商（如货代公司、仓储设施、运输公司等），建立长期合作关系。

（一）供应链网络规划

1. 采购管理

与信誉良好、供应稳定的企业建立长期合作关系，确保原材料的质量。同时，通过市场调研和实地考察，评估潜在供应商的资质和能力，制订灵活的采购计划。例如，通过长期合同锁定价格，或采用多元化供应商策略以降低风险和成本。在采购过程中实施严格的质量检查，确保所有原材料符合公司的质量标准。这包括对供应商的生产过程进行监督，以及对进货产品进行抽样检测。

2. 运输优化

结合海运、空运和陆运的优势，为不同类型的货物选择最合适的运输方式。例如，对于紧急订单，可以优先选择空运；而对于大宗货物，则可以选择成本较低的海运。利用先进的物流管理系统，进行运输路线的优化，减少中转次数和等待时间，提高运输效率。同时，实时跟踪货物状态，确保货物安全及时到达。通过谈判运费、优化包装等方式降低成本。例如，与运输公司协商优惠的批量运输价格，或采用更轻便的包装材料以减少运输重量。

3. 仓储布局

在关键地点设立中央仓库，用于集中存储和管理货物；同时，在需求较大的地区设立区域仓库，以缩短配送距离和时间。这种布局有助于提高库存周转率和客户满意度。使用ERP（企业资源计划）系统或WMS（仓库管理系统）等先进工具，实现实时库存监控和数据分析。通过精确的需求预测和库存水平调整，避免过度积压和缺货现象。加强仓库的安全措施，包括安装监控摄像头、设置防火防盗系统等，确保货物安全。同时，定期对仓库设施进行检查和维护，防止意外事故的发生。

4. 分销渠道

一是通过多种渠道进行货物分销，包括传统的批发商、零售商以及电子商务平台等。这有助于扩大市场覆盖范围，满足不同客户的需求。二是针对不同市场的需求，提供定制化的物流解决方案。例如，对于冷链运输要求较高的货物，提供专门的冷藏车辆和温控设备；对于快速配送需求的客户，提供加急服务。三是建立专业的客户服务团队，提供咨询、投诉处理等服务。通过优质的服务提升客户体验，增强公司的竞争力。

（二）运输方式选择

运输方式的选择直接影响物流成本、运输时效以及产品质量。橙汁物流的运输方式选择应综合考虑产品特性、运输距离、时间要求、运输成本等因素。具体可以选择以下几种运输方式：

1. 海运

优点：

① 成本较低，尤其适合大宗商品长途运输。

② 能够运输大量产品，适合大规模出口。

③ 支持多种包装形式（瓶装、罐装、集装箱等）。

缺点：

① 时效较长，运输周期通常为几天到几周不等。

② 受天气、港口效率等因素的影响较大。

③ 对于易腐产品需要特别注意冷链运输问题。

应用：适合将产品从生产国（如美国、巴西、墨西哥等）运输到其他大洲，特别是大宗订单，能够控制运输成本。

2. 空运

优点：

① 时效快，适合紧急需求或高价值的橙汁公司产品。

② 空运能够确保运输时间的可控性。

③ 对于少量高价值产品，运输成本较为合适。

缺点：

① 成本较高，特别是大宗商品运输时，空运费用远高于海运费用。

② 运输货量有限，适合高端市场或特殊需求。

应用：适合需要快速交付或特殊市场（如高端超市或特定客户）的产品。

3. 陆运

优点：

① 灵活性高，适合大陆之间的区域运输。

② 相较于海运和空运，陆运运输成本较低，适合中短途运输。

缺点：

① 限制较大，不能跨海运输，且时效受天气、交通等因素影响较大。

② 长途陆运可能需要通过多个不同的运输商进行合作，协调难度大。

应用：适合在国内市场、跨境的短途运输，特别是在大洲内部（如欧洲、北美等）进行的区域性运输。

在选择运输方式时，橙汁物流公司需要综合考虑货物的性质、目的地、交货时间要求以及成本等因素。例如，对于紧急或高价值的货物，可以选择空运；而对于大宗货物的长距离运输，则更倾向海运。同时，也可以考虑采用多式联运的方式，结合不同运输方式的优势，实现成本和效率的最佳平衡。

（三）合作伙伴选择

成功的供应链管理离不开可靠的合作伙伴，尤其是物流供应商、仓储设施、运输公司等。合理选择合作伙伴，并建立长期稳定的合作关系，对于保证供应链的高效性和可持续性至关重要。

1. 货代公司

货代公司负责协调国际运输过程中的货物接收、运输、报关、保险等服务。选择一个经验丰富、操作规范的货代公司至关重要，尤其是在跨国运输时，能够减少延误、损失等风险。尽量选择能提供电子数据交换（EDI）、实时跟踪系统，保证运输过程中信息透明和即时更新，服务质量高、信誉好、能够提供定制化解决方案的货代公司。

2. 仓储服务商

仓储服务商需要具备完善的库存管理和配送能力，选择有现代化仓储设施并能够实现即时库存管理的仓储公司。通过仓储合作伙伴，公司可以实现全球仓储分布，优化配送路线和缩短交货周期。

3. 运输公司

运输公司是实际完成货物运输的服务商，选择合适的运输公司可以提升物流效率，并保证运输安全。需要综合考虑运输公司的运输能力、设备、服务质量和价格等因素。选择有国际运输经验、设备齐全、提供冷链运输服务的运输公司。通过与运输公司建立长期合作关系，可以获得更优惠的运输费率，并能保证运输的时效性。

橙汁物流公司通过上述详细的供应链网络规划、运输方式选择和合作伙伴选择的策略，可以构建一个高效、可靠且灵活的国际物流供应链系统。这不仅能满足全球客户的需求，还能在竞争激烈的市场中脱颖而出。

任务二　国际物流公司工作内容

【学习目标】

上网了解国际物流的相关岗位；结合了解的结果，对"橙汁国际物流公司"的相关岗位进行设置。

提示：国际物流供应链中涉及20个主要角色，分为国际商务、物流服务商和政府监管部门3类。

一、国际物流公司的岗位及职责

（一）部门经理

（1）全面负责国际物流工作，确保本部门工作的正常运转、组织目标和管理目标的实现；
（2）拟定、执行和控制本部门及各岗位的工作目标；
（3）研究、设计和改善物流管理及作业流程；
（4）拟定并实施物流方案；
（5）协调部门内相关采购工作；
（6）负责协调处理物流运输过程中出现的各种突发事件；
（7）规范内部管理，明确国际物流部各岗位职责，根据需要和工作进度对本部门人员的工作进行合理的调配；
（8）拟定本部门的员工教育培训计划并组织实施，做好团队建设工作；
（9）负责本部门员工的绩效考核评估工作；
（10）贯彻、执行公司各项规章制度和决议；
（11）负责协调同其他公司内外部单位的工作关系；
（12）负责协调、督促货物运输损坏的索赔工作；
（13）完成领导交办的其他工作。

（二）单证主管

（1）负责制备进出口单据，确保进出口报关单据准确无误；
（2）负责协调公司内部和外部进出口货物报关、商检等相关事宜；
（3）负责做好物流部报关单据、文件的存档和管理工作；
（4）负责退税单据的整理和提交工作；

（5）负责下属同事的工作安排和考核工作；
（6）完成部门经理交办的其他工作。

（三）单证专员

（1）负责制备进出口单据，确保进出口报关单据准确无误；
（2）协助上级主管做好协调公司内部和外部进出口货物报关、商检等相关事宜；
（3）协助做好物流部报关单据、文件的存档和管理工作；
（4）协助做好退税单据的整理和提交工作；
（5）完成主管及部门经理交办的其他工作。

（四）发货专员

（1）负责发货订舱、车辆安排、现场管理等工作，确保货物发运准确无误和时效达成；
（2）负责与内外部相关部门和单位关于物流发货等相关事宜的协调工作；
（3）负责物流发货单据、文件的存档和管理工作；
（4）负责相关物流发货数据的系统录入工作；
（5）完成部门经理交办的其他工作。

（五）跟踪专员

（1）负责物流运输节点的全程跟踪；
（2）负责与内外部相关部门和单位关于物流状态等相关事宜的协调工作；
（3）负责反馈、登记和处理物流运输过程中的异常状态；
（4）负责与结算岗位同事对接物流异常造成的各类损失；
（5）负责物流跟踪单据、文件的存档和管理工作；
（6）负责相关物流跟踪数据的系统录入工作；
（7）完成部门经理交办的其他工作。

（六）结算专员

（1）负责物流供应商运费账单的核对和提交工作；
（2）负责与内外部相关部门和单位关于运费结算等相关事宜的协调工作；
（3）负责反馈、登记和处理费用结算过程中的异常状态；
（4）负责与跟踪岗位同事对接物流异常造成的各类损失；
（5）负责物流结算单据、文件的存档和管理工作；
（6）负责相关物流费用数据的系统录入工作；
（7）完成部门经理交办的其他工作。

（七）小平台专员

（1）负责小平台用物流供应商的开发、管理和考核工作；

（2）负责与内外部相关部门和单位关于发货、物流状态、运费结算等相关事宜的协调工作；

（3）负责物流供应商运费账单的核对和提交工作；

（4）负责反馈、登记和处理发货、物流状态、运费结算过程中的异常状态；

（5）负责物流发货、物流状态、运费结算的单据和文件的存档、管理工作；

（6）负责相关物流发货、物流状态、费用数据的系统录入工作；

（7）完成部门经理交办的其他工作。

（八）海外仓专员

（1）负责海外仓用物流供应商的开发、管理和考核工作；

（2）负责与内外部相关部门和单位关于海外仓业务的发货、物流状态、运费结算等相关事宜的协调工作；

（3）负责物流供应商费用账单的核对和提交工作；

（4）负责反馈、登记和处理海外仓发货、结算过程中的异常状态；

（5）负责海外仓物流发货、物流状态、运费结算的单据和文件的存档、管理工作；

（6）负责海外仓物流发货、物流状态、费用数据的系统录入工作；

（7）负责定期盘查海外仓货物存储情况，涉及理赔的要做好反馈、登记和处理工作；

（8）完成部门经理交办的其他工作。

（九）业务支持专员

（1）负责新品开发阶段的海关编码归类、税率查询和报关要求、运输要求等信息的收集、整理和发布工作；

（2）协助单证、发货、跟踪、结算、小平台、海外仓专员处理其岗位相关工作；

（3）协助部门经理做好供应商考核管理工作；

（4）协助部门经理收集国内外行业相关资讯，为前端岗位和公司相关部门提供有用的前沿信息；

（5）完成部门经理交办的其他工作。

（十）国际物流操作员

（1）协助业务及与客户洽谈，接收订单及安排订舱、运输、货物跟踪、报关、结算等相关事宜；

（2）负责单证及相关文件的制作并及时准确上传，以及系统数据的录入；

（3）跟踪货物的发货动态，联系客户、订舱口、车队、仓库和保险公司等各方处理相关事宜；

（4）协调进出口运输客户与各方关系；

（5）配合财务做好核销对账工作；

（6）参与客户的开发，为客户提供最佳物流方案；

（7）配合各部门认真细致地完成各项工作；

（8）服从管理，完成上级分配的其他工作。

（十一）国际物流业务员

（1）相关物流市场的调研、分析；
（2）协助主管确定营业目标及营业方向；
（3）客户的具体开发工作；
（4）客户关系、管理维护和服务跟进。

（十二）国际物流报关员

（1）根据跟单员提供的单据到海关递单或通过报关行递单，负责单据的最后核实；
（2）负责海关、商检收费单的上报、传递；
（3）配合进出口部门及操作组做好货物进出口的各项报关工作；
（4）积极配合海关查车；
（5）及时上报通关时出现的一些突发事件，并配合妥善办理。

二、国际物流业务流程

国际物流业务流程如图 2-1 所示。

（一）客户询盘

一般来说，客户在下正式的订单确认（Purchase Order）之前，都会让对方业务部对相关的订单进行查询（Order Inquiry），以了解产品细节。

（二）报价

对于出口产品的报价主要包括：产品的质量等级、产品的规格型号、产品是否有特殊包装要求、所购产品数量的多少、交货期的要求、产品的运输方式、产品的材质等内容。

比较常用的报价方式有：FOB（船上交货）、CFR（成本加运费）、CIF（成本、保险费加运费）等形式。

业务部应及时回复客户查询，确定货物品名、型号、生产厂家、数量、交货期、付款方式、包装规格及柜型等，并发出形式发票（Proform Invoice）给客户做正式报价。

（三）订单/签约订货

贸易双方就报价达成意向后，买方企业正式订货并就一些相关事项与卖方企业进行协商洽谈。双方协商认可后，需要签订《购货合同》。

在签订《购货合同》时，主要对商品名称、规格型号、数量、价格、包装、产地、装运期、付款条件、结算方式、索赔、仲裁等内容进行商谈，并将商谈后达成的协议写入《购货合同》，这标志着出口业务的正式开始。通常情况下，签订购货合同一式两份，由双方盖本公司公章生效，双方各执一份。

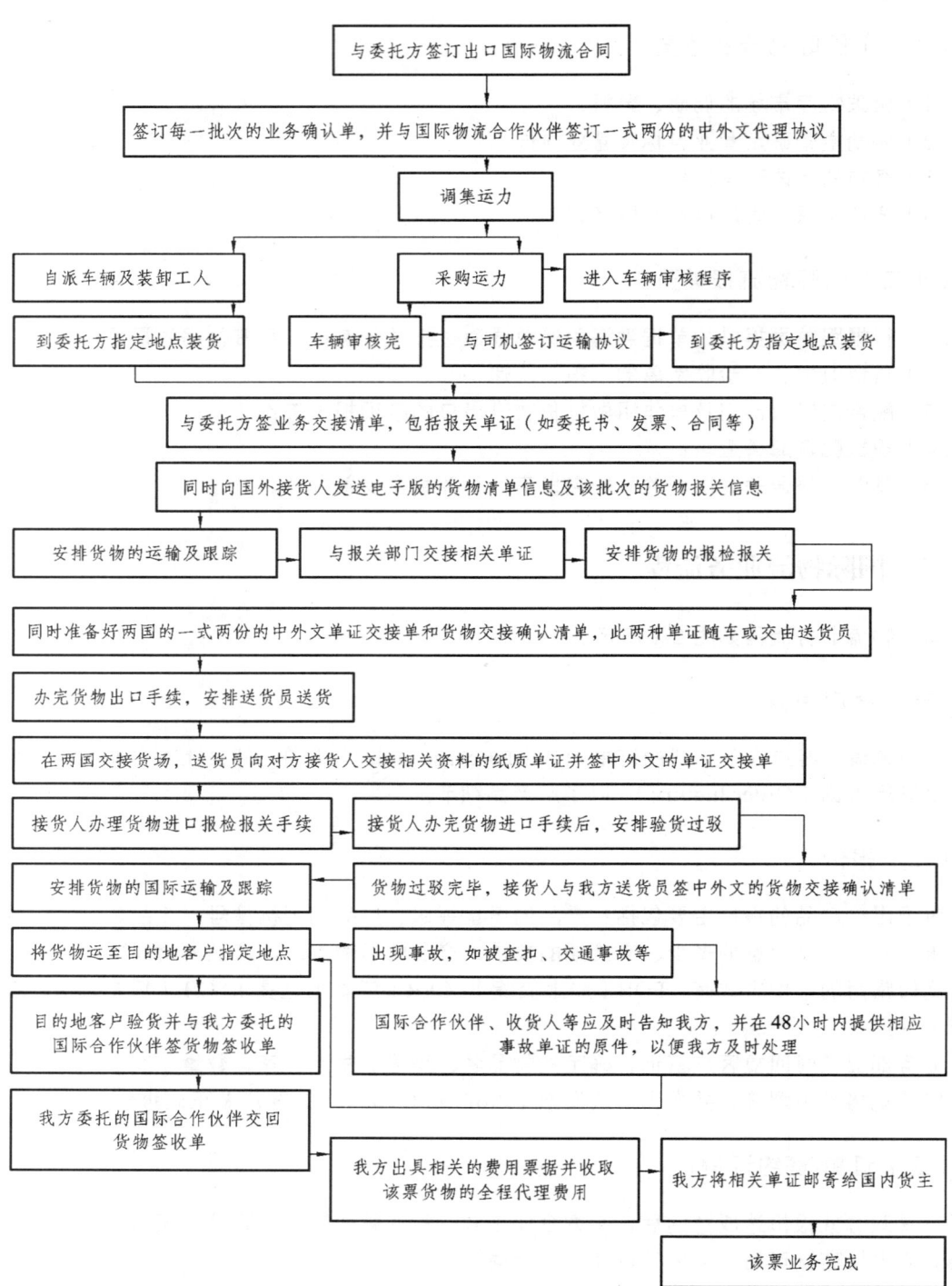

图 2-1 国际物流业务流程

（四）下生产订单

得到客户的订单确认后，给工厂下订单，安排生产计划。

（五）业务审批

业务部收到订单后，首先做出业务审核表。按"出口合同审核表"的项目如实填写，尽可能将各种预计费用都列明。合同审批需附上客人订单传真件与工厂的收贷合同。

审核表要由业务员签名，部门经理审批，再交管理部人员审核后才能执行。如金额较大，或有预付款和佣金等条款的，要经公司总经理审批。合同审批之后，确认订单后制成销售订单，交部门进程员跟进。

（六）落实付款方式（信用证）

常用的国际付款方式有3种，即汇付付款方式、托收付款方式和信用证付款方式。

1. 汇付（Remittance）

汇付又称汇款，是最简单的一种国际贸易货款结算方式。采用汇付方式结算货款时，买方将货物发运给对方后，有关货运单据由卖方自行寄送买方，而买方则径自通过银行将货款交给卖方。根据所用的支付工具的不同，又分为电汇、信汇和票汇。

2. 托收（Collection）

根据《托收统一规则》，将托收定义为：托收是指由接到委托指示的银行处理金融单据和/或商业单据以便取得承兑或者付款，或者凭承兑或者付款交出商业单据，或凭其他条件交出单据。

3. 信用证（Letter of Credit）

信用证即由一家银行依照客户的要求和指示或自身的名义，在符合信用证条款的条件下，凭规定单据，向第三者或其指定人付款，或承兑并支付受益人出具的汇票；或授权另一家银行进行该项付款；或承兑并支付该汇票；或授权另一家银行议付。

这里着重介绍信用证付款方式。落实信用证通常包括催证、审证、改证3项内容。

催开信用证：如果在出口合同中买卖双方约定采用信用证方式，买方应严格按照合同的规定按时开立信用证，这是卖方履约的前提。但在实际业务中，有时国外进口商在市场发生变化或资金发生短缺的情况下，往往会拖延开证。对此，为保证按时履行合同，我方有必要在适当的时候，提醒对方按合同规定开立信用证，催促对方迅速办理开证手续。特别是大宗商品交易或买方要求而特制的商品交易，更应结合备货情况及时进行催证。必要时，也可请我方驻外机构或中国银行协助代为催证。

审核信用证：审核信用证时，要着重审核信用证中的装运条款。信用证是一种银行信用的保证文件，但银行的信用保证是以受益人提交的单据符合信用证条款为条件的，所以，开证银行的资信、信用证的各项内容，都关系着收汇的安全。为了确保收汇安全，收到国外客户通过银行开立的信用证后，应立即对其进行认真核对和审查。信用证是依据合同开立的，信用证的内容与合同条款应该一致。但是在实际操作中，往往会出现开立的信用证条款与合同规定不符的现象，为确保收汇和合同的顺利执行，银行及出口企业收到国外客户通过银行开立的信用证后，应立即对其进行认真核对和审查。银行着重审核开证行的资信能力、付款责任、索汇路线等方面的内容；出口商则着重审核信用证内容与买卖合同是否一致。出口方在收到信用证后，应认真审核信用证中的有关条款，如装运期、装运港、目的港、结汇日期等，尤其应注意某些特殊条款，如是否可分批装运，是否可以转船等，要根据货物出运前的实际情况决定对信用证中的有关运输条款是否接受、修改或拒绝。

修改信用证：对已经开立的信用证中的某些条款进行修改的行为。信用证的修改可以由开证申请人提出，也可以由受益人提出。

在实际业务中，出口企业在对信用证进行了全面细致的审核以后，发现问题时，通常还应区别问题的性质进行处理，有的还需同银行、运输、保险、检验等有关部门取得联系，共同研究后，方能做出适当妥善的决策。一般来说，凡是属于不符合我国对外贸易方针政策、影响合同履行和收汇安全的问题，必须要求国外客户通过开证行修改，并坚持在收到银行修改信用证通知书认可后才可装运货物；对于可改可不改的，或经过适当努力可以做到的，则可酌情处理，或不做修改，按信用证规定办理。

在一份信用证中有多处条款需要修改的情形是比较常见的。对此，首先应做到一次向开证人提出，否则，不仅会增加双方的手续和费用，而且还会产生不好的影响。其次对于收到的任何信用证修改通知书，都要进行认真审核，如发现修改内容有误或我方不能同意的，我方有权拒绝接受，但应及时做出拒绝修改的通知送交通知行，以免影响合同的顺利履行。

为防止作伪，便于受益人全面履行信用证条款所规定的义务，信用证的修改通知书应通过原证的通知行转递或通知。如由开证人或开证行直接寄来的，应提请原证通知行证实。对于可接受或已表示接受的信用证修改书，应立即将其与原证附在一起，并注明修改次数，以防止使用时与原证脱节，造成信用证条款不全，影响及时和安全收汇。

（七）下达生产通知/备货

备货，是出口公司根据合同或信用证规定，向厂家或仓储部门下达订单，要求其按订单对货物进行清点、核对、加工整理等。业务部在确定交货期后，在满足上述情况下可下达生产通知，通知工厂按时生产。

备货时主要核对如下内容：
（1）货物品质、规格，应按合同的要求核实。
（2）货物数量，保证满足合同或信用证对数量的要求。
（3）备货时间，应根据信用证规定，结合船期安排，以利于船货衔接。

（八）包装/刷唛

根据货物的不同，选择不同的包装形式（如纸箱、木箱、编织袋等）。不同包装形式的包装要求也不同。
（1）一般出口包装标准：根据贸易出口通用的标准进行包装。
（2）特殊出口包装标准：根据客户的特殊要求进行出口货物包装。
（3）货物的包装和唛头（运输标志）：应认真检查核实，使之符合信用证的规定。

（九）验货

（1）在交货期前一周，通知公司验货员验货。
（2）如果客户要求自己或指定验货人员来验货的，要在交货期一周前，约客户查货并将查货日期告知计划部。

（3）如果客户指定由第三方验货公司或公证行等验货，要在交货期两周前与验货公司联系，预约验货时间，确保在交货期前安排好时间，确定后将验货时间通知工厂。

（十）制备基本文件

按照订单以及工厂提供的装箱资料、制作出口合同、出口商业发票、装箱单等文件（应由业务跟单员制作，交给单证员）制备文件。

（十一）商检/报检

办好申请报检和领证工作。凡列入商检机构规定的"种类表"中的商品以及根据信用证贸易合同规定由中国进出口商品检验局检验出证的商品，均需在出口报关前填写《出口检验申请书》申请商检。在货物备齐以后，就应向商检局申请检验。只有取得商检局发给的合格检验证书，海关才准放行。凡检验不合格的货物，一律不准出口。

在给工厂下订单时就要说明商检要求，提供出口合同、发票等商检所需资料，并且要将产品的出口口岸通知工厂，以便于工厂办理商检。应在发货一周之前拿到商检换证凭单/条。

（十二）租船订舱和配载

（1）如果与客户签订的合同是 FOB CHINA 条款，通常客户会指定运输代理公司或船公司。应尽早与货代联系，告知发货意向，了解将要安排的出口口岸、船期等情况，确认工厂的交货能否早于开船期至少一周以前，以及船期能否达到客人要求的交货期。应在交货期两周之前向货运公司发出书面订舱通知（Shipping Order）。通常在开船一周前可拿到订舱纸。

（2）如果是由卖方支付运费，应尽早向货运公司或船公司咨询船期、运价、开船口岸等，比较后选择价格优惠、信誉好、船期合适的船公司，并告诉业务员通告给客户。开船前两周以书面形式订舱，程序同上。

（3）如果货物不够一个柜，需走散货时，应向货代公司订散货舱位。拿到入舱纸时，还要了解截关时间、入舱报关要求等内容。

（4）向运输公司订舱时，一定要传真书面订舱纸，注明所定船期、柜型及数量、目的港等内容，以免出现差错。

（5）查看船期表，填写出口货物托运单，即可向货运代理办理委托订舱手续。

（6）货运代理根据货主的具体要求按航线分类整理后，及时向船公司或其代理订舱。当船公司或其代理签订出装货单后，订舱工作即告完成，就意味着托运人和承运人之间的运输合同已经缔结。

（十三）投保

货物订妥舱位后，属卖方保险的，即可办理货物运输险的投保手续。在履行 CIF 出口合同时，卖方在装船之前，应按照买卖合同或信用证的规定及时办理投保手续。

出口商品的投保一般都是逐笔办理的，在投保时，应将货物名称、保额、运输路线、投保险别等一一列明。保险公司接受投保后，即签发保险单或保险凭证。

通常双方在签订《购货合同》中已事先约定运输保险的相关事项。常见的保险有海洋货物运输保险、陆空邮货运输保险等。其中，海洋运输货物保险条款所承保的险别，分为基本险别和附加险别两类。

基本险别有平安险（Free from Paricular Average，FPA）、水渍险（with Average or with Particular Average，WA or WPA）和一切险（All Risk，AR）3 种。

附加险别有一般附加险和特别附加险 2 种。

（十四）安排拖柜

（1）货物做好并验货通过后，委托拖车公司提柜，装柜。拖车公司应选择安全可靠、价格合理的公司签订长期合作协议，以确保安全及准时。

要给拖车公司传真以下资料：订舱确认书/放柜纸、船公司、订舱号、拖柜委托书、注明装柜时间、柜型及数量、装柜地址、报关行及装船口岸等。如果有验货公司看装柜，要专门声明，不能晚到，并要求回传一份上柜资料，列明柜号、车牌号、司机及联系电话等。

（2）传真一份装车资料给工厂，列明上柜时间、柜型、订舱号、订单号、车牌号以及司机联系电话。

（3）要求工厂在货柜离开工厂后尽快传真一份装货通知给业务部，列明货柜离厂时间、实际装货数量等，并记下装箱号码和封条号码作为提单的资料。要求工厂装柜后一定要上封条。

（十五）集中港区

洽妥船舶或舱位后，货方应在规定的时间内将符合装船条件的出口货物发送到港区内的指定仓库或货场，以便顺利装船作业。

当船舶到港，装货计划确定后，按照港区进货通知并在规定的期限内，由托运人办妥集运手续，将出口货物及时运至港区集中，等待装船，做到批次清、件数清、标志清。要特别注意与港区、船公司以及有关的运输公司或铁路部门保持密切联系。

向港区集中时，应按照卸货港的先后和货物积载顺序发货，以便按先后次序装船。对出口大宗货物，可联系港区提前发货。有船边现装条件的货物，也可按照装船时间将货物直送港区船边现装，以节省进舱出舱手续和费用。对危险品、重大件、冷冻货或鲜活商品、散油等需特殊运输工具、起重设备和舱位的，应事先联系安排好调运、接卸。装船作业发货前要按票核对货物品名、数量、标记、配载船名、装货单号等项，做到单、货相符，船、货相符。要注意发货质量，发现有包装破损或残损时，应由发货单位负责修理或调换。

（十六）报检换单

（1）属法定检验的出口商品，须办理出口商品检验证书，这是出口报关的前提。目前我国进出口商品检验工作主要有 4 个环节：报检—接受报检—抽检—发证。

（2）有的客户还会要求第三方机构的检验证书或自己派验货员过来检验，这也需要及时联络、送检和取得证书。在 L/C 付款方式下，此检验证书也是需要提交的重要单据。

（十七）报关

货物集中港区后，发货单位必须向海关办理申报出口手续。由发货单位专业持有报关证人员备妥出口货物报关单，连同装货单、发票、装箱单（或磅码单）、商检证、出口结汇核销单、出口货物合同副本及有关单证向海关申报出口。经海关检查单证和货物，确认单货相符和手续齐备后，即在装货单上加盖放行章。经海关查验放行的出口货物，方能开始装船。报关有4个环节：申报、查验、征税、放行。

一般在拖柜的同时就将报关所需资料交给合作报关行，委托其做商检通关换单及出口报关。通常要给报关留出2天时间（船截关前）。委托报关时，应提供一份装柜资料，内容包括所装货物及数量、口岸、船公司、订舱号、柜号、船开截关时间、拖车公司、柜型及数量、本公司的联系人和电话等。

（十八）交接

发货单位现场工作人员要严格按照港口规章，及时与港方仓库、货场办妥交换手续，做好现场记录，划清船、港、货三方的责任。

（十九）装船

海关放行后，发货单位凭海关加盖放行章的装货单与港务部门和理货人员联系，查看现场货物并做好装船准备。

在装船前，理货员代表船方，收集经海关放行货物的装货单和收货单。经过整理后，按照积载图和舱单，负责点清货物，逐票分批接货装船。

港口装卸作业区负责装货，并按照安全积载的要求，做好货物在舱内的堆码、隔垫和加固等工作。

在装船过程中，托运人委托的货运代理应有人在现场监装，随时掌握装船进度并处理临时发生的问题。装货完毕，理货组长要与船方大副共同签署收货单，交与托运人。监装人员对一级危险品、重大件、贵重品、特种商品和驳船来货的船边接卸直装工作，应随时掌握情况，防止接卸和装船脱节。

（二十）发装运通知

对合同规定需在装船时发出装船通知的，应及时发出，特别是由买方自办保险的。如因卖方延迟或没有发出装船通知的，致使买方不能及时或没有投保而造成损失的，卖方应承担责任。货物装船后，出口方应及时向国外方发出《装运通知》及相关证明，以便对方准备付款、赎单、办理进口报关和接货手续。

《装运通知》一般要求在开船后几天之内，通知客户发货的细节。装船通知的内容一般有：订单号或合同号、信用证号、数量、总值、唛头、包装件数、目的港代理人、船名、航次、预计开航日和预定到达日等。

(二十一)支付运费

船公司为正确核收运费,在出口货物集中港区仓库或库场后申请商检机构对其进行衡量。凡需预付运费的出口货物,船公司或其代理人必须在收取运费后发给托运人运费预付的提单。如果属到付运费货物,则在提单上注明运费到付,由船公司卸港代理在收货人提货前向收货人收取。

(二十二)收单

收单即获得运输文件,具体要求如下:

(1)最迟在开船后两天内,将提单补料内容传真给船运公司或货运代理。补料要按 L/C 或客户的要求来做,并给出正确的货物数量,以及一些特殊要求等,包括要求船公司随同提单出的船证明等。

(2)督促船公司尽快出提单样板及运费账单。仔细核对样本无误后,向船公司书面确认提单内容。如果提单需客户确认,应先传真提单样板给客户,得到确认后再要求船公司出正本。

(3)及时支付运杂费,付款后通知船公司及时取得提单等运输文件,支付运费应做好登记。

装船完毕,由船长或大副根据装货的实际情况签发大副收据。将大副签发的收货单交原发货单位,出口企业可以凭此单据向船公司或其代理人换取海运提单。

提单是出口商办理完出口通关手续、海关放行后,由外运公司签出、供进口商提货、结汇所用单据。

所签提单根据信用证所提要求份数签发,一般是 3 份。出口商留 2 份,办理退税等业务,一份寄给进口商用来办理提货等手续。

进行海运货物时,进口商必须持正本提单、箱单、发票来提取货物(须由出口商将正本提单、箱单、发票寄给进口商)。

(二十三)制单结汇

交单指出口人(信用证的受益人)在信用证到期前和交单期限内向指定银行提交符合信用证条款规定的单据。这些单据经银行确认无误后,根据信用证规定的付汇条件,由银行办理出口结汇。

货物装运后,进出口公司即应按照信用证的规定缮制和备妥各种单据,包括汇票、出口发票、运输单据和保险单以及其他合同或信用证规定的所需结汇单证单据。在信用证规定的交单有效期内,将各种单据和必要的凭证送交指定银行办理要求付款、承兑或议付手续,并在收到货款后向银行结汇。

在我国出口业务中,使用议付信用证的比较多。这种信用证的出口结汇办法,主要有 3 种:收妥结汇、定期结汇和买单结汇。

(1)收妥结汇,又称先收后结,是指议付行收到受益人提交的单据,经审核确认与信用证条款的规定相符后,将单据寄给国外付款行索汇,等付款行将外汇划给议付行后,议付行再按当日外汇牌价结算成人民币交付给受益人。

（2）定期结汇，是指议付行在收到受益人提交的单据，经审核无误后，将单据寄给国外银行索偿，并自交单日起事先规定期限内将货款外汇结算成人民币贷记受益人账户或交付给受益人。

（3）买单结汇，又称出口押汇或议付，是指议付行在审核单据后确认受益人所交单据符合信用证条款规定的情况下，按信用证的条款买入受益人的汇票和/或单据，按照票面金额扣除从议付日到估计收到票款之日的利息，将净数按议付日人民币市场汇价折算成人民币，付给信用证的受益人。

除采用信用证结汇外，其他付款的汇款方式一般有电汇、票汇、信汇等方式。随着电子化的高速发展，现在主要采用电汇方式汇款。在中国，企业出口享有出口退税优惠政策。

（二十四）业务登记

每单出口业务在完成后要及时做好登记，包括电脑登记及书面登记，以便于查询、统计等。

（二十五）文件存档

所有的文件包括 PO、L/C 和议付文件必须留存一整套。

【总结提升】

一、学习提升

1. 包装有哪些功能?

2. 国际货物运输保险包括哪些险种?

3. 简述国际货物运输保险的意义。

4. 包装的标志有哪些?

5. 国际物流中仓储有哪些作业流程?

6. 班轮运输的业务程序包括哪些内容?

7. 简述租船运输的程序。

二、任务问题

三、完成结果

四、任务评价反馈

五、学习笔记

学习项目三
签订出口业务合同

【任务准备】

案例引入

（一）

宁波劲畅服装有限公司（以下简称"劲畅"）是一家具有进出口经营权的纺织品公司。该公司在宁波有自己的国际贸易部和工厂，擅长做梭织毛呢类服装。劲畅在美国洛杉矶有一个实体店，主要开发美国市场。苏经理是劲畅的国际销售主管，经常在美国进行实地考察。苏经理在拜访当地服装厂商——美国洛杉矶 Lundo 服饰有限公司（以下简称"Lundo"）时，双方通过交谈与沟通，达成了合作意向。在经过反复磋商与谈判后，就价格、装卸货款、货款结算、保险以及相关费用等方面达成一致意见。2021 年 11 月 4 日双方签订了交易合同，约定 2022 年 4 月 20 日前，劲畅服装有限公司将 1 700 套西服运送到美国洛杉矶 Lundo 服饰有限公司。对于这次交易，苏经理派出业务员王鹏与 Lundo 进行沟通，具体完成这笔交易。

双方在签订销售合同之后，劲畅按合同要求组织生产和包装。按客户要求的包装规格，通过计算得出，装 207 个纸箱（1 米 × 0.5 米 × 0.27 米）需要一个 20 英尺的集装箱。最后，经过给 Lundo 寄样品（船前样），再次获得 Lundo 的认可。王鹏函告 Lundo 货物已准备完成，准备发运，并顺利完成了货款的结算。

（资料来源：https://max.book118.com/html/2021/1025/60222132120032.shtm）

（二）

2019 年 5 月，美国某贸易公司（以下简称"进口方"）与我国江西某进出口公司（以下简称"出口方"）签订合同购买一批日用瓷具，价格条件为 CIF LOS-ANGELES，支付条件为不可撤销的跟单信用证，出口方需要提供已装船提单等有效单证。出口方随后与宁波某运输公司（以下简称承运人）签订运输合同。8 月初出口方将货物备妥，装上承运人派来的货车。途中由于驾驶员的过失发生了车祸，耽误了时间，错过了信用证规定的装船日期。得到发生车祸的通知后，我出口方即刻与进口方洽商要求将信用证的有效期和装船期延展半个月，并本着诚信原则告知进口方两箱瓷具可能受损。美国进口方回电称同意延期，但要求货价应降 5%。我出口方回电据理力争，同意受震荡的两箱瓷具降价 1%，但认为其余货物并未损坏，不能降价。但进口方坚持要求全部降价。最终我出口方还是做出让步，受震荡的两箱降价 2.5%，其余降价 1.5%，为此货价、利息等有关损失共计达 15 万美元。

事后，出口方作为托运人又向承运人就有关损失提出索赔。对此，承运人同意承担有关仓储费用和两箱震荡货物的损失；利息损失只赔50%，理由是自己只承担一部分责任，主要是由于出口方修改单证耽误时间；但对于货价损失不予理赔，认为这是由出口方单方面与进口方的协定所致，与己无关。出口方却认为货物降价及利息损失的根本原因都在于承运人的过失，坚持要求其全部赔偿。3个月后经多方协商，承运人最终赔偿各方面损失共计5.5万美元。出口方实际损失9.5万美元。

1. 简要分析：控制权的转移

（1）在采用CIF术语订立贸易合同时，出口方同时以托运人的身份与运输公司即承运人签订运输合同。在出口方向承运人交付货物，完成运输合同项下的交货义务后，却并不意味着他已经完成了贸易合同项下的交货义务。出口方仍要因货物上船前的一切风险和损失向进口方承担责任。而在货物交由承运人掌管后，托运人（出口方）已经丧失了对货物的实际控制权。承运人对货物的保管、配载、装运等都由其自行操作，托运人只是对此进行监督。让出口方在其已经丧失了对货物的实际控制权的情况下继续承担责任和风险，这非常不合理。尤其是从内陆地区装车到港口装上船，中间要经过一段较长的时间，会发生什么事情，谁都无法预料。也许有人认为，在此期间如果发生货损，出口方向进口方承担责任后可依据运输合同再向承运人索赔，转移其经济损失。但是对于涉及有关诉讼的费用、损失责任承担无法达成协议，再加上时间耗费，出口方很可能得不偿失。本案例中，在承运人掌管之下发生了车祸，他就应该对此导致的货物损失、延迟装船、仓储费用负责，但由此导致的货价损失、利息损失的承担双方却无法达成协议，使出口方受到重大损失。

（2）运输单据规定有限制，致使内陆出口方无法在当地交单。根据INCOTERMS 2000的规定，CIF条件下出口方可转让提单、不可转让海运单或内河运输单据，这与其仅适用于水上运输方式相对应。在沿海地区这种要求易于得到满足，不会耽误结汇。货物在内陆地区交付承运人后，如果走的是内河航运，也没有太大问题，但事实上一般是走陆路，这时承运人会签发陆运单或陆海联运提单而不是CIF条件要求的运输单据。这样只有当货物运至装运港装船后出口方才能拿到提单或得到在联运提单上"已装船"的批注，然后再结汇。可见，这种对单据的限制会直接影响出口方向银行交单结汇的时间，从而影响出口方的资金周转，增加了利息负担。本案中信用证要求出口方提交的就是提单，而货物走的是陆路，因此他只能到港口换单结汇。如果可凭承运人内地接货后签发的单据当地交单结汇的话，出口方虽然需要就货损对进口方负责，但可以避免货价损失和利息损失。

（3）内陆地区使用CIF术语还有一笔额外的运输成本。

CIF条件下，运费包括从装运港到目的港这一段运费。但从内陆地区到装运港装船之前还有一部分运输成本，如从甘肃、青海、新疆等地区到装运港装船之前的费用一般要占到出口货价的一定比例，有一些会到达20%左右。

从以上分析可以看出，CIF术语在内陆地区出口中并不适用。事实上，对于更多采用陆海联运或陆路出口的内陆地区来说，CIP比CIF更合适。

2. 要点评析：

（1）本案例充分表明CIF术语在应用于内陆地区出口业务时显得"心有余而力不足"。

（2）风险转移严重滞后于货物实际控制权的转移。

（3）对运输单据规定的限制致使内陆出口方无法在当地交单。

（4）内陆地区使用 CIF 术语还有一笔额外的运输成本。

（5）对于更多采用陆海联运或陆路出口的内陆地区来说，CIP 比 CIF 更合适。

（6）从适用的运输方式看，CIP 比 CIF 更灵活，更适合内陆地区出口。

（7）从出口方责任看，使用 CIP 术语时，出口风险与货物的实际控制权同步转移，责任可以及早减轻。

（8）从使用的运输单据看，使用 CIP 术语有利于内陆出口业务在当地交单结汇。

（三）

劲畅在签订合同时，选定的贸易术语是 CIF，这样就需要自己为这批货物买保险，以保证货物一旦有了货损，能够得到一定的补偿，从而将双方的运输风险降到最低。但是，面对众多的险种，应该选择哪一种才能保证成本最低而受益最大呢？

任务一　正确选择贸易术语

【学习目标】

本任务的重点和难点都是在进行国际贸易交易时，能够熟练地运用贸易术语。

一、买卖双方的风险划分

进行贸易合作时，双方签订的交易合同中应明确约定相关费用、风险和责任，这样对锁定己方利益非常重要。

在案例一中，王鹏作为出口方的代表，在谈判时很清楚自己是和美国的一家公司合作，而且很明确自己的位置和代表的利益。在这次交易合作中，他要保证在双赢的前提下，使本公司利益最大化。因此，王鹏首先需要确定使用哪一组贸易术语，而选择运输方式和保险险别是选择贸易术语的前提条件。

二、买卖双方的责任

案例一中的此单业务是西服，对包装的要求非常高，体积重量非常大（即体积大而重量轻），此目的地是美国洛杉矶，且交货时间比较充裕，所以选择水路运输比较合适。而离宁波最近的港口是宁波港。在比较了西服成本和货运公司的运费之后，王鹏首先确定的就是要自己承担运费。

三、投保险

在案例一中由于不能保证西服在水路运输的途中不会受潮损坏，但为了能使礼服在受损后能得到一定的赔偿，王鹏与保险公司进行沟通后选择了自己投保，并在成交的价格中有所体现。

经过一番比较和商榷，双方最后确定此次交易采用 CIF 贸易术语，由王鹏代表的出口方来负责运费和保险费。

任务二　交易磋商

【学习目标】

本任务的重点是业务谈判人员负责与对方代表进行反复磋商和交流之后，签订销售合同。只有认真、仔细、全面地分析才能签订高质量的合同，保证交易的顺利进行。难点是填制销售确认书，以保证每项条款都能保障自己的利益不受损。

合同的磋商有书面和口头磋商两种。书面磋商的过程可概况为 4 个环节：询盘、发盘、还盘和接受。其工作流程如图 3-1 所示。

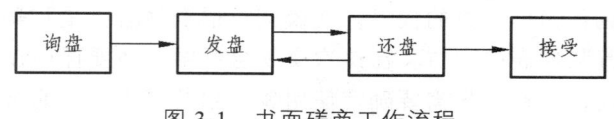

图 3-1　书面磋商工作流程

一、询盘

询盘（Inquiry）是交易的一方向对方探询交易条件，表示交易愿望的一种行为。询盘多由买方作出，也可由卖方作出，内容可详可略。如买方询盘"有兴趣东北大豆，请发盘"，或者卖方询盘"有兴趣东北大豆，11 月装运，请报价"。询盘对交易双方无约束力。

在案例一中，Lundo 给劲畅发来样衣实样，说明样衣的面料、尺寸、规格和工艺要求，要求劲畅就样衣中的要求进行报价以及就规格、品质、数量、包装、装运及索取样品等内容进行沟通。预计订单为 1 700 件。

二、发盘

（一）发盘的定义

发盘（Offer）也叫发价，指交易的一方（发盘人）向另一方（受盘人）提出各项交易条件，并愿意按这些条件达成交易的一种表示。

发盘在法律上称为要约，在发盘的有效期内，一经受盘人无条件接受，合同即告成立，发盘人承担按发盘条件履行合同义务的法律责任。

发盘多由卖方提出（Selling Offer），也可由买方提出（Buying Offer），也称递盘（Bid）。实务中常见的是由买方询盘后，卖方发盘，但也可以不经过询盘，一方径直发盘。

在案例一中，当王鹏收到 Lundo 的询盘之后，开始对原样衣拍照留底，然后根据 Lundo 的样衣给工厂下样衣指示书，并打板后采购做样衣，同时对劲畅的样衣、打板样品都拍照留底，并制成了成本单一式三份，业务跟单一份、会计一份、经理一份。

在成本单中说明单耗之后，根据单耗核算了具体的成本，即做一套西服的具体成本是￥118.51（人民币）。因为已经确定给 Lundo 的报价是 CIF 价格，加上一定的利润、运费、保险费等费用之后，即可将报价单传真给 Lundo。

报价单中一套西服的单价计算过程如下：

CFR 价 =（工厂含税价 − 退税额）×（1+预期利润率）/汇率−单位美元海运费
= [（工厂含税价 − 工厂含税价/（1+17%）×
退税率]（1+预期利润率）/汇率+单位美元海运费
CIF 价 = CFR 价/[1 − 保险费率×（1+投保加成率）]

运费：从宁波港到美国洛杉矶的整箱运费价格为 2 500 $（20′GP），计费标准为 W/M；折合成一套西服的单价是 USD1.47 = RMB10。

保险费：投保一切险和战争险，保险费率合计为 0.3%。

CIF 价 = USD260

所以西服的价格为：每套 USD260CIF 洛杉矶。

（二）发盘失效

在案例一中，Lundo 收到王鹏发来的报价单后，发盘立即生效。
出现以下情况时，发盘失效：
（1）如果 Lundo 拒绝接受；
（2）劲畅依法将发盘撤销；
（3）发生了不可抗力事件；
（4）没等 Lundo 接受就过了有效期；
（5）王鹏和 Lundo 有一方或是双方同时失去了行为能力。

（三）发盘撤销

（1）撤回：公约规定，未生效之前，可撤回。
（2）撤销：受盘人在未接受之前，即撤销通知在受盘人发出接受通知前送达受盘人，可以撤销。
（3）不得撤销的发盘：规定了有效期；受盘人有理由信赖该发盘是不得撤销的，且采取了行动。

案例一中，在给 Lundo 发盘的同时，王鹏又做了公司内部的出库单。将样衣以空运的方式寄回给 Lundo，随后他向快递公司跟踪空运单，并将空运单号告知 Lundo。

出库单共有三联，第一联（白色联）跟单留存，第二联（粉色联）给仓库，第三联（黄色联）给会计做账用。

三、还盘

（一）还盘的定义

还盘又称还价，在法律上称为反要约。

还盘是指受盘人不同意或不完全同意发盘提出的各项条件，并提出修改意见，建议原发盘人考虑，即还盘是对发盘条件进行添加、限制或其他更改的答复。

（二）还盘的法律后果

一是还盘是对发盘的拒绝，原发盘失去效力，发盘人不再受其约束。

二是还盘等于是受盘人向原发盘人提出的一项新的发盘。

（三）还盘的法律效力

（1）只有受盘人才可以还盘。
（2）还盘是对发盘的拒绝或否定。
（3）还盘等于受盘人向发盘人提出一项新发盘。

新的受盘人又可以对还盘进行还盘，称为再还盘。再还盘就是对还盘的还盘。一项交易的达成往往经过若干次的反复还盘。

还盘并不是每一笔交易磋商的必经环节，但多数情况下，一笔交易的达成往往离不开还盘。

在案例一中，当 Lundo 收到王鹏发来的发盘和样品后，发盘即生效。随后 Lundo 发现王鹏所提供的西服价格比一般市场都高，但包装却比较好，因此想和王鹏商量能否将西服的报价降低一点。于是 Lundo 打算提出将礼服的价格降低 5%，用 CIF 进行交易。即交易价格是：每套 USD247CIF 洛杉矶。于是 Lundo 就拟定了一还盘函给王鹏。

那么 Lundo 的这种行为就构成了一次还盘，即有关货物价格、付款、货物质量和数量、交货地点和时间、一方当事人对另一方当事人的赔偿责任范围或解决争端等内容的更改，均视为在实质上变更发盘的条件。产生的结果就是原发盘失效，构成了一次新的发盘。

但是经过协商和沟通之后价格最终没有变化。

Lundo 收到样品后，以邮件的方式提出修改意见，同时在需要修改的地方打上标签，并将样衣寄回。之后劲畅会根据 Lundo 的修改意见在两到三天之内重新打板做样衣，再寄回给 Lundo，直到 Lundo 满意，最后确定批量生产的颜色、数量、号码以及其他特殊要求。

四、接受

（一）接受的内涵

接受在法律上被称为承诺，是指受盘人接到对方的发盘或还盘后，同意对方提出的条件，愿意与对方达成交易，并及时以声明或行为表示出来。

接受既属于商业行为，也属于法律行为，在法律上称作承诺。

接受做出即达成交易，合同关系成立。

（二）有效接受的要件

根据《联合国国际货物销售合同公约》的解释，构成有效的接受要具备以下4个要件：
（1）必须由特定的受盘人做出；
（2）接受必须表示出来；
（3）接受的内容须与发盘的内容相符；
（4）接受通知须在发盘的有效期内送达发盘人。

在案例一中，如果Lundo在收到王鹏发来的发盘时，觉得发盘中所提到的有关本次交易的相关条款都是可接受的，那么Lundo就可以在规定的时间内给王鹏一个回复，这样Lundo的本次行为就是接受。

接受可以撤销吗？注意：如果进口方缄默不语或是没有任何行动并不表示接受。

《联合国国际货物销售合同公约》第22条规定，如果撤销通知先于接受生效之前或同时到达发盘人，接受就可以撤销。

（三）对原发盘进行了修改的"接受"

对原发盘进行了修改的接受指"有条件的接受"，即发盘的内容做了增加、限制或修改的"接受"，原则上不能成为有效的接受，应属于还盘。但是，《联合国国际货物销售合同公约》对此做了较灵活的规定，即对原发盘进行了修改的"接受"应分为两种情况来处理：
（1）实质性修改（价格、付款、质量、数量、交货地点和时间、索赔、争端的解决等）：构成还盘，接受无效。
（2）非实质性修改（Non-material Alteration）：发盘人不及时提出异议，即有效。

（四）"迟到的接受"

由于各种原因，受盘的接受通知晚于发盘人规定的有效期送达，这在法律上称为"迟到的接受"。
（1）受盘人主观原因造成"迟到"，则接受无效，发盘人不受其约束。但也有例外的情况，关键取决于发盘人的意愿，如其及时确认，则仍有效。
（2）传递等客观原因造成"迟到"，如发盘人不及时确认其无效，则仍有效。

五、签订合同

在案例一中，与Lundo在发盘中就交易问题达成协议后，就要签订销售合同来约束这次交易过程当中的某些行为。如果根据Lundo的订单达成的合同多数是小合同，可以用传真要求Lundo确认；如果是大合同则一般要通过邮寄或是当面签订。

在我国，一般情况是签订合同之时即生效。

书面合同有很多种，包括有正式合同、销售合同和确认书等多种形式。我国在出口业务中较常用的书面合同主要有两种形式：销售合同和销售确认书。销售确认书是销售合同的简化版，比较常用。

合同的主要内容如下：

国际货物买卖合同
Sales Contract

合同编号（No.）：_____ 　　签约地（Signed at）：_____

卖方（Seller）：_____

地址（Address）：_____

电话（Tel）：_____

传真（Fax）：_____ 　　电子邮箱（E-mail）：_____

买方（Buyer）：_____

地址（Address）：_____

电话（Tel）：_____

传真（Fax）：_____ 　　电子邮箱（E-mail）：_____

买卖双方经协商同意按下列条款成交：（The undersigned Seller and Buyer have agreed to close the following transactions according to the terms and conditions set forth as below:）

1. 货物名称、规格和质量（Name, Specifications and Quality of Commodity）：

2. 数量（Quantity）：

3. 单价及价格条款（Unit Price and Terms of Delivery）：除非另有规定，贸易术语均应依照国际商会制定的《2000 年国际术语解释通则》办理。（The trade terms shall be subject to International Rules for the International of Trade Terms 2000 provided by International Chamber of Commerce unless otherwise stipulated herein.）

4. 总价（Total Amount）：

5. 允许溢短装（More or Less）：_____%

6. 装运期限（Time of Shipment）：收到可以转船及分批装运之信用证_____天内装运。（Shipment within _____ days of receipt of credit available for shipment and partial shipment.）

7. 付款条件（Terms of Payment）：

买方须于_____前将保兑的、不可撤销的、可转让的、可分割的即期付款信用证开到卖方，该信用证的有效期延至装运期后_____天在中国到期，并必须注明允许分批装运和转船。（By Confirmed, Irrevocable, Transferable and Divisible L/C to be available by sight draft to reach the Seller before_____ and to remain valid for negotiation in China until _____ after the Time of Shipment. The L/C must be indicated that partial shipment and transfer are allowed.）

买方未在规定的时间内开出信用证，卖方有权发出通知取消本合同，或接受买方对本合同未执行的全部或部分，或对因此遭受的损失提供赔偿。（The Buyer shall establish the covering L/C before the above-stipulated time, failing which, the Seller shall has the right to give a notice to cancel this Contract upon the arrival of the notice at Buyer or to accept whole of and part of this Contract non fulfilled by the buyer, or to lodge a claim for the direct losses sustained if any.）

8. 包装（Packing）：

9. 保险（Insurance）：

按发票金额的_____%投保_____险，由_____负责投保。（Covering_____Risks

for_____% of invoice value to be effected by the _____)

10. 品质/数量异议（Quantity/Quantity objection）:

如买方提出索赔，凡属品质异议须于货到目的口岸之日起 30 天内提出，凡属数量异议须于货到目的口岸之日起 15 天内提出。对所装货物所提任何异议属于保险公司、轮船公司、其他有关运输机构或邮递机构所负责的，卖方不负任何责任。(In case of Quantity objection, claim should be filed by the Buyer within 30 days after the arrival of the good sat port of destination, While for quantity objection, claim should filed by the Buyer within 15 days after the arrival of the goods at port of destination. It is understood that the Seller shall not be liable for any objection of the goods shipped due to causes for which the Insurance Company, Shipping Company, other Transportation Organization or Post office are liable.)

11. 由于发生当事人不能预见、不可避免或无法控制的不可抗力事件，致使本合约不能履行，部分或全部商品延误交货，卖方概不负责。(The Seller shall not be liable for the delay of delivery of part or all of the goods due to the occurrence of a force majeure event unforeseeable, unavoidable or uncontrollable by the parties concerned.)

12. 仲裁（Arbitration）:

凡因本合同引起的或与本合同有关的任何争议，均应提交中国国际贸易仲裁委员会，按照申请仲裁时该会现行有效的仲裁规则进行仲裁。仲裁裁决是终局的，对双方均有约束力。(Any dispute arising from or in connection with the Contract shall be submitted to the China International Trade Arbitration Commission for arbitration in accordance with the arbitration rules currently in effect at the time of the application for arbitration. The arbitral award shall be final and binding on both parties.)

13. 通知（Notice）:

所有通知用_____文写成，并按照如下地址用传真/快件送达给各方。如果地址有变更，一方应在变更后_____内书面通知另一方。(All notices shall be written in _____ and served to both parties by fax/courier according to the following address within _____ days after the change.)

14. 本合同为中英文两种文本文，两种文本具有同等效力。本合同一式____份。自双方签字（盖章）之日起生效。(This contract shall be written in both Chinese and English. This contract is made in ____ copies. It shall come into force from the signature（seal）of both parties.)

卖方签字：   买方签字：
The Seller: The Buyer:

任务三 选择货物运输保险

【学习目标】

根据保险的承保范围、货物的性质、包装和运输情况等选择合适的保险；根据保险的计算公式和几种常用交易价格之间的转换关系计算保险费；了解 C.I.C 和 I.C.C 的条款内容；掌握保险费的计算方式；通过小组形式培养学生团队合作意识和沟通交流意识；通过几种交易价格之间的转换培养学生的逻辑思维能力。

一、保险的基本原则

国际货物运输保险，是以对外贸易货物运输过程中的各种货物作为保险标的的保险。外贸货物的运送有海运、陆运、空运以及通过邮政送递等多种途径。国际货物运输保险的种类根据其保险标的的运输工具种类相应地分为 4 类：海洋运输货物保险、陆上运输货物保险、航空运输货物保险、邮包保险。

（一）保险利益原则

保险利益指被保险人对保险标的所具有的合法的利害关系。《保险法》第三十一条规定，被保险人同意投保人为其订立合同的，视为投保人对被保险人具有保险利益，投保人对保险标的不具有保险利益的，合同无效。此原则可以使被保险人无法通过不具有保险利益的保险合同获得额外利益，以避免将保险合同变为赌博合同。保险利益可以表现为现有利益、期待利益或责任利益。

（二）最大诚实信用原则

最大诚实信用原则指国际货物运输保险合同的当事人应以诚实信用为基础订立和履行保险合同，主要体现在订立合同时的告知义务和在履行合同时的保证义务上。在被保险人的告知义务上，《保险法》第十七条与《海商法》第二百二十二条的规定不同，保险法采用的是有限告知主义，而海商法则采用了无限告知主义与有限告知的结合。《海商法》第二百二十二条第一款涉及的是无限告知，要求合同订立前，被保险人应当将其知道的或者在通常业务中应当知道的有关影响保险人据以确定保险费率或确定是否同意承保的重要情况，如实告知保险人。第二款涉及的是有限告知的情况，规定保险人知道或者在通常业务中应当知道的情况，保险人没有询问的，被保险人无须告知。《海商法》第二百二十三条的规定，被保险人未将重要情况如实告知保险人的，保险人有权解除合同，并不退还保险费。合同解除前发生保险事故造成损失的，保险人不负赔偿责任。

（三）损失补偿原则

损失补偿原则指在保险事故发生而使被保险人遭受损失时，保险人必须在责任范围内对被保险人所受的实际损失进行补偿。国际货物运输保险合同属于补偿性的财产保险合同，因此，在发生超额保险和重复保险的情况下，保险人只赔偿实际损失。因为保险的目的是补偿，而不能通过保险得利。

（四）近因原则

虽然保险法及海商法均没有对近因原则进行明文规定，但在国际货物运输保险实践中，近因原则是常用的确定保险人对保险标的的损失是否负保险责任以及负何种保险责任的一条重要原则。

二、C.I.C 与 I.C.C 保险条款介绍

PICC CLAUSE，中国人民保险公司保险条款，简称 C.I.C。ICC CLAUSE，伦敦协会货物险条款，简称 I.C.C。

（一）海洋货物运输保险的险别

1. 平安险（F.P.A.）

平安险：在我国保险业中沿用甚久，其英文原意是指单独海损不负责赔偿。根据国际保险界对单独海损的解释，它是指部分损失。因此，平安险原来的保障范围只赔全部损失。但在长期实践的过程中对平安险的责任范围进行了补充和修订。当前平安险的责任范围已经超出只赔全损的限制。概括起来，这一险别的责任范围主要包括以下内容：

（1）在运输过程中，由于自然灾害和运输工具发生意外事故，被保险货物的实物的实际全损或推定全损。

（2）由于运输工具遭遇搁浅、触礁、沉没、互撞，与同一运输工具上其他物体碰撞以及失火、爆炸等意外事故造成被保险货物的部分损失。

（3）只要运输工具曾经发生搁浅、触礁、沉没、焚毁等意外事故，不论这一事故发生之前或者以后曾在海上遭遇恶劣气候、雷电、海啸等自然灾害所造成的被保险货物的部分损失。

（4）在装卸转船过程中，被保险货物一件或数件落海所造成的全部损失或部分损失。

（5）运输工具遭遇自然灾害或意外事故，在避难港卸货所引起被保险货物的全部损失或部分损失。

（6）运输工具遭遇自然或灾害或意外事故，需要在中途的港口或者在避难港口停靠，因而引起的卸货、装货、存仓以及运送货物所产生的特别费用。

（7）发生共同海损所引起的牺牲、公摊费和救助费用。

（8）发生了保险责任范围内的危险，被保险人对货物采取抢救、防止减少损失的各种措施，因而产生合理施救费用。但是保险公司承担费用的限额不能超过这批被救货物的保险金额。施救费用可以在赔款金额以外的一个保险金额限度内承担。

2. 水渍险（W.P.A./W.A.）

其责任范围除了包括上列"平安险"的各项责任外，还负责被保险货物由恶劣气候、雷电、海啸、地震、洪水等自然灾害所造成的部分损失。

3. 一切险（All Risks）

其责任范围除包括上列"平安险"和"水渍险"的所有责任外，还包括货物在运输过程中，因各种外来原因所造成保险货物的损失。不论全损或部分损失，除对某些运输途耗的货物，经保险公司与被保险人双方约定在保险单上载明的免赔率外，保险公司都给予赔偿。

4. 一般附加险（11种）

偷窃、提货不着险、淡水雨淋险、短量险、混杂、沾污险、渗漏险、碰损、破碎险、串味险、受潮受热险、钩损险、包装破裂险以及锈损险。

5. 特殊附加险（8种）

交货不到险、进口关税险、舱面险、拒收险、黄曲霉素险、港澳存仓火险、战争险、罢工险。

（二）海上货物运输保险承担的范围

（1）风险。风险包括自然灾害、意外事故、一般外来风险和特殊外来风险。

（2）损失。损失包括全部损失和部分损失。

（3）海上费用。海上费用包括施救费用、救助费用。

保险人的承保责任如图3-2所示。

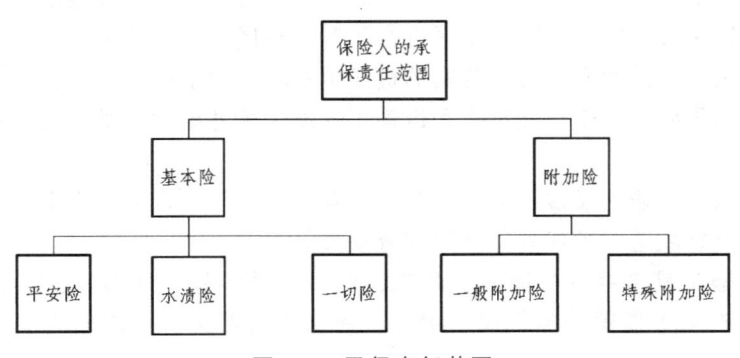

图 3-2　承保责任范围

三、保险费计算

（1）计算西服的保险费。

在案例三中，劲畅确定购买太平洋的一切险，保险费是多少呢？（一切险的保险费率是

0.3%，CIF 合同总价是 USD430 560）

保险费的计算公式：

$$\text{保险费} = \text{保险金额} \times \text{保险费率}$$
$$\text{保险费} = USD430\ 560 \times 0.3\% = USD1\ 291.68$$

CIF（或 CIP）价加成，加成率一般是 10%。

所以，西服的保险费 = CIF $\times$（1 + 10%）$\times$ 保险费率。

USD430 560 $\times$（1 + 10%）$\times$ 0.3% = USD1 420.848

保险费小数点后进位成整数（不能用四舍五入法）。

所以最终结果为 USD1 421。

（2）意外情景。

在案例三中，如果 Lundo 要求劲畅改报 CFR 价格，应怎样报？报多少？（I 代表保险）

因为 CFR = CIF – I，所以 CFR = USD430 560 – USD1 421 = USD429 139。

（3）其他案例。

我国某出口公司向某国出口健身器材一批，报价 CIF 伦敦总价 23 500 英镑，现客户要求改报 CFR 伦敦英镑价。已知按 CIF 的 110% 投保，保费率为 0.7%。试问：应报 CFR 伦敦价为多少英镑，才能维持出口公司的收入不变？

根据保费的计算公式先算保费：

$$I = \text{保险金额} \times (1 + 10\%) \times \text{保险费率}$$
$$I = 23\ 500 \times (1 + 10\%) \times 0.7\% = 181\ (\text{英镑})$$

再根据 CIF 与 CFR 的关系，计算 CFR 价。

$$CFR = CIF - I = 23\ 500 - 181 = 23\ 319\ (\text{英镑})$$

所以，应报 CFR 伦敦价为 23 319 英镑，才能维持出口公司的收入不变。

以上案例，我们可以直接套用公式来计算（不计算保险费）。

如果交易价格不是 CIF，还可以通过 CIF、CFR、FOB 之间的转换关系来得到保险费金额。

$$CFR = CIF - I$$
$$CFR = CIF - CIF(1 + \text{投保加成率}) \times \text{保险费率}$$
$$= CIF\ [1 - (1 + \text{投保加成率}) \times \text{保险费率}]$$

任务四 货款的结算

【学习目标】

了解货款结算方式,能进行支付工具选择,掌握信用证主要内容,能进行信用证审核。

国际货款的结算即货款的收付,较国内货款结算复杂得多。

支付条件是国际货物买卖合同的主要交易条件,支付条款是买卖合同中的一个重要组成部分。

一、货款结算方式和支付工具的选择

(一)货款的结算方式

国际结算方式有3种:汇付(Remittance)、托收(Collection)、信用证(Letter of credit,L/C)。其中使用较多的是汇付,其次是信用证。

当买方对卖方比较信任时,一般选用汇付。
当卖方对买方比较信任时,一般选用托收。
当双方互不信任时则选用信用证。

(二)选择支付方式

1. 汇付

汇付,又称汇款,是付款人通过银行,使用各种结算工具将货款汇交收款人的一种结算方式。汇付属于商业信用,采用顺汇法。

汇付是最简单的一种国际贸易货款结算方式。采用汇付方式结算货款时,卖方将货物发运给买方后,有关货运单据由卖方自行寄送买方,而买方则径自通过银行将货款交给卖方。

汇付方式如图3-3所示。

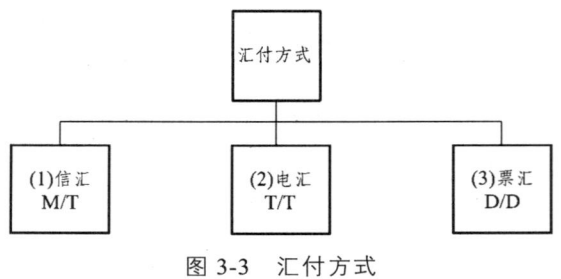

图3-3 汇付方式

（1）电汇（Telegraphic Transfer，T/T），是指汇出行应汇款人的申请，拍发加押电报或电传给在另一国家的分行或代理行（即汇入行）解付一定金额给收款人的一种汇款方式。

（2）信汇（Mail Transfer，M/T），是指汇出行应汇款人的申请，用航空信函的形式，指示出口国汇入行解付一定金额的款项给收款人的一种汇款方式。

（3）票汇（Remittance by Banker's Demand Draft，D/D），是指汇出行应汇款人的申请，代汇款人开立以其分行或代理行为解付行的银行即期汇票，支付一定金额给收款人的一种汇款方式。

票汇与电汇、信汇的不同之处在于，票汇的汇入行无须通知收款人取款，而由收款人持票登门取款。这种汇票除有限制流通的规定外，经收款人背书，可以转让流通，而电汇、信汇的收款人则不能转让收款权。

电汇、信汇业务操作流程如图3-4所示。

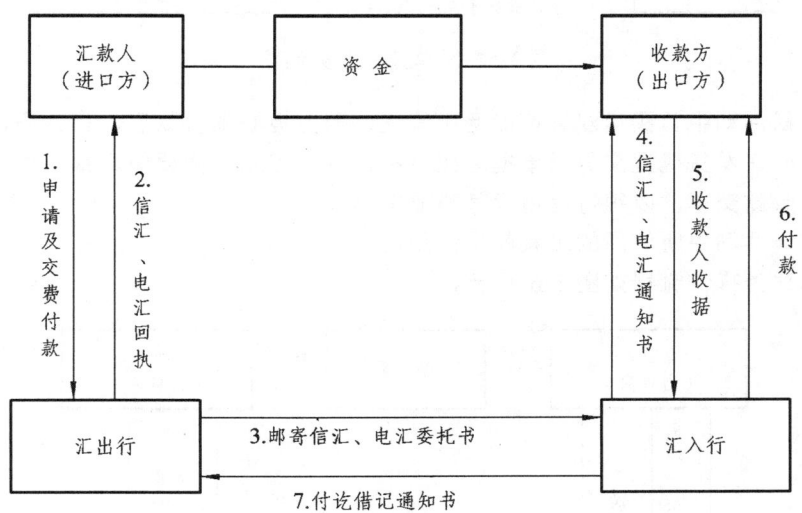

图3-4 电汇、信汇业务操作流程

说明：1. 汇款人填写电汇申请书，并向汇出行付款；2. 汇出行向汇款人出具电汇回执；3. 汇出行拍发电传、电报或SWIFT给汇入行；4. 汇入行核对密押后将电汇通知书送达收款人；5. 收款人将收款收据盖章，交给汇入行；6. 汇入行借记汇出行账户，解付汇款给收款7. 汇入行将付讫借记通知书寄给汇出行。

2. 托收

托收是指由卖方开立汇票，委托当地银行通过其在国外的银行、分行或代理行，向买方收取货款的一种结算方式。

托收属于商业信用，采用逆汇方式，即结算工具走向和货款流向是逆向的。

跟单托收业务简易业务流程如图3-5所示。

3. 信用证

信用证，是指开证银行应申请人的要求并按其指示向第三方开立的载有一定金额的，在一定的期限内凭符合规定的单据付款的书面保证文件。

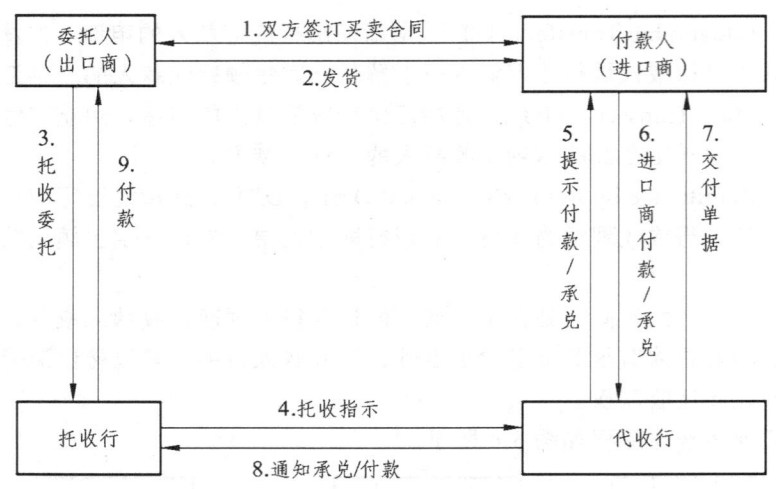

图 3-5　跟单托收业务流程

在国际贸易活动中,买卖双方可能互不信任,买方担心预付款后,卖方不按合同要求发货;卖方也担心在发货或提交货运单据后买方不付款。因此,需要两家银行作为买卖双方的保证人,代为收款交单,以银行信用代替商业信用。

银行在这一活动中所使用的工具就是信用证。

信用证的业务操作流程如图 3-6 所示。

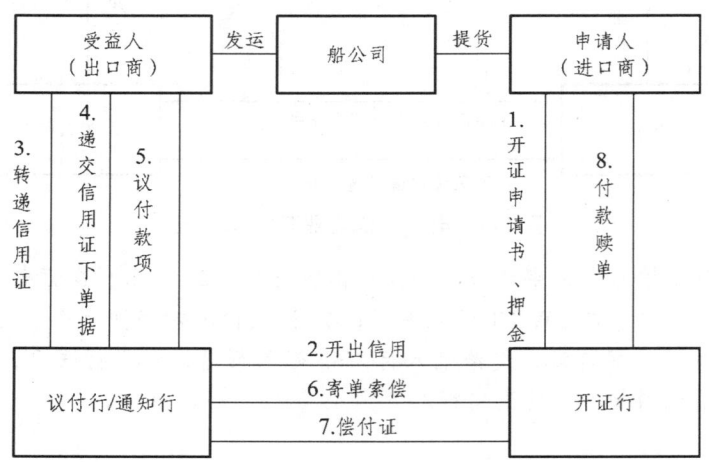

图 3-6　信用证操作流程

(三) 支付工具

支付工具有汇票、本票和支票。国际贸易结算中以汇票为主。

1. 汇票 (Bill of Exchange, Draft)

汇票是出票人签发的,委托付款人在见票时或者在指定日期无条件支付确定的金额给某人或其指定的人或持票人的票据。

从以上定义可知，汇票是一种无条件支付的委托，有 3 个当事人：出票人、付款人和收款人。

汇票使用流程如图 3-7 所示。

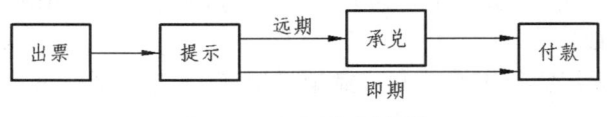

图 3-7　汇票使用流程

2. 本票和支票

本票是指出票人签发的，承兑自己在见票时无条件支付确定的金额给收款人或是持票人的票据。

支票是指出票人签发的，委托办理支票存款业务的银行或是其他金融机构在见票时无条件支付确定的金额给收款人或者持票人的票据。

在案例一中，经过了解和调查后，双方约定先预付 30% 货款，即 USD129 168。收到提单之后再电汇剩余货款的 70%，即为 USD301 392。这样劲畅和 Lundo 就完成了本次交易货款的结算。

二、信用证概述

（一）主要内容

（1）对信用证本身的说明，如其种类、性质、有效期及到期地点。
（2）对货物的要求，根据合同进行描述。
（3）对运输的要求。
（4）对单据的要求，即货物单据、运输单据、保险单据及其他有关单证。
（5）特殊要求。
（6）开证行对受益人及汇票持有人保证付款的责任文句。
（7）国外来证大多数均加注："除另有规定外，本证根据国际商会《跟单信用证统一惯例》即国际商会 600 号出版物（UCP600）办理。"
（8）银行间电汇索偿条款（T/T Reimbursement Clause）。

（二）信用证的特点

一是信用证是一项自足文件（Self-Sufficient Instrument）。信用证不依附于买卖合同，不受其约束；但不会单独存在，一般总有一个已存在的基础合约，即买卖合约，特别是国际买卖合约。

二是信用证方式是纯单据业务（Pure Documentary Transaction）。信用证是凭单付款，不以货物为准。只要单据相符，开证行就应无条件付款。

三是开证银行负首要付款责任（Primary Liabilities for Payment）。信用证是一种银行信用，它是银行的一种担保文件，开证银行对支付有首要付款的责任。

一切信用证均需明确表示它适用于即期付款、延期付款、承兑，还是议付。

（三）信用证的分类

（1）以信用证项下的汇票是否附有货运单据，划分为：跟单信用证及光票信用证。

（2）以开证行所负的责任为标准，划分为：不可撤销信用证（Irrevocable L/C）和可撤销信用证（Revocable L/C）。

最新的 *UCP600* 规定银行不可开立可撤销信用证。（注：现在常用的都是不可撤销信用证）

（3）以有无另一银行加以保证兑付为依据，划分为：保兑信用证（Confirmed L/C）和不保兑信用证（Unconfirmed L/C）。

（4）根据付款时间不同，可以分为以下 3 种：

① 即期信用证（Sight L/C），指开证行或付款行收到符合信用证条款的跟单汇票或装运单据后，立即履行付款义务的信用证。

② 远期信用证（Usance L/C），指开证行或付款行收到信用证的单据时，在规定期限内履行付款义务的信用证。

③ 假远期信用证（Usance Credit Payable at Sight），指规定受益人开立远期汇票，由付款行负责贴现，并规定一切利息和费用由开证人承担的信用证。这种信用证对受益人来讲，实际上仍属即期收款，在信用证中有"假远期"（Usance L/C Payable at Sight）条款。

（5）根据受益人对信用证的权利可否转让，划分为：可转让信用证（Transferable L/C）和不可转让信用证。

（四）循环信用证（Revolving L/C）

循环信用证指信用证被全部或部分使用后，其金额又恢复到原金额，可再次使用，直至达到规定的次数或规定的总金额为止，通常在分批均匀交货情况下使用。在按金额循环的信用证条件下，恢复到原金额的具体做法如下：

1. 对开信用证（Reciprocal L/C）

对开信用证指两张信用证申请人互以对方为受益人而开立的信用证。两张信用证的金额相等或大体相等，可同时互开，也可先后开立。它多用于易货贸易或来料加工和补偿贸易业务。

2. 背对背信用证（Back to Back L/C）

背对背信用证又称转开信用证，指受益人要求原证的通知行或其他银行以原证为基础，另开一张内容相似的新信用证，对背信用证的开证行只能根据不可撤销信用证来开立。对背信用证的开立通常是中间商转售他人货物，或两国不能直接办理进出口贸易时，通过第三者以此种办法来沟通贸易。原信用证的金额（单价）应高于对背信用证的金额（单价），对背信用证的装运期应早于原信用证的规定。

3. 预支信用证/打包信用证（Anticipatory Credit/Packing Credit）

预支信用证指开证行授权代付行（通知行）向受益人预付信用证金额的全部或一部分，由开证行保证偿还并负担利息，即开证行付款在前，受益人交单在后，与远期信用证相反。预支信用证凭出口人的光票付款，也有要求受益人附一份负责补交信用证规定单据的说明书，当货运单据交到后，付款行在付给剩余货款时，将扣除预支货款的利息。

4. 备用信用证（Standby Credit）

备用信用证又称商业票据信用证（Commercial Paper Credit）、担保信用证，指开证行根据开证申请人的请求对受益人开立的承诺承担某项义务的凭证。即开证行保证在开证申请人未能履行其义务时，受益人只要凭备用信用证的规定并提交开证人违约证明，即可取得开证行的偿付。它是银行信用，对受益人来说是备用于开证人违约时，取得补偿的一种方式。

（五）信用证的撤销

（1）买方通过开证行提出撤销，开证行让通知行通知卖方，卖方可以不同意撤销。
（2）卖方通过通知行提出，买方一般会同意。
（3）若卖方不执行信用证，会增加买方的费用（因为信用证是按时段支付开证手续费的），所以要立即通知买方，避免在开证手续费上产生纠纷。

（六）跟单信用证对提单的要求

（1）提单签发人的身份是船公司、船公司公共代理人或船长。
（2）在提单上标出 Clean on Board 字样，否则会遭拒付。

（七）信用证的保兑

信用证的保兑是指如果开证行的信誉不高，不能保证能够履行付款责任，保兑行将代替它付款给受益人。因此可以由开证人在开证的时候要求银行作成保兑信用证，也可以由受益人收到信用证之后要求通知行保兑，即进口方和出口方都可以要求银行对信用证保兑。

（八）跟单信用证的操作流程

（1）买卖双方在贸易合同中规定使用跟单信用证支付。
（2）买方通知当地银行（开证行）开立以卖方为受益人的信用证。
（3）开证行请求另一银行通知或保兑信用证。
（4）通知行通知卖方，信用证已开立。
（5）卖方收到信用证，并确保其能履行信用证规定的条件后，即装运货物。
（6）卖方将单据向指定银行提交。该银行可能是开证行，或是信用证内指定的付款、承兑或议付银行。
（7）该银行按照信用证审核单据。如单据符合信用证规定，银行将按信用证规定进行支付、承兑或议付。
（8）开证行以外的银行将单据寄送开证行。
（9）开证行审核单据无误后，以事先约定的形式，对已按照信用证付款、承兑或议付的银行偿付。
（10）开证行在买方付款后交单，买方凭单取货。

（九）信用证的开立

1. 开证的申请

进出口双方同意用跟单信用证支付后，进口商便有责任开证。第一件事是填写开证申请表，这张表为开证申请人与开证行建立了法律关系，可见开证申请表是开证最重要的文件。

2. 开证的要求

信用证申请的要求在统一惯例中有明确规定，进口商必须确切地将其告之银行。信用证开立的指示必须完整和明确。申请人必须时刻记住跟单信用证交易是一种单据交易，而不是货物交易。银行家不是商人，因此申请人不能寄希望于银行工作人员能充分了解每一笔交易中的技术术语。即使他将销售合同中的所有条款都写入信用证中，如果受益人真的想欺骗，他也无法得到完全保护。这就需要银行与申请人共同努力，运用常识来避免开列对各方均显累赘的信用证。银行也应该劝阻在开立信用证时其内容套用过去已开立的信用证（套证）。

3. 开证的安全性

银行接到开证申请人完整的指示后，必须立即按该指示开立信用证。另外，银行也有权要求申请人交出一定数额的资金或以其财产的其他形式作为银行执行其指示的保证。按现行规定，中国地方、部门及企业所拥有的外汇通常必须存入中国的银行。如果某些单位需要跟单信用证进口货物或技术，中国的银行将冻结其账户中相当于信用证金额的资金作为开证保证金。如果申请人在开证行没有账号，开证行在开立信用证之前很可能要求申请人在其银行存入一笔相当于全部信用证金额的资金。这种担保可以通过抵押或典押实现（如股票），但银行也有可能通过用于交易的货物作为担保提供融资。开证行首先要对该笔货物的适销性进行调查，如果货物易销，银行凭信用证给客户提供的融资额度比滞销商品要高得多。

4. 申请人与开证行的义务和责任

（1）申请人对开证行承担3项主要义务：

① 申请人必须偿付开证行为取得单据代向受益人支付的贷款。在他付款前，作为物权凭证的单据仍属于银行。

② 如果单据与信用证条款一致而申请人拒绝"赎单"，则其作为担保的存款或账户上已被冻结的资金将归银行所有。

③ 申请人有向开证行提供开证所需的全部费用的责任。

（2）开证行对申请人所承担的责任：

① 开证行一旦收到开证的详尽指示，有责任尽快开证。

② 开证行一旦接受开证申请，就必须严格按照申请人的指示行事。

（十）信用证的通知

1. 通知行的责任

在大多数情况下，信用证不是由开证行直接通知受益人，而是通过其在受益人国家或地区的代理行，即通知行进行转递的。通知行通知受益人的最大优点就是安全。通知行的责任是应合理谨慎地审核它所通知的信用证的表面真实性。

2. 信用证的传递方式

信用证可以通过空邮、电报或电传进行传递。设在布鲁塞尔的 SWIFT 运用出租的线路在许多个国家的银行间传递信息。大多数银行，包括中国的银行已加入这一组织。

3. 有效信用证的指示

当开证行用任何有效的电讯传递方式指示通知行，通知信用证或信用证的修改，该电讯将被认为是有效信用证文件或有效修改书，并且不需要再发出邮寄证实书。

（十一）受益人的审证

受益人在收到信用证以后，应立即做如下检查：

（1）买卖双方公司的名称、地址写法是不是与发票上打印的公司名称、地址写法完全一样？

（2）信用证提到的付款保证是否符合受益人的要求？

（3）信用证的款项对吗？信用证的金额总数应与合同相吻合并包括本合同的全部应付费用。

（4）付款的条件是否符合要求？除非对某些特定的国家或某些特定的进口商，出口商通常要求即期付款。在远期信用证条件下，汇票的期限应与合同中规定的一致。有一种信用证要求开立远期汇票，但可即期支付，这种信用证被称为"假远期信用证"，其对受益人所起的作用与即期信用证是一样的。

（5）信用证提到的贸易条款是否符合受益人原先提出的要求？

（6）是否赶得上在有效期和货运单据限期内把各项单据送交银行？

（7）能提供所需的货运单据吗？

（8）有关保险的规定是否与销售合同条款一致？

需保险的风险：受益人对此应与中国人民保险公司联系，以决定是否接受申请人的要求。超过销售合同中规定投保范围的任何费用应由申请人负担。

投保金额：绝大多数信用证要求按 CIF 发票金额的 110% 投保。

（9）核实货物说明（包括免费附送的物品）、数量和其他各项是否写正确？

如果按上述各条目检查时发现有任何遗漏或差错，那么应该就下列各点立即做出决定，采取必要的措施：

① 能不能更改计划或单据内容来相应配合？

② 是不是应该要求买方修改信用证？修改费用应该由哪一方支付？

③ 若有疑问，可向本单位的联系银行或通知行咨询。但有一点请记住：只有申请人和受益人及有关银行共同同意，才有权决定修改。

（十二）信用证的履行

1. 单据的提交

在跟单信用证业务中，单据的提交有着非常重要的作用，因为这是信用证最终结算的关键。受益人向银行提交单据后是否能拿到货款，在很大程度上取决于是否已开立信用证和单据是否备齐。

2. 交单时间的限制

提交单据的期限由以下3种因素决定：

（1）信用证的失效日期。

（2）装运日期后所特定的交单日期。

（3）银行在其营业时间外，无接受提交单据的义务。

信用证中有关装运的任何日期或期限中的"止""至""直至""自从"以及类似词语，都可理解为包括所述日期。"以后"一词理解为不包括所述日期。"上半月""下半月"理解为该月1日至15日和16日至该月的最后一日，首尾两天均包括在内。"月初""月中"或"月末"理解为该月1日至10日、11日至20日、21日至该月最后一日，首尾两天均包括在内。

3. 交单地点的限制

所有信用证必须规定一个付款、承兑的交单地点，或在议付信用证的情况下须规定一个交单议付的地点，但自由议付信用证除外。像提交单据的期限一样，信用证的到期地点也会影响受益人的处境。有时会发生这样的情况，开证行将信用证的到期地点定在其本国或他自己的营业柜台，而不是受益人国家。这对受益人的处境极为不利，因为他必须保证于信用证的有效期内在开证银行营业柜台前提交单据。

（十三）银行审核单据

受益人向银行提交单据后，银行有义务认真审核单据，以确保单据表面上显示出符合信用证要求和各单据之间的一致性。

1. 审单准则

银行必须合理谨慎地审核信用证的所有单据，以确定其表面上是否与信用证条款相符。规定的单据在表面上与信用证条款的相符性应由在这些条文中反映的国际标准银行惯例来确定。单据表面上互不相符，应视为表面上与信用证条款不相符。上述"其表面"一词的含义是，银行不需亲自询问单据是否是假的，已装运的货物是否是假的，已装运的货物是否真正装运，以及单据签发后是否失效。除非银行知道所进行的是欺诈行为，否则这些实际发生的情况与银行无关。因而，如受益人制造表面上与信用证规定相符的假单据，也能拿到货款。但是如受益人已经以适当的方式装运了所规定的货物，在制作单据时未能达到信用证所规定的一些条件，银行将拒绝接受单据，而受益人绝不能拿到货款。银行不审核信用证中未规定的单据，如果银行收到此类单据，将退还提交人或予以转交并对此不负责任。

2. 单据有效性的免责

银行对任何单据的形式、完整性、准确性、真实性或法律效力，或单据中载明、附加的一般及/或特殊条件概不负责。银行对单据所代表货物的描述、数量、重量、品质、状况、包装、交货、金额或存在与否，以及对货物发货人、承运人、货运代理人、收货人，或货物保险人及其他任何人的诚信、行为及/或疏忽、清偿能力、行为能力或资信状况概不负责。

3. 审核单据的期限

银行需要多长时间审核卖方提交的单据，并通知卖方单据是否完备？《跟单信用证统一惯例》(Uniform Customs and Practice for Documentary Credits，UCP)(UCP 500)第13条b款对此明确规定：开证行、保兑行（如已保兑）或代表他们的被指定银行各自应有一个合理的时间，即不超过收到单据后的7个银行营业日，审核单据，决定是否接受或拒收单据，并通知从其处收到单据的当事人。

4. 不符单据与通知

如开证行授权另一家银行凭表面上符合信用证条款的单据付款、承担延期付款责任、承兑汇票或议付，则开证行和保兑行（如已保兑）有义务：① 接受单据；② 对已付款、承担延期付款责任、承兑汇票或议付的被指定银行进行偿付。

收到单据后，开证行及/或保兑行（如已保兑）或代表他们的被指定银行必须以单据为唯一依据，审核其表面上是否与信用证条款相符。如果单据表面上与信用证不符，上述银行可拒收单据。如果开证行确定单据表面上与信用证条款不符，它可以完全根据自己的决定与申请人联系，请其撤除不符点。

如果开证行及/或保兑行（如已保兑）或代表他们的被指定银行决定拒收单据，则其必须在不迟于自收到单据次日起第7个银行营业日结束前，不延误地以电讯，或其他快捷方式发出通知。该通知应发至从其处收到单据的银行，如直接从受益人处收到单据，则将通知发至受益人。

通知必须说明拒收单据的所有不符点，还必须说明银行是否留存单据听候处理，或已将单据退还交单人。开证行或保兑行有权向寄单行索还已经给予的任何偿付款项和利息。如开证行或保兑行未能按这些规定办理，或未能留存单据等待处理，未将单据退还交单人，开证行或保兑行则无权宣称单据不符合信用证条款。如寄单行向开证行或保兑行提出应注意的单据中的任何不符点，它已以保留方式或根据赔偿书付款，承担延期付款责任承兑汇票或议付时，开证行或保兑行并不因之而解除其任何义务。

（十四）信用证的结算

当银行审单完毕后，信用证即进入结算阶段。UCP 500 第10条指出：所有信用证都必须清楚地表明该证是否适用即期付款、延期付款、承兑或议付。

1. 即期付款

（1）受益人将单据送交付款行。
（2）银行审核单据与信用证条款，相符后付款给受益人。
（3）该银行如不是开证行，以事先议定的方式将单据寄交开证行索赔。

2. 延期付款

（1）受益人把单据送交承担延期付款的银行。
（2）银行审核单据与信用证条款相符后，依据信用证所能确定的到期日付款。
（3）该银行如不是开证行，以事先议定的方式将单据寄交开证行索赔。

3. 承兑汇票

（1）受益人把单据和向银行出具的远期汇票送交办理该信用证的银行（承兑行）。
（2）银行审核单据与信用证条件相符后，承兑汇票并退还给受益人。

4. 议付

（1）受益人按信用证规定，将单据连同向信用证规定的付款人开出的即期或延期汇票送交议付银行。

（2）议付银行审核单据与信用证规定相符后，可买入单据和汇票。

（3）该议付银行如非开证行，则以事先议定的形式将单据和汇票交开证行索赔。

三、汇票

汇票可以分为以下几种：

（1）按出票人的不同，汇票划分为银行汇票、商业汇票。

银行汇票（Banker's Draft），是出票人和付款人均为银行的汇票。

商业汇票（Commercial Draft），是出票人为企业法人、公司、商号或者个人，付款人为其他商号、个人或者银行的汇票。

（2）按有无附属单据，汇票划分为光票汇票、跟单汇票。

光票（Clean Bill），汇票本身不附带货运单据，银行汇票多为光票。

跟单汇票（Documentary Bill），又称信用汇票、押汇汇票，是需要附带提单、仓单、保险单、装箱单、商业发票等单据，才能进行付款的汇票。商业汇票多为跟单汇票，在国际贸易中经常使用。

（3）按付款时间，汇票划分为即期汇票、远期汇票。

即期汇票（Sight Bill，Demand Bill，Sight Draft），指持票人向付款人提示后对方立即付款，又称见票即付汇票。

远期汇票（Time Bill），是在出票一定期限后或特定日期付款。在远期汇票中，记载一定的日期为到期日，于到期日付款的，为定期汇票，记载于出票日后一定期间付款的，为计期汇票；记载于见票后一定期间付款的，为注期汇票；将票面金额划为几份，并分别指定到期日的，为分期付款汇票。

（4）按承兑人，汇票划分为商业承兑汇票、银行承兑汇票。

商业承兑汇票（Commercial Acceptance Bill），是以银行以外的任何商号或个人为承兑人的远期汇票。

银行承兑汇票（Banker's Acceptance Bill），是指承兑人为银行的远期汇票。

（5）按流通地域，汇票划分为国内汇票、国际汇票。

【总结提升】

一、学习提升

1. 根据实际操作，简略填写表 3-1。

表 3-1 实际操作

序号	描述内容	贸易术语
1	由买方办理保险的水上运输方式	
2	交货地点在出口国装运港船上的水上运输	
3	由卖方负责租船订舱的任何运输方式	
4	风险划分在越过船舷之后的水上运输	
5	出口清关单据由卖方办理的水上运输	

2. 某年 5 月 3 日我 A 公司向国外 B 公司发盘，报谷物 300 公吨，每公吨 250 美元，发盘有效期为 10 天。5 月 6 日 B 公司复电，称对该批谷物感兴趣，但要进一步考虑。5 月 8 日，B 公司来电，要求将谷物数量增加到 500 公吨，价格降低为 225 美元/公吨。5 月 9 日，B 公司又来电，重复 5 月 8 日的来电。5 月 11 日，我方将货物卖给了 C 商，并于 5 月 13 日复电 B 商，货已售出。但 B 商坚持要我 A 公司交货，否则以我方擅自撤约为由，要求赔偿。试问：我方是否应赔偿？为什么？

3. 香港某中间商 A，就某商品以电传方式邀请我方发盘，我方于 6 月 8 日向 A 方发盘并限 6 月 15 日复到有效。12 日我方收到美国 B 商人按我方发盘条件开来的信用证，同时收到中间商 A 的来电称："你 8 日发盘已转美国 B 商。"经查该商品的国际市场价格猛涨，于是我方将信用证退回开证银行，再按新价直接向美商 B 发盘，而美商 B 以信用证于发盘有效期内到达为由，拒绝接受新价并要求我方按原价发货，否则将追究我方的责任。试问：对方的要求是否合理？为什么？

4.（1）我某公司向法国一客户发盘，后者很快回复接受，但数量增加 50 公吨，我方不予理睬，而是以高价卖给了其他客户，法国商人坚持合同有效，最后诉诸法律。试问：结果怎样？

（2）我某公司向美国一客户发盘，后者很快回复接受，但要求提供产地证明，我方不给理睬，而是以高价卖给了其他客户，商人坚持合同有效，最后诉诸法律。试问：结果怎样？

5. 我方出口企业对意大利某商人发盘限 10 日复到有效，9 日意商人用电报通知我方接受该发盘。由于电报局传递延误，我方于 11 日上午才收到对方的接受通知，而我方在收到接受通知前获悉市场价格已上涨。试问：我方应如何处理？

6. 我方某公司于7月16日收到法国某公司发盘："马口铁500公吨，单价545美元CFR中国口岸，8月份装运，即期L/C支付，限7月20日付到有效。"我方于17日复电："若单价500美元CFR中国口岸可接受，履约中如有争议，在中国仲裁。"法国公司当日复电："市场坚挺，价不能减，仲裁条件可接受，速复。"此时马口铁价格确实趋涨。我方于19日复电："接受你方16日发盘，L/C已由中国银行开出。请确认。"结果对方退回L/C。试问：合同是否成立？我方失误在哪儿？

7. 6月5日我国A公司向美国B公司寄去订货单一份，要求对方在6月20日前将接受送达A公司。该订货单于6月12日邮至B公司，B公司6月20日以航空特快专递发出接受通知。事后当B公司催促A公司尽早开立信用证，A公司否认与B公司有合同关系。试问：A公司的主张是否成立？为什么？

8. 我方某公司于 4 月 15 日向外商 A 发盘,限 20 日复到我方。外商于 17 日上午发出电传,但该电传在传递中延误,21 日才到达我方。我方公司以对方答复逾期为由,不予置理。当时该货物的市价已上涨,我方公司遂以较高价格于 22 日将货物售予外商 B。25 日外商 A 来电称:信用证已开出,要求我方尽早装运。我方立即复电外商 A:接受逾期,合同不成立。试问:合同是否成立?

9. 请参看下列一组电文,A 与 B 的合同关系是否建立?为什么?

(1) A 于星期三向 B 发出电报:"中国松香 W 级 100 吨,香港仓库交货价,每吨 500 美元,现货现金交易,星期五电复有效。"

(2) B 于星期四复电:"中国松香 W 级,100 吨,香港仓库交货价,每吨 500 美元,你能否同意两个月内交货。"

(3) B 于星期五下午 1:25,在尚未接到 A 的复电的情况下,立即发出接受电报:"中国松香 W 级,100 吨,香港交货价,每吨 500 美元,现金现货交易,我接受。"

10. 请分析下列情况，试问 A 与 B 之间的合同是否成立？为什么？

（1）10月1日：A 邮寄一份实盘给 B。

（2）10月8日：A 邮寄一份撤回通知给 B。

（3）10月11日：B 收到 A 的实盘，并立即用电报发出接受通知。

（4）10月15日：B 又邮寄一份确认函，确认他于10月11日发出的接受电报。

（5）10月20日：B 收到 A 邮寄的撤回通知。事后双方对该项合同是否成立，发生纠纷。

11. 北京一家公司向巴黎一家公司发盘，规定有效期到3月10日止。该发盘是3月1日以特快专递寄出的，3月2日北京公司发现发盘不妥，当天即以电传通知巴黎公司宣告撤回该发盘。试问：这样做是否可以将发盘撤回？为什么？

12. 我方某外贸公司3月1日向美商发去电传，发盘供应某农产品1 000公吨并列明"牢固麻袋包装"。美商收到我方电传后立即复电表示"接受，装新麻袋装运"。我方收到上述复电后即着手备货，准备于双方约定的4月份装船。两周后，某农产品国际价格猛跌，美商于6月20日来电称："由于你对新麻袋包装的要求未予确认，双方之间无合同。"而我方坚持合同已有效成立，双方发生争执。试问：如何评析此案？

13. 某进出口公司向国外某商人发出询盘，询购某商品。不久，我方收到对方8月15日的发盘，发盘有效期至8月22日。我方于8月20日向对方复电："若价格能降至56美元/件，我方可以接受。"对方未做答复。8月21日我方得知国际市场价格上涨，于当日又向对方去电表示完全接受对方8月15日的发盘。试问：我方的接受能否使合同成立？为什么？

14. 我国某进口商收到了英国出口商发来的"报货号10005商品500打，每打CIF伦敦4英镑，每5打一纸箱，11/12月装船，限8月10日复到"的发盘。试问：英国出口商的发盘是否是一项有效的发盘？

15. 美国A供应商10月2日向我国B进口商发盘，以每打86美元CIF纽约的价格提供全棉男衬衫500打，限10月15日复到有效。我国B进口商10月7日收到。10月8日美国A供应商发现问题，向我国B进口商发传真要求撤销该发盘。试问：该发盘能否撤销？

16. 我国某公司于3月15日向美国某公司发盘："现有纯棉男式半袖T恤衫10 000件，每件FOB大连9.8美元，不可撤销信用证支付，10月前可供货。"3月20日，美商来电："接受你方报盘。交货期提前至8月底。"试问：双方的合同是否成立？

17. 我方某进出口公司向国外某客商询售某商品。不久我方接到外商发盘，有效期到7月22日。我方于7月24日用电传表示接受对方的发盘，对方一直没有回信。因该商品供求关系发生变化，价格上涨，8月26日对方突然来电要求我方必须在8月28日前将货发出，否则，我方将要承担违约责任。试问：我方是否应该发货？为什么？

18. 一法国商人于某日上午与我方某公司就购买某商品进行口头磋商，我方所报价格为每箱150美元CIF马赛，法商对此未置可否。当日下午再次磋商时表示愿意接受上午的条件，而此时我方获悉该商品的国际市场价格开始上升。试问：我方应如何处理？为什么？

19. 我方某出口公司向美国纽约 ABC 公司用特快专递做出一项发盘，规定有效期 7 天。特快专递发出后 3 小时，公司业务员发现发盘价格有错，比内部掌握的价格低 20%，如该发盘为美商所接受，将造成 5 万美元的损失。试问：在此情况下，我方公司可采取什么补救措施？为什么？

20. 我方某出口企业按 FCA Shanghai Airport 条件向印度 A 商出口手表一批，货价 5 万美元，规定交货期为 8 月，自上海运往孟买，支付条件：买方凭由孟买某银行转交的航空公司空运到货通知即期全额电汇付款。我方出口企业 8 月 31 日将该批手表运到上海虹桥机场交由航空公司收货并出具航空运单。我方随即用电传向印商发出装运通知。航空公司于 9 月 2 日将该批手表空运至孟买，并将到货通知连同有关发票和航空运单交孟买某银行。该银行立即通知印商收取单据并电汇付款。此时，国际手表价格下跌，印商以我方交货延期，拒绝付款、提货。我方出口企业坚持对方必须立即付款、提货。双方争执不下，遂提交仲裁。试问：如果你是仲裁员，你认为应如何处理？说明理由。

21. 我方某出口公司拟出口化妆品去中东某国。正好该国某中间商主动来函与该公司联系，表示愿意为推销化妆品提供服务，并要求按照每笔交易的成交金额给予佣金5%。不久，经该中间商与当地进口商达成CIFC5%总金额50 000美元的交易，装运期为订约后的2个月，并签订了销售合同。合同签订后，该中间商即来电要求我方出口公司立即支付佣金2 500美元。我方公司复电称：佣金需待货物装运并收到全部货款后才能支付。于是，双方发生了争议。试问：这起争议发生的原因是什么？我方出口公司应受到什么教训？

22. 与利比亚商人订立的出口合同使用的贸易术语为CFR，目的港规定为"的黎波里"。我方交货时误将货物运往黎巴嫩的"的黎波里"港，造成损失。试问：我方工作中存在哪些失误？

23. 我方从泰国A公司进口一批大米，签订"CFR上海"合同，货轮在台湾海峡附近沉没。A公司未及时向我方发出装船通知，我方未办理投保，无法向保险公司索赔。故我方要求对方承担责任，但泰国A公司以货物离港，风险已经转移给我方为由拒绝承担责任。试问：泰国A公司的行为是否合理？究竟应由谁承担责任？为什么？

24. 我方按 CIP 南京条件进口 10 公吨化肥,其经海上运输,抵达上海港后转为公路运输运至南京。我方受领货物后,卖方要求我方支付货款和公路运费,请问:卖方行为是否合理?

25. 某出口公司 A 同新加坡的客户因价格条款发生了一些分歧,一直争执不下。此次业务采用空运方式进行运输,A 认为"CIF"只适用于"海运及陆运方式"而不适用于"空运方式",所以坚持用"CIP"条款(并且银行方面也坚持按照国际惯例空运必须使用"CIP")。可客户坚持要用"CIF",他们认为"CIP"比"CIF"多一个费用。试问:"CIP"和"CIF"在费用上有什么区别?A 的做法是否正确?

26. 新加坡 A 公司与马来西亚 B 公司订立 FCA 合同,购买 500 吨白糖,合同约定提货地为 B 公司所在地。2020 年 7 月 3 日,A 公司派代理人到 B 公司提货,B 公司已将白糖装箱完毕并放置在临时敞篷中,由于 A 公司代理人人手不够,要求 B 公司帮助装货,B 公司认为已履行完应尽义务,故拒绝帮助装货。A 公司代理人无奈返回,3 日后 A 公司再次到 B 公司所在地提走货物。但是,在货物堆放的 3 天里,因遇湿热台风天气,货物部分受损,造成 10%的脏包。试问:该损失应由哪一方承担?

27. 有一份 FOB 合同，买方已向保险公司投保"仓至仓条款"的一切险（All Risks with Warehouse to Warehouse Clause）。货物从卖方仓库运往装运港码头途中，发生了承保范围内的损失。卖方事后以保险单含有"仓至仓条款"要求保险公司赔偿，但遭拒绝，后来卖方又请买方以买方的名义凭保险单向保险公司索赔，但同样遭拒绝。上述案例中货物是从卖方仓库运往装运码头途中发生了承保范围内的损失，所保一切险又含"仓至仓条款"。试问：保险公司为什么会拒赔？

28. "昌隆"号货轮满载货物驶离上海港。开航后不久，由于空气温度过高，老化的电线短路引发大火，将装在第一货舱的 1 000 条出口毛毯完全烧毁。船到新加坡港卸货时发现，装在同一货舱中的烟草和茶叶由于羊毛燃烧散发出的焦煳味而不同程度地受到串味损失。其中由于烟草包装较好，串味不是很严重，经过特殊处理，仍保持了烟草的特性，但是等级已大打折扣，售价下跌三成。而茶叶则完全失去了其特有的芳香，不能当作茶叶出售了，只能按廉价的填充物处理。船经印度洋时，不幸与另一艘货船相撞，船舶严重受损，第二货舱破裂，舱内进入大量海水，剧烈的震荡和海水浸泡导致舱内装载的精密仪器受损严重。为了救险，船长命令动用亚麻临时堵住漏洞，造成大量亚麻损失。在船舶停靠泰国港避难进行大修时，船方联系了岸上有关专家就精密仪器的抢修事宜进行了咨询，发现整理恢复十分庞大，已经超过了货物的保险价值。为了方便修理船舶，不得不将第三舱和第四舱部分纺织品货物卸下，卸货时部分货物有钩损。试问：上述货物损失属于什么损失？

29. 商品 03001 的 CIF 价格为 USD10 000，进口商要求按成交价格的 110% 投保一切险（保险费率 0.8%）和战争险（保险费率 0.08%）。试问：出口商应付给保险公司的保险费用是多少？

30. 我方出口某商品对外报价为 480 美元/桶 FOB，现外商要求价格改报为 CIF 旧金山。试问：我方的报价应为多少才能使外汇净收入不变？（设运费是 FOB 价的 3%，保险费率为 0.8%，按惯例加成。）

31. 为中国从芬兰进口的"三角"牌节能灯选择合适的保险并计算保险费。

32. 自学国际航空货运保险和国际铁路货运保险的险种、保险责任范围。

33. 预习国际货款结算的方式及 4 种结算方式的业务流程。

34. 国外一家贸易公司与我国某进口公司订立合同，购买小麦 500 吨。合同规定，2010 年 1 月 20 日前开出信用证，2 月 5 日前装船。1 月 28 日买方开来信用证，有效期至 2 月 10 日。由于卖方按期装船发生困难，故电请买方将装船期延至 2 月 7 日并将信用证有效延长至 2 月 20 日，买方回电表示同意，但未通知开证银行。2 月 7 日货物装船后，卖方到银行议付时，遭到拒绝。试问：
（1）银行是否有权拒付货款？为什么？
（2）作为卖方，应当如何处理此事？

35. 某货代公司接受货主委托，安排一批茶叶海运出口。货代公司在提取了船公司提供的集装箱并装箱后，将整箱货交给船公司。同时，货主自行办理了货物运输保险。收货人在目的港拆箱提货时发现集装箱内异味浓重。经查明，该集装箱前一航次所载货物为精茶，致使茶叶受精茶污染。试问：
（1）收货人可以向谁索赔？为什么？
（2）最终应由谁对茶叶受污染事故承担赔偿责任？

36. 我方某出口公司按 CIF 条件成交货物一批,向中国人民保险公司投保了水渍险。货物在转船过程中遇到大雨,货到目的港后,收货人发现货物有明显的雨水浸渍,损失达 70%,因而向我方提出索赔。试问:我方是否能接受?

37. 某年我方公司与非洲客户签订一项商品销售合同。当年 12 月起至次年 6 月交货。每月等量装运一定量米,凭不可撤销信用证,提单签发后 60 天付款。对方按时开来信用证,证内装运条件仅规定:最迟装运期为 6 月 30 日,分数批装运。我方经办人员见证内未有"每月等量装运××万米"字样,为了早日出口,早收汇,便不顾合同装运条款,除当年 12 月按合同规定等量装运第一批外,其余货物分别于次年 1 月底、2 月底装完,我方银行凭单认付。试问:这样交货有无问题?

38. 在 20 世纪 80 年代,一进口商同国外买方达成一项交易,合同规定的价格条件为 CIF。当时正值海湾战争期间,装有出口货物的轮船在公海上航行时,被一导弹误中沉没。由于在投保时没有加保战争险,保险公司不赔偿。试问:应由哪方承担该损失?为什么?

39. 我国某进出口公司以 CIF 鹿特丹条件出口食品 1 000 箱，并向中国人民保险公司投保一切险。货到目的港后，经进口人复验发现下列情况：（1）该批货物共 10 个批号，抽查 20 箱，发现其中 1 个批号，即 100 箱内出现玷污现象；（2）收货人实收 998 项，短少 2 箱；（3）有 15 箱货物外表良好，但箱内货物共短少 60 千克。试问：进口人应当分别向谁索赔？

40. 美国公司甲给中国公司乙发盘："购买 150 台拖拉机，每台 CIF 新港 4 000 美元，合同订立后 2 个月装船，不可撤销即期信用证付款，请电复。"乙还盘："接受你的发盘，在订立合同后立即装船。"试问：双方合同是否成立，为什么？

41. 利用下列元素（1 承兑、2 提示、3 付款、4 出票）完成汇票的使用流程排序。

二、任务问题

三、完成结果

四、任务评价反馈

五、学习笔记

学习项目四
完成海运出口任务

【任务准备】

案例引入

（一）

某 A 公司与阿联酋迪拜某 B 公司签订了一份出口合同，货物为 1×20 集装箱一次性打火机。不久 B 公司即开来一份不可撤销即期信用证，来证规定装船期限为 1 月 31 日，要求提供 "Full set original clean on board ocean bill of lading…"（全套正本清洁已装船海运提单）。由于装船期太紧，A 公司便要求 B 公司展期，装船期限改为 3 月 31 日。B 公司接受了 A 公司的要求修改了信用证。收到信用证并经全面审查后未发现问题。A 公司在 3 月 30 日办理了货物装船，4 月 13 日向议付行交单议付。4 月 27 日接到收到议付行转来的开证行的拒付通知："你第×××号信用证项下的单据经我行审查，发现如下不符点：提单上缺少'已装船'批注。以上不符点已经与申请人联系，亦不同意接受。单据暂代保管，听候你方的处理意见。"A 公司的有关人员立即审复查了提单，同时与议付行一起翻阅与研究了《跟单信用证统一惯例》600 号出版物（以下简称 UCP 600）的有关规定，证实了开证行的拒付是合理的。A 公司立即电洽申请人，提单缺少"已装船"批注是我方业务人员的疏忽所致，货物确实是被如期装船的，而且货物将在 5 月 3 日左右如期到达目的港，我方同意他在收到目的港船代的提货通知书后再向开证行付款赎单。B 公司回复由于当地市场上一次性打火机的售价大幅下降，只有在我方降价 30% 后方可向开证行赎单。我方考虑到自己理亏在先，同时通过国内同行与其他客户又了解到，进口国当地的市场价格确实已大幅下降，我方处于被动地位，只好同意降价 30%，了结此案。

试问：从本案例中，我方可以吸取什么教训？

（二）

2020 年 4 月，我国某出口公司同伊拉克某公司签订销售合同一份，价格条件为 CFR 巴士拉。由于合同中既未规定"港口拥挤附加费由买方负担"的条款，报价时又未把港口拥挤附加费因素考虑在内。结果交货时，巴士拉港口空前拥挤，船舶候泊时间长达 65 天，港口拥挤附加费增加至基本运费的 300%，致使运费在货价中所占比重高达 95%。这一笔交易，使我公司损失人民币 50 多万元。

试问：我方能从中吸取什么教训？

（三）签发清洁提单能否免责

2022年2月，依据FOB条件，A有限责任公司与B公司签订了一份出售10万吨大豆的合同。2022年4月1日，A有限责任公司按时将大豆运到港口，按时装船，承运人C运输公司签发了清洁提单。2022年5月2日，货物到达目的港，B公司发现90%的货物严重破包，造成重大损失。承运人C运输公司称，破包是由包装不坚固所造成的，主张按照"因包装不坚固所发生的货损，承运人不承担赔偿责任"的规定，免除责任。双方协商无效，遂根据合同约定提起仲裁。

仲裁结果：仲裁庭经审理，认为承运人C运输公司在运输途中，没有尽到妥善、谨慎管理货物的义务，应当承担赔偿责任。

分析：本案涉及清洁提单的问题。争议的焦点在于承运人C运输公司是否可以在签发了清洁提单的情况下，主张"因包装不坚固发生货损，承运人不承担赔偿责任"是否能免除责任。

提单是托运人向承人托运货物，在货物装船后，或在承运人收到货物后，由船长或承运人的代理人签发的，证明收到提单上载明的货物，承诺将货物运至指定目的地，并将货物交付收货人的凭证。

《跟单信用证统一惯例》（即 UCP 600），第三十二条款规定："洁净运输单据 a. 洁净运输单据系指未载有明确宣称货物及/或包装状况有缺陷的条款或批注的运输单据。b. 除非信用证明确规定可以接受上述条款或批注，否则银行将不接受会有此类条款或批注的运输单据。c. 运输单据如符合本条款和第二十三、二十四、二十五、二十六、二十七、二十八或三十条的规定，银行即视为符合信用证中规定在运输单据上载明'洁净已装船'的要求。"

根据提单上是否有批注，可以将提单分为清洁提单与不清洁提单。

清洁提单是指承运人没有对货物的表面状况，或者其他方面，加以批注的提单。实践中不要求托运人在交运货物的时候，提供货物表面的情况，承运人自己一定要在装货的时候，对货物进行检查，然后根据货物的具体情况决定，是否在提单上附加批注。收货人提货时，如果出示的是清洁提单，承运人就要把表面状况良好的货物交给收货人，如果发现货物表面受损，而且是由承运人的责任所致，收货人可以要求承运人赔偿。

不清洁提单指附有不良批注的提单，如"包装不固""破包""沾有油污"。这种提单表明，货物是在表明状况不良的条件下装船的，在卸货时，如果由此造成损失，可以减免承运人的责任。

在国际贸易实践中，银行或买方或提单的受让人只接受已装船清洁提单。根据《跟单信用证统一惯例》的规定，除非信用证明确规定可以接受外，银行拒绝接受不清洁提单。此外，不清洁提单也难于作为物权凭证自由转让。

1978年联合国海上货物运输公约（汉堡规则）第十六条：如果承运人或代其签发提单的其他人确知或有合理的根据怀疑提单所载有关货物的品类、主要标志，包数或件数、重量或数量等项目没有准确地表示实际接管的货物，或在签发"已装船"提单的情况下，没有准确地表示已实际装船的货物，或者他无适当的方法来核对这些项目，则承运人或者其他人必须在提单上作出保留，注明不符之处、怀疑根据或无适当的核对方法。如果承运人或代他签发提单的其他人未在提单上批注货物的外表状况，则应视为他已在提单上注明货物的外表状况良好。除按本条第一款规定就有关项目及其范围作出许可在保留以外：

（1）提单是承运人接管，或如签发"已装船"提单时，装载提单所述货物的初步证据。

（2）如果提单已转让给相信提单上有关货物的描述而照此行事的包括收货人在内的第三方，则承运人提出与此相反的证据不予接受。

如果提单未按照第十五条第一款的规定载明运费或以其他方式说明运费由收货人支付或未载明在装货港发生的滞期费由收货人支付，则该提单是收货人不支付运费或滞期费的初步证据。如果提单已转让给相信提单上无任何此种说明而照此行事的包括收货人在内的第三方，则承运人提出的与此相反的证据不予接受。

《中华人民共和国海商法》第七十六条规定："承运人或者代其签发提单的人未在提单上批注货物表面状况的，视为货物的表面状况良好。"

当承运人签发了清洁提单以后，就不能再主张："因包装不坚固发生货损，承运人不承担赔偿责任。"如果承运人主张"因包装不坚固发生货损，承运人不承担赔偿责任"，必须在提单上批注包装有瑕疵。

在本案中，承运人C运输公司签发了清洁提单，所以，其不能主张"因包装不坚固发生货损，承运人不承担赔偿责任"，免责的理由是不能成立的。承运人C运输公司在运输途中，没有尽到妥善、谨慎管理货物的义务，应当承担赔偿责任。

任务一　货物通关

【学习目标】

了解并学习报检与报关相关知识。

一、报检

（一）出口检验的内容

（1）出口国装船前检验。

① 报检；

② 抽样；

③ 检验；

④ 签证放行或发出不合格通知。

（2）进口国卸货后检验。

（3）出口国检验，进口国复检。

出口国检验是出口商交单议付的依据，进口国复验是进口商索赔的依据。

前两种的特点在于，以当事人中的一方所提供的检验证书为准，而第三种做法则对买卖双方来说，都比较方便而且公平合理，它既承认卖方所提供的检验证书是有效的文件，作为交接货物和结算货款的依据之一，又让买方有复验权。

（二）填制单据

备货完成后，便开始向有关检验检疫部门对货物进行报检。报检人员可以是收、发货人，也可以是其代理人。在备货完成后（出境货物最迟要在出口报关或装运前 7 天）向检验检疫局报检。

此时，企业拿着填好的"报检委托书"（见图 4-1）和"出境货物报检单"（见图 4-2），同时还有本次运输货物的合同、发票和厂检单一并交与出入境检验检疫局，申请对这批货物进行检验。

报检委托书

　　_____出入境检验检疫局：

　　本委托人郑重声明，保证遵守《中华人民共和国进出口商品检验法》及其实施条例，《中华人民共和国进出境动植物检疫法》及其实施条例，《中华人民共和国国境卫生检疫法》及其实施细则，《中华人民共和国食品卫生法》等有关法律、法规的规定和出入境检验检疫机构制定的各项规章制度，本委托人所委托受委托人向出入境检验检疫机构提交的"报检申请单"和随附各种单据所列内容是真实无讹的。具体委托情况如下：

　　本单位将于_____年_____月间进/出口如下货物：

　　品名：_____

　　数（重）量：_____

　　合同号：_____

　　信用证号：_____

　　特委托（地址：_____），代表本公司办理所有检验检疫事宜，其间产生的一切相关的法律责任由本公司承担，

　　委托方名称：_____

　　单位地址：_____

　　委托方印章：_____

　　邮政编码：_____

　　法人代表：_____

　　联系电话：_____

　　受委托方印章：_____

　　企业性质：_____

　　____年____月____日

　　本委托书有效期至____年____月____日

图 4-1　报检委托书

中华人民共和国出入境检验检疫
出境货物报检单

报检单位（加盖公章）：　　　　　　　　　　　*编号_____

报检单位登记号：　　联系人：王利　　电话：82983175　　报检日期：2006 年 05 月 10 日

发货人	（中文）					
	（外文）					
收货人	（中文）					
	（外文）					
货物名称（中/外文）		H.S.编码	产地	数/重量	货物总值	包装种类及数量

运输工具名称号码			贸易方式		货物存放地点	
合同号			信用证号		用途	
发货日期		输往国家（地区）		许可证/审批号		
启运地		到达口岸		生产单位注册号		
集装箱规格、数量及号码						

合同订立的检验检疫条款或特殊要求	标记及号码	随附单据（划"√"或补填）	
		☑√合同	☐包装性能结果单
		☑√信用证	☐许可/审批文件
		☑√发票	☐
		☑√换证凭单	☐
		☑√装箱单	☐
		☐厂检单	☐

需要证单名称（划"√"或补填）		*检验检疫费	
☐品质证书　_正_副 ☐重量证书　_正_副 ☐数量证书　_正_副 ☐兽医卫生证书　_正_副 ☐健康证书　_正_副 ☐卫生证书　_正_副 ☐动物卫生证书　_正_副	☐植物检疫证书　_正_副 ☐熏蒸/消毒证书　_正_副 ☐出境货物换证凭单 ☐出境货物通关单 ☐ ☐	总金额（人民币元）	
		计费人	
		收费人	

报检人郑重声明： 1. 本人被授权报检。 2. 上列填写内容正确属实，货物无伪造或冒用他人的厂名、标志、认证标志，并承担货物质量责任。 签名：_____	领取证单	
	日期	
	签名	

注：有"*"号栏由出入境检验检疫机关　　　　　　◆国家出入境检验检疫局制

图 4-2　出境货物报检单

出境货物报检单填写说明：
（1）报检单位名称：
填写出口商公司中文名称，可在公司基本资料中查找。
（2）报检登记号：
填写公司基本资料中报检单位登记号。
（3）报检单位联系人：
必须填写。
（4）报检单位电话：
填写出口商基本资料里的电话。
（5）报检日期：
年、月、日符合日期格式。
（6）编号：
本栏目由出入境检验检疫机关填写。
（7）发货人：
填写出口商公司中、英文名称，应与公司基本资料一致。
（8）收货人：
填写进口商公司的中、英文名称。
（9）货物名称（中/外文）：
按合同、信用证所列名称填写，但中/外文要一致。
（10）H.S.编码：
合同里商品对应的海关编码。如皮革服装的H.S.编码为4203100090。
（11）产地：
填写出口国中文名称。
（12）数/重量：
填写合同中商品交易数量，并注明计量单位，用中文填写。如：500包。
（13）货物总值：
按合同或发票所列货物币别和总值填写。
（14）包装种类及数量：
填外包装材料的种类及件数，单位用中文填写。比如"370盒"。
（15）运输工具名称号码：
海运方式下，请参考订舱时生成的配舱回单里的船名；空运方式下，则填进舱通知单中的航次。
（16）贸易方式：
在POCIB里，都为一般贸易。
（17）货物存放地点：
海运方式下，请参考订舱时生成的配舱回单里的货物存放地；空运方式下则不用填写。

（18）合同号：

报验商品成交的合同号码。

（19）信用证号：

按实际情况填写信用证号。如属非信用证结汇的货物，本栏目应填写"无"或"/"。

（20）用途：

商品的用途，一般用途明确的商品也可不填。

（21）发货日期：

必须为日期格式，并且在合同日期之后。

（22）输往国家（地区）：

填写进口国中文国别。

（23）许可证/审批号：

需申领许可证或经审批的商品填写，一般商品可空白。

（24）启运地：

填写出口港中文名称。请在"国际货运有限公司"海运部机构网站的"航线及运费"，或在空运部网站"常用查询"中查询。

（25）到达口岸：

填写进口港中文名称。请在"国际货运有限公司"海运部机构网站的"航线及运费"，或在空运部网站"常用查询"中查询。

（26）生产单位注册号：

填写出入境检验检疫机构签发的卫生注册证书号或质量许可证号，没有可不填。

（27）集装箱规格、数量及号码：

海运方式下，请参照"配舱回单"中的"集装箱种类"；空运方式下，可不用填写。

（28）合同、信用证订立的检验检疫条款或特殊要求：

填写对商检机构出具检验证书的要求，即检验检疫条款的内容。检验机构制作证书的检验结果内容时会参考此栏的内容。

（29）标记及号码：

填写实际货物运输包装上的标记，与合同相一致。中性包装或裸装、散装商品应填"N/M"，并注明"裸装"或"散装"。

（30）随附单据：

出口商品在报检时，一般应提供外贸合同（或收货确认书及函电）、信用证原本的复印件或副本，必要时提供原本，还有发票及装箱单。合同如果有补充协议的，要提供补充协议书；合同、信用证有更改，要提供合同、信用证修改书或更改的函电。对订有长期贸易合同而采取记账方式结算的，外贸进出口公司每年一次将合同副本送交商检机构。申请检验时，只在申请单上填明合同号即可，不必每批附交合同副本。凡属危险或法定检验范围内的商品，在申请品质、规格、数量、重量、安全、卫生检验时，必须提交商检机构签发的出口商品包装性能检验合格单证，商检机构凭此受理上述各种报验手续。注：信用证方式下，"合同""信用证""发票""装箱单"必须选择，其他贸易方式下无须选择"信用证"。需要证单名称按照合同、信用证及有关国际条约规定必须经检验检疫机构检验并签发证书的，应在报检单上准确注明所需检验检疫证书的种类和数量。

（31）检验检疫费：

此栏目由出入境检验检疫机关填写。

（32）签名：

由出口商公司法人签名。

（33）领取证单：

应在检验检疫机构受理报检日现场由报检人填写。

（三）实施检验检疫

案例一中，业务员将填制好的"报检委托书"和"出境货物报检单"，同时附上商业发票、装箱单，在出口发运货物前10天至15天向宁波出入境检验检疫局办理了货物出境报检手续。宁波出入境检验检验局受理了此次检验检疫并收取了检验检疫费，并对出口的这批西服开始实施检验检疫。

（四）确定产地和报检地，出具单证

若检验合格，则会依据西服的产地和报检地是否一致来发放不同的单证。

因礼服是劲畅生产加工的，在浙江宁波港出口，即报检地是在浙江宁波港，产地和报检地一致，故出具"出境货物通关单"。

若不一致，出具"出境货物换证凭单"或是"出境货物换证凭条"。出境货物换证凭单的有效期是2个月。

出境货物换证凭单与出境货物换证凭条的异同：

相同点：都是产地与报检地不同的情况下，去出境地检验检疫机构换取正本"出境货物通关单"的凭证。

不同点：凭单速度慢，需要正本，可以一次报检、分批核销；凭条无须正本（可以使用复印件），货物一证一批。

（五）换取"出境货物通关单"

劲畅若在天津，业务员需持出境货物换证凭条和其他必要的单证向宁波商检机构报请查验以获得"出境货物通关单"（见图4-3）。

而劲畅在宁波，产地和报检地一致，且检验合格。

宁波出入境检验检疫局给方文直接换发了"出境货物通关单"，就可以报关了。通关单有效期是2个月。

出境货物通关单

中华人民共和国出入境检验检疫 出境货物通关单				
				编号：
1. 发货人			5. 标记及号码	
2. 收货人				
3. 合同/信用证号		4. 输往国家或地区		
6. 运输工具名称及号码		7. 发货日期	8. 集装箱规格及数量	
9. 货物名称及规格	10. H.S.编码	11. 申报总值	12. 数/重量、包装数量及种类	
上述货物业经检验检疫，请海关予以放行。				
本通关单有效期至　　　　　年　　　月　　　　　　日				
签字：　　　　　　　　　　　日期：　　　年　　　月　　　日				
13. 备注				

图 4-3　出境货物通关单

二、报关

（一）报关的概念及作业流程

报关是履行出口合同的必备环节。

报关是与运输工具、货物、物品的进出境密切相关的一个概念。《中华人民共和国海关法》（简称《海关法》）规定："进出境运输工具、货物、物品，必须通过设立海关的地点进境或者出境。"因此，由设立海关的地点的进出境并办理规定的海关手续是运输工具、货物、物品进出境的基本规则，也是进出境运输工具负责人、进出口货物收发货人、进出境物品的所有人应履行的一项基本义务。

"进出境报关"是指进出口货物的收发货人或其代理人在货物实际进出境时，向海关办理申报、配合查验、缴纳税费等手续，以使货物获得海关放行的行为过程。

进出境报关的基本业务流程是指围绕报关的目标和任务所展开的一系列工作内容，并按照一定次序和步骤从起点到终点的运行过程。进出境报关的基本业务流程包括报关准备、现场作业以及后续作业3个阶段。

进出境报关的作业流程内容详见表4-1。

表 4-1　出境报关流程

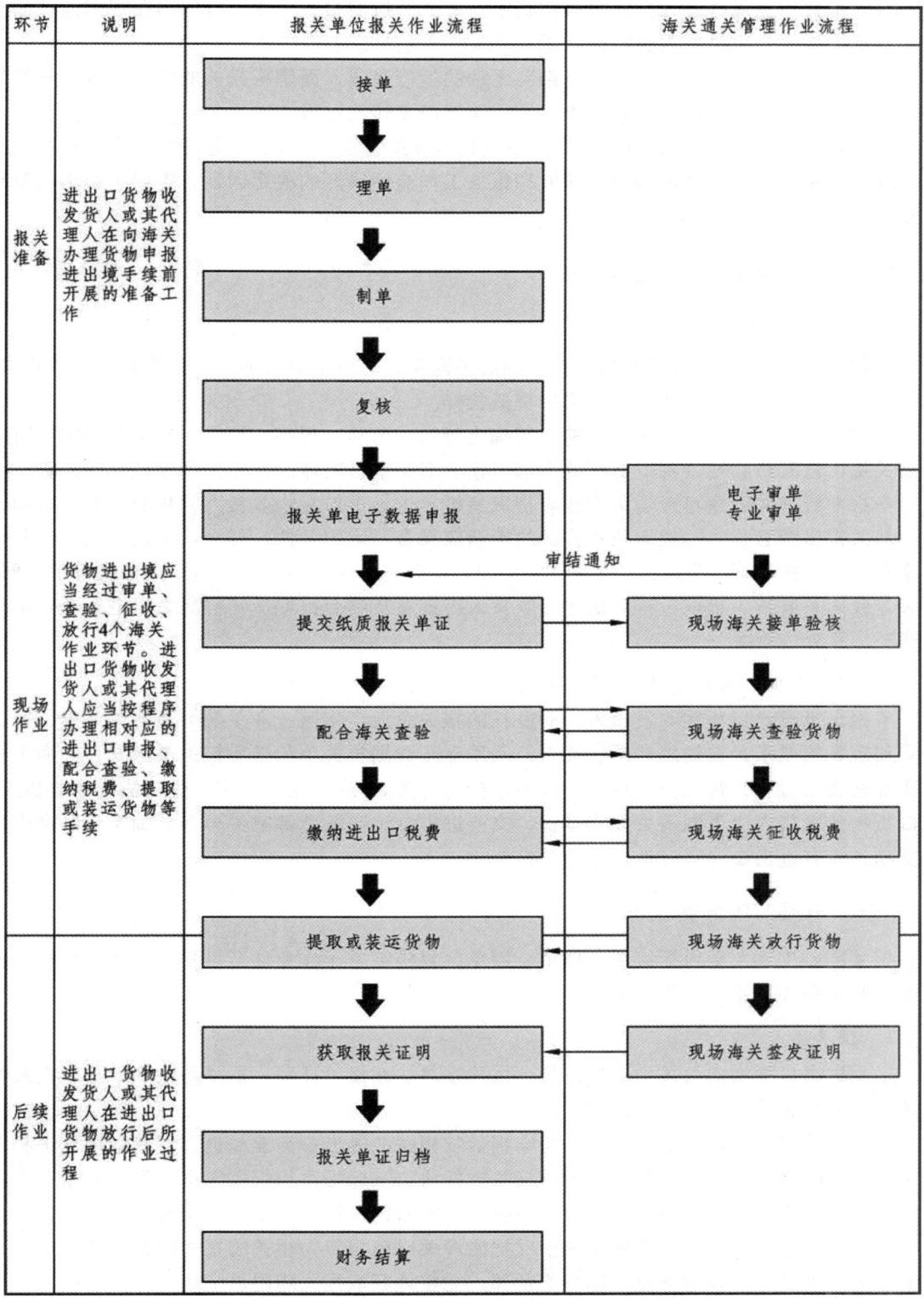

掌握报关作业流程须注意以下几个方面：

（1）报关作业流程是人们在报关实践中，尊重并按照报关作业运行的内在规律而不断总结和设计出来的，不是主观臆断的结果。

（2）报关作业流程不是简单的或杂乱无章的运行过程，而是将报关的作业内容以一定的时间或空间排列组合，是程序性的跨岗位、跨部门流转的过程。

（3）报关工作的特殊性决定了报关作业流程是海关管理要求和企业管理要求的有机统一。

（4）报关作业流程是影响报关速度和报关工作有序展开的决定因素，需要不断地改革和创新。

（二）进出境报关的基本程序

1. 申请前看货、取样

《海关法》规定，进口货物的收货人经海关同意，可以在申报前查看货物或者提取货样。需要依检验的货物，应当在检验合格后提取货样。

进口货物的收货人向海关申报前，因确定货物的名称、规格、型号、归类等原因，可以向海关提出查看货物或者提取货样的书面申请。海关审核同意的，派人员到场实际监管。

申报前经海关同意可查看货物或者提取货样，这是进口货物收货人的权利。收货人申报前向海关提出查看货物、提取货物样品的申请应具备一定的条件，如果货物进境已有走私违法嫌疑并被海关发现，海关将不予同意。同时，只有通过外观无法确定货物的归类等情况时，海关才会同意收货人提取货样。法律对收货人借查看货物或提取货物样品之机进行违法活动也有严厉查处的规定。

2. 如实申报，交验单证

申报是指进出口货物收发货人、受委托的报关企业，依照《海关法》及有关法律、行政法规和规章的要求，在规定期限、地点，采用电子数据报关单和纸质报关单形式，向海关报告实际进出口货物的情况，并且接受海关审核的行为。《海关法》规定，进口货物的收货人、出口货物的发货人应当向海关如实申报，交验进出口许可证件等有关单证。国家限制进出口的货物，没有进出口许可证件，不予放行。

（三）申报前的准备工作

报关准备工作主要包括接单、理单、制单、复核等若干作业环节。报关准备工作翔实、完备是避免报关差错的重要前提。

1. 接单

接受进出口货物向海关申报的任务，俗称接单。在接单环节，要尽可能获取与申报货物有关的全部报关随附单证及相关信息。

报关企业在代理报关的情况下，与申报货物相关的进出口商业单证、贸易管理单证和海关单证等单证资料一般由报关委托人随报关委托协议一起提供给报关人员，但有时由于委托人对国家贸易管理规定和海关监管要求不够了解等原因，提供的单证资料可能不够完备。这就需要报关人员能够根据申报货物的情况把握海关对申报货物相关的报关随附单证要求，并能够与委托人进行有效的沟通，尽可能全部、完整地获取报关随附单证。

进出口货物收发货人在自理报关时，合同、发票、装箱单等基本商业单证一般由公司内部相关部门提供，与申报货物相关的贸易管理单证、海关单证的申领等事项一般会由报关人员负责，报关人员对申报货物的基本情况和海关监管要求会相对熟悉，但报关人员仍需对报关随附单证是否齐全进行检查，以免疏漏，从而获取与申报货物相关的信息。

2．理单

理单环节的主要工作任务是对报关随附单证的有效性、一致性进行审核，为填制报关单和现场报关做好准备。理单工作的基本要求是通过对报关随附单证的审核，保证其"齐全、有效和一致"。

报关随附单证的审核，是报关过程中的一个重要环节，也是准确填制进（出）口货物报关单的重要基础工作。不论何种审核方法，都离不开对单证基本点的审核。

3．制单

在进出境报关业务中，制单主要是指填制报关单草单。

制单前，应根据报关随附单证及其他有关信息确定商品编码、贸易方式、征免性质等报关单关键项目。在制单过程中发现问题，要做好记录，并将问题及时反馈或返给接、理单岗位与客户确认。填制完成报关单草单或打印报关单底单（报关复核表）后，必须连同整套报关资料交复核岗位。

4．复核

复核的内容包括以下几个方面：

（1）根据原始资料（合同、发票、装箱单、进口许可证、出口许可证、入境货物通关单、出境货物通关单、提运单等）对报关单草单或报关单复核表各栏目填报内容进行核对，原始资料没有的内容，要与接单岗位、理单岗位、制单岗位进一步确认。

（2）数量、金额、币制的正确性。

（3）经营单位性质、贸易方式、备案号与征免性质的逻辑关系。

（4）成交方式、运费、保费间的逻辑关系。

（5）报关单表头与表体相关项目的逻辑关系。

（6）经营单位的加工贸易手册是否超期、超量。

（7）审核报关单申报内容的逻辑性及准确性。

（8）审核报关单上申报的品牌是否有侵权嫌疑。

（9）申报报关单的舱单数据与装运单据数据是否相符。

（10）审核报关单申报的商品是否规范，且申报完整。

（11）审核确定商品归类是否准确等。

在复核的过程中要特别注意报关单栏目中的数量关系，同时要具备一定的业务常识。

（四）进出境申报的地点、时间与期限

1．申报地点

进口货物应当由收货人或其代理人在货物的进境地海关申报，出口货物应当由发货人或其代理人在货物的出境地海关申报。

经收发货人申请，海关同意，进口货物的收货人或其代理人可以在设有海关的货物指运地申报，出口货物的发货人或其代理人可以在设有海关的货物起运地申报。

以报税货物、特定减免税货物和暂时进出境货物申报进境的货物，因故改变使用目的从而改变性质转为一般进口时，进口货物的收货人或其代理人应当在货物所在地的主管海关申报。

2. 申报日期

进出口货物收发货人或其代理人的申报数据自被海关接受之日起，其申报的数据就会产生法律效力，即进出口货物收发货人或其代理人应当承担"如实申报""如期申报"的法律责任。因此，海关接受申报数据的日期非常重要。

申报日期是指申报数据被海关接受的日期。不论以电子数据报关单方式申报，还是以纸质报关单方式申报，海关接受申报数据的日期都非常重要。

采用先电子数据报关单申报，后提交纸质报关单，或者仅以电子数据报关单方式申报的，申报日期为海关计算机系统接受申报数据时记录的日期。该日期将反馈给原数据发送单位，或公布于海关业务现场，或通过公共信息系统发布。电子数据报关单经过海关计算机检查被退回的，视为海关不接受申报，进出口货物收发货人或其代理人应当按照要求修改后重新申报，申报日期为海关接受重新申报的日期。海关已接受申报的报关单电子数据，人工审核确认需要退回重新修改的，进出口货物收发货人、受委托的报关企业应当在10日内完成修改并且重新发送报关单电子数据，申报日期仍为海关接受原报关单电子数据的日期；超过10日的，原报关单无效，进出口货物收发货人、受委托的报关企业应当另行向海关申报，申报日期为海关再次接受申报的日期。

3. 申报期限

进口货物的收货人、受委托的报关企业应当自运输工具申报进境之日起14日内，向海关申报。进口转关运输货物的收货人、受委托的报关企业应当自运输工具申报进境之日起14日内，向进境地海关办理转关手续，有关货物应当自运抵指运地之日起14日内向指运地海关申报。进口货物的收货人超过规定期限向海关申报的，由海关征收滞报金。进口货物自装载货物的运输工具申报进境之日起超过3个月仍未向海关申报的，货物由海关提取并依法变卖。对属于不宜长期保存的货物，海关可以根据实际情况提前处理。

出口货物发货人、受委托的报关企业应当在货物运抵海关监管场所后、装货的24小时以前向海关申报。

经电缆、管道或其他特殊方式进出境的货物，进出口货物收发货人或其代理人按照海关规定定期申报。

4. 滞报金

进口货物收货人未按规定向海关申报而产生滞报的，由海关按规定征收滞报金。进口货物滞报金应当按日计征。起始日和截止日均计入滞报期间。

进口货物收货人在向海关传送报关单电子数据申报后，未在规定期限或核准的期限内提交纸质报关单的，海关予以撤销电子数据报关单处理，进口货物收发货人重新向海关申报，产生滞报的，滞报金的征收以自运输工具申报进境之日起第15日为起始日，以海关重新接受申报之日为截止日。

进口货物收发货人申报并经海关依法审核,必须撤销原电子数据报关单并重新申报,产生滞报的,经进口货物收发货人申请并经海关审核同意。滞报金的征收,以撤销原电子数据报关单之日起第15日为起始日,以海关重新接受申报之日为截止日。

进口货物因收货人在运输工具申报进境之日起超过3个月未向海关申报,被海关提取作变卖处理后,收货人申请发还余款的,滞报金的征收以自运输工具申报进境之日起第15日为起始日,以该3个月期限的最后一日为截止日。滞报金的日征收金额为进口货物完税价格的0.05%,以人民币"元"为计征单位,不足人民币1元的部分免征。

征收滞报金的计算公式:

$$滞报金 = 进口货物完税价格 \times 0.05\% \times 滞报期间(滞报天数)$$

滞报金的起征点为人民币50元。

滞报金的计征起始日如遇法定节假日,则顺延至其后第一个工作日。

根据海关规定,因不可抗力等特殊情况产生的滞报可以向海关申请减免滞报金。

(五)申报方式

申报采用电子数据报关单申报形式和纸质报关单申报形式。电子数据报关单和纸质报关单均具有法律效力。

电子数据报关单申报形式是指进出口货物的收发货人、受委托的报关企业通过计算机系统按照《中华人民共和国海关进出口货物报关单填制规范》(以下简称《报关单填制规范》)的要求向海关传送报关单电子数据并且备齐随附单证的申报方式。

纸质报关单申报形式是指进出口货物的收发货人、受委托的报关企业应当以电子数据报关单形式向海关申报,与随附单证一并递交的纸质报关单,其内容应当与电子数据报关单一致;特殊情况下经海关同意,允许先采用纸质报关单形式申报,电子数据事后补报。补报的电子数据应当与纸质报关单内容一致。在向未使用海关信息化管理系统作业的海关申报时可以采用纸质报关单申报形式。

(六)申报单证

申报的单证可以分为报关单和随附单证两大类,其中随附单证包括基本单证和特殊单证。

报关单是由报关员按照海关规定格式填制的申报单,是指进(出)口货物报关单或者带有进(出)货物报关单性质的单证,如特殊监管区域进出境备案清单、进出口货物集中申报清单、ATA单证册、过境货物报关单、快件报关单等。一般来说,任何货物的申报,都必须有报关单。

基本单证是指进出口货物的货运单据和商业单据,主要有进口提货单据、出口装货单据、商业发票、装箱单等。一般来说,任何货物的申报,都必须有基本单证。

特殊单证主要有进出口许可证件,加工贸易电子化手册和电子账册,征免性质税收证明,作为有些货物进出口证明的原进(出)口货物报关单证、原产地证明书、贸易合同等。某些货物的申报,必须有特殊单证,如租赁贸易货物进口申报,必须要有租赁合同;修理物品进出口或复运进出口申报要有委托修理协议;退运货物进出口申报要有退运协议。货运实际进出口前，海关已对该货物作出预归类决定的，进出口货物的收发货人、受委托的报关企业在货物实际进出口时应向海关提交"预归类决定书"。

进出口货物收发货人或其代理人应向报关员提供基本单证、特殊单证。报关人员审核这些单证后据实填制进（出）口货物报关单。

（七）申报的修改和撤销

海关接受进出口货物申报后，报关单证及其内容不得修改或者撤销；符合规定情形的，可以修改或者撤销；进（出）口货物报关单的修改或者撤销，应当遵循修改优先原则；确实不能修改的，予以撤销。

（1）有以下情形之一的，进出口收发货人或代理人可以向原接受申报的海关办理进（出）口货物报关单修改或者撤销手续：出口货物放行后，由于装运、配载等原因造成原申报货物部分或者全部退关、变更运输工具的；进出口货物在装载、运输、存储过程中发生溢短装，或者不可抗力造成灭失、短损等，导致原申报数据与实际货物不符的；由于办理退税补税、海关事务担保等其他海关手续而需要修改或者撤销报关数据的；根据贸易惯例先行采用暂时价格成交、实际结算时按商检品质认定或者国际市场实际价格付款方式需要修改申报内容的；已申报进口货物办理直接退运手续，需要修改或者撤销原进口货物报关单的；由于计算机、网络系统等技术原因电子数据申报错误的。

发生上述情形及由于报关人员操作或者书写失误造成申报内容需要修改或者撤销的，进出口收发货人或其代理人应当向海关提交"进（出）口货物报关单修改/撤销表"及相应的证明材料。

（2）海关发现进（出）口货物报关单需要修改或者撤销，可以采取以下方式主动要求进出口货物收发货人或其代理人修改或者撤销：将电子数据报关单退回，并详细说明修改的原因和要求，进出口收发货人或其代理人应当按照海关要求进行修改后重新提交，不得对报关单其他内容进行变更；向进出口收发货人或其代理制发"进（出）口货物报关单修改/撤销确认书"，通知其要求修改或者撤销的内容，进出口收发货人或其代理人应当在5日内对进（出）口货物报关单修改或者撤销的内容进行确认，确认后海关完成对报关单的修改或者撤销。

（3）除不抗力外，进出口收发货人或其代理人有以下情形之一的，海关可以直接撤销相应的电子数据报关单：海关将电子数据报关单退回修改，进出口收发货人或其代理人未在规定期限内重新发送的；海关审结电子数据报关单后，进出口收发货人或其代理人未在规定期限内递交纸质报关单的；出口货物申报后未在规定期限内运抵海关监管场所的；海关总署规定的其他情形。

（4）海关已决定布控、查验及涉嫌走私或者违反海关监管规定的进出口货物，在办结相关手续前不得修改或者撤销报关单及其电子数据；已签发报关单证明联的进出口货物，当事人办理报关单修改或者撤销手续时应当向海关交回报关单证明联；修改或者撤销进（出）口货物报关单导致需要变更、补办进出口许可证件的，进出口收发货人或其代理人应当向海关提交相应的进出口许可证件。

三、缴纳税款

（一）缴纳税款的含义

缴纳税款是指进出口货物收发货人或其代理人收到海关对货物应缴纳关税、进口环节增值税、进口环节消费税、滞报金、滞纳金等所开具的关税和代征税缴款书或收费专用票据后，在规定的时间内，到银行办理缴纳税费手续，或者在网上向指定银行缴纳，再持已缴纳的税款缴款书到海关办理税费核销手续的活动。

（二）缴纳税款的方式

进出口货物收发货人或其代理人应在规定时间内持"海关专用缴款书"向指定银行或在 EDI 终端办理缴纳手续，也可以通过电子口岸进行"网上支付"。由银行将款项缴入海关专用账户。

四、货物获得放行

（一）货物获得放行的含义

货物获得放行是指海关接受进出口货物的申报，审核电子数据报关单和纸质报关单及随附单证，查验货物，征免性质税费或接受担保以后，对进出口货物作出结束海关进出境现场监管决定，允许进出口货物离开海关监管现场的工作环节。货物获得放行一般是由海关在进口货物提货凭证或者出口货物装货凭证上加盖海关放行章。进出口货物收发货人或其代理人签收进口提货凭证或者出口装货凭证，凭以向提取进口货物或出口货物装上运输工具离境。

（二）货物获得放行的条件

从报关人员的角度看，放行只是海关在有关报关单及运输单据上签盖"放行章"并将其退交收发货人的一种形式。然而在实际操作中，海关放行货物必须以审单和查验完毕，并办理了征税手续或提供担保的手续作为前提条件。但是，为了加速验放，对信誉较好的进出口收发货人，海关将允许在其提供担保（保证在规定的纳税期限内缴纳税款）的基础上先予提取或装运货物。

五、填制报关单

报关单既是海关监管、征税、统计以及开展稽查和调查的重要依据，又是加工贸易进出口货物核销，以及出口退税和外汇管理的重要凭证，也是海关处理走私、违规案件，及税务、外汇管理部门查处骗税和套汇犯罪活动的重要证书。

（一）报关单填制的一般要求

（1）报关单的填制必须真实。

（2）不同合同的货物，不能填制在同一份报关单上；同一批货物中有不同贸易方式的货物，也须用不同的报关单向海关申报。

（3）一张报关单上如有多种不同商品，应分别填报清楚，但一张报关单上最多不能超过5项海关统计商品编号的货物。

（4）报关单中填报的项目要准确、齐全。

（5）向海关递交的报关单，事后发现差错，须立即填写报关单更正单，向海关办理更正手续。

（6）对于海关放行后的出口货物，由于运输工具配载等原因，全部或部分未能装载上原申报的运输工具的，出口货物发货人应向海关递交《出口货物报关单更改申请》。

（二）报关部分要求

（1）进口货物的报关期限为自运输工具申报进境之日起14日内。

（2）出口货物的报关期限为货物运抵海关监管区后装货的24小时前。

（3）海关依法变卖处理期限一般均为3个月。

（三）进出口报关单各栏目填写说明

进出口报关单如图4-4所示。

1. 预录入编号

预录入编号指预录入报关单的编号。一份报关单对应一个预录入编号，由系统自动生成。

报关单预录入编号为18位，其中第1—4位为接受申报海关的代码（海关规定的《关区代码表》中相应海关代码），第5—8位为录入时的公历年份，第9位为进出口标志（"1"为进口，"0"为出口；集中申报清单"I"为进口，"E"为出口），后9位为顺序编号。

2. 海关编号

海关编号指海关接受申报时给予报关单的编号，一份报关单对应一个海关编号，由系统自动生成。

报关单海关编号为18位，其中第1—4位为接受申报海关的代码（海关规定的《关区代码表》中相应海关代码），第5—8位为海关接受申报的公历年份，第9位为进出口标志（"1"为进口，"0"为出口；集中申报清单"I"为进口，"E"为出口），后9位为顺序编号。

3. 境内收发货人

填报在海关备案的对外签订并执行进出口贸易合同的中国境内法人、其他组织名称及编码。编码填报18位法人和其他组织统一社会信用代码，没有统一社会信用代码的，填报其在海关的备案编码。

特殊情况下填报要求如下：

（1）进出口货物合同的签订者和执行者非同一企业的，填报执行合同的企业。

（2）外商投资企业委托进出口企业进口投资设备、物品的，填报外商投资企业，并在标记唛码及备注栏注明"委托某进出口企业进口"，同时注明被委托企业的18位法人和其他组织统一社会信用代码。

（3）有代理报关资格的报关企业代理其他进出口企业办理进出口报关手续时，填报委托的进出口企业。

中华人民共和国海关进出口货物报关单

预录入编号：				海关编号：	
境内收发货人	进出境关别	进出口日期	申报日期	备案号	
境外收发货人	运输方式	运输工具名称及航次号	提运单号	货物存放地点（进口）	
消费使用单位/生产销售单位	监管方式	征免性质	许可证号	启运港（进口）	
合同协议号	贸易国（地区）	启运国（地区）/运抵国（地区）	经停港/指运港	入境口岸/离境口岸	
包装种类	件数	毛重（千克）	净重（千克）	成交方式	运费	保费	杂费
随附单证及编号							
标记唛码及备注							
项号	商品编号	商品名称及规格型号	数量及单位	单价/总价/币值	原产国（地区）	最终目的国（地区）	境内目的地/境内货源地	征免
特殊关系确认：	价格影响确认：	支付特许权使用费确认：	自报自缴：
报关人员 报关人员证号 电话 兹申明对以上内容承担如实申报，依法纳税之法律责任 申报单位 申报单位（章）			海关批注及签章

图 4-4　进出口货物报关单

（4）海关特殊监管区域收发货人填报该货物的实际经营单位或海关特殊监管区域内经营企业。

（5）免税品经营单位经营出口退税国产商品的，填报免税品经营单位名称。

4．进出境关别

根据货物实际进出境的口岸海关，填报海关规定的《关区代码表》中相应口岸海关的名称及代码。

特殊情况填报要求如下：

进口转关运输货物填报货物进境地海关名称及代码，出口转关运输货物填报货物出境地海关名称及代码。按转关运输方式监管的跨关区深加工结转货物，出口报关单填报转出地海关名称及代码，进口报关单填报转入地海关名称及代码。

在不同海关特殊监管区域或保税监管场所之间调拨、转让的货物，填报对方海关特殊监管区域或保税监管场所所在的海关名称及代码。

其他无实际进出境的货物，填报接受申报的海关名称及代码。

5．进出口日期

进口日期填报运载进口货物的运输工具申报进境的日期。出口日期指运载出口货物的运输工具办结出境手续的日期，在申报时免予填报。无实际进出境的货物，填报海关接受申报的日期。

进出口日期为8位数字，顺序为年（4位）、月（2位）、日（2位）。

6．申报日期

申报日期指海关接受进出口货物收发货人、受委托的报关企业申报数据的日期。以电子数据报关单方式申报的，申报日期为海关计算机系统接受申报数据时记录的日期。以纸质报关单方式申报的，申报日期为海关接受纸质报关单并对报关单进行登记处理的日期。本栏目在申报时免予填报。

申报日期为8位数字，顺序为年（4位）、月（2位）、日（2位）。

7．备案号

填报进出口货物收发货人、消费使用单位、生产销售单位在海关办理加工贸易合同备案或征、减、免税审核确认等手续时，海关核发的《加工贸易手册》、海关特殊监管区域和保税监管场所保税账册、"征免税证明"或其他备案审批文件的编号。

一份报关单只允许填报一个备案号。具体填报要求如下：

（1）加工贸易项下货物，除少量低值辅料按规定不使用《加工贸易手册》及以后续补税监管方式办理内销征税的外，填报《加工贸易手册》编号。

使用异地直接报关分册和异地深加工结转出口分册在异地口岸报关的，填报分册号；本地直接报关分册和本地深加工结转分册限制在本地报关，填报总册号。

加工贸易成品凭"征免税证明"转为减免税进口货物的，进口报关单填报"征免税证明"编号，出口报关单填报《加工贸易手册》编号。

对加工贸易设备、使用账册管理的海关特殊监管区域内减免税设备之间的结转，转入和转出企业分别填制进、出口报关单，在报关单"备案号"栏目填报《加工贸易手册》编号。

（2）涉及征、减、免税审核确认的报关单，填报"征免税证明"编号。

（3）减免税货物退运出口，填报"中华人民共和国海关进口减免税货物准予退运证明"的编号；减免税货物补税进口，填报"减免税货物补税通知书"的编号；减免税货物进口或结转进口（转入），填报"征免税证明"的编号；相应的结转出口（转出），填报"中华人民共和国海关进口减免税货物结转联系函"的编号。

（4）免税品经营单位经营出口退税国产商品的，免予填报。

8. 境外收发货人

境外收货人通常指签订并执行出口贸易合同中的买方或合同指定的收货人，境外发货人通常指签订并执行进口贸易合同中的卖方。

填报境外收发货人的名称及编码。名称一般填报英文名称，检验检疫要求填报其他外文名称的，在英文名称后填报，以半角括号分隔。AEO互认国家（地区）企业，编码填报AEO编码，填报样式为："国别（地区）代码+海关企业编码"，例如：新加坡AEO企业SG123456789012（新加坡国别代码+12位企业编码）；非互认国家（地区）AEO企业等其他情形，编码免予填报。

特殊情况下无境外收发货人的，名称及编码填报"NO"。

9. 运输方式

运输方式包括实际运输方式和海关规定的特殊运输方式，前者指货物实际进出境的运输方式，按进出境所使用的运输工具分类；后者指货物无实际进出境的运输方式，按货物在境内的流向分类。

根据货物实际进出境的运输方式或货物在境内流向的类别，按照海关规定的《运输方式代码表》选择填报相应的运输方式。

（1）特殊情况填报要求如下：

① 非邮件方式进出境的快递货物，按实际运输方式填报。

② 进口转关运输货物，按载运货物抵达进境地的运输工具填报；出口转关运输货物，按载运货物驶离出境地的运输工具填报。

③ 不复运出（入）境而留在境内（外）销售的进出境展览品、留赠转卖物品等，填报"其他运输"（代码9）。

④ 进出境旅客随身携带的货物，填报"旅客携带"（代码L）。

⑤ 以固定设施（包括输油、输水管道和输电网等）运输货物的，填报"固定设施运输"（代码G）。

（2）无实际进出境货物在境内流转时填报要求如下：

① 境内非保税区运入保税区货物和保税区退区货物，填报"非保税区"（代码0）。

② 保税区运往境内非保税区货物，填报"保税区"（代码7）。

③ 境内存入出口监管仓库和出口监管仓库退仓货物，填报"监管仓库"（代码1）。

④ 保税仓库转内销货物或转加工贸易货物，填报"保税仓库"（代码8）。

⑤ 从境内保税物流中心外运入中心或从中心运往境内中心外的货物，填报"物流中心"（代码W）。

⑥ 从境内保税物流园区外运入园区或从园区内运往境内园区外的货物，填报"物流园区"（代码 X）。

⑦ 保税港区、综合保税区与境内（区外）（非海关特殊监管区域、保税监管场所）之间进出的货物，填报"保税港区/综合保税区"（代码 Y）。

⑧ 出口加工区、珠澳跨境工业区（珠海园区）、中哈霍尔果斯边境合作中心（中方配套区）与境内（区外）（非海关特殊监管区域、保税监管场所）之间进出的货物，填报"出口加工区"（代码 Z）。

⑨ 境内运入深港西部通道港方口岸区的货物以及境内进出中哈霍尔果斯边境合作中心中方区域的货物，填报"边境特殊海关作业区"（代码 H）。

⑩ 经横琴新区和平潭综合实验区（以下简称综合试验区）二线指定申报通道运往境内区外或从境内经二线指定申报通道进入综合试验区的货物，以及综合试验区内按选择性征收关税申报的货物，填报"综合试验区"（代码 T）。

⑪ 海关特殊监管区域内的流转、调拨货物，海关特殊监管区域、保税监管场所之间的流转货物，海关特殊监管区域与境内区外之间进出的货物，海关特殊监管区域外的加工贸易余料结转、深加工结转、内销货物，以及其他境内流转货物，填报"其他运输"（代码 9）。

10. 运输工具名称及航次号

该项填报载运货物进出境的运输工具名称或编号及航次号。填报内容应与运输部门向海关申报的舱单（载货清单）所列相应内容一致。

（1）运输工具名称具体填报要求如下：

① 直接在进出境地或采用全国通关一体化通关模式办理报关手续的报关单填报要求如下：

水路运输：填报船舶编号（来往港澳小型船舶为监管簿编号）或者船舶英文名称。

公路运输：启用公路舱单前，填报该跨境运输车辆的国内行驶车牌号，深圳提前报关模式的报关单填报国内行驶车牌号+"/"+"提前报关"。启用公路舱单后，免予填报。

铁路运输：填报车厢编号或交接单号。

航空运输：填报航班号。

邮件运输：填报邮政包裹单号。

其他运输：填报具体运输方式名称，如管道、驮畜等。

② 转关运输货物的报关单填报要求如下：

进口：

A. 水路运输：直转、提前报关填报"@"+16 位转关申报单预录入号（或 13 位载货清单号）；中转填报进境英文船名。

B. 铁路运输：直转、提前报关填报"@"+16 位转关申报单预录入号；中转填报车厢编号。

C. 航空运输：直转、提前报关填报"@"+16 位转关申报单预录入号（或 13 位载货清单号）；中转填报"@"。

D. 公路及其他运输：填报"@"+16 位转关申报单预录入号（或 13 位载货清单号）。

E. 以上各种运输方式使用广东地区载货清单转关的提前报关货物填报"@"+13 位载货清单号。

出口：

　　A. 水路运输：非中转填报"@"+16位转关申报单预录入号（或13位载货清单号）。如多张报关单需要通过一张转关单转关的，运输工具名称字段填报"@"。

　　中转货物，境内水路运输填报驳船船名；境内铁路运输填报车名（主管海关4位关区代码+"TRAIN"）；境内公路运输填报车名（主管海关4位关区代码+"TRUCK"）。

　　B. 铁路运输：填报"@"+16位转关申报单预录入号（或13位载货清单号），如多张报关单需要通过一张转关单转关的，填报"@"。

　　C. 航空运输：填报"@"+16位转关申报单预录入号（或13位载货清单号），如多张报关单需要通过一张转关单转关的，填报"@"。

　　D. 其他运输方式：填报"@"+16位转关申报单预录入号（或13位载货清单号）。

③ 采用"集中申报"通关方式办理报关手续的，报关单填报"集中申报"。

④ 免税品经营单位经营出口退税国产商品的，免予填报。

⑤ 无实际进出境的货物，免予填报。

（2）航次号具体填报要求如下：

① 直接在进出境地或采用全国通关一体化通关模式办理报关手续的报关单填报要求如下：

　　水路运输：填报船舶的航次号。

　　公路运输：启用公路舱单前，填报运输车辆的8位进出境日期［顺序为年（4位）、月（2位）、日（2位），下同］。启用公路舱单后，填报货物运输批次号。

　　铁路运输：填报列车的进出境日期。

　　航空运输：免予填报。

　　邮件运输：填报运输工具的进出境日期。

　　其他运输方式：免予填报。

② 转关运输货物的报关单填报要求如下：

进口：

　　A. 水路运输：中转转关方式填报"@"+进境干线船舶航次。直转、提前报关免予填报。

　　B. 公路运输：免予填报。

　　C. 铁路运输："@"+8位进境日期。

　　D. 航空运输：免予填报。

　　E. 其他运输方式：免予填报。

出口：

　　A. 水路运输：非中转货物免予填报。中转货物，境内水路运输填报驳船航次号；境内铁路、公路运输填报6位启运日期［顺序为年（2位）、月（2位）、日（2位）］。

　　B. 铁路拼车拼箱捆绑出口：免予填报。

　　C. 航空运输：免予填报。

　　D. 其他运输方式：免予填报。

③ 免税品经营单位经营出口退税国产商品的，免予填报。

④ 无实际进出境的货物，免予填报。

11. 提运单号

该项填报进出口货物提单或运单的编号。一份报关单只允许填报一个提单或运单号，一票货物对应多个提单或运单时，应分单填报。

提运单号的具体填报要求如下：

（1）直接在进出境地或采用全国通关一体化通关模式办理报关手续的。

① 水路运输：填报进出口提单号。如有分提单的，填报进出口提单号+"*"+分提单号。

② 公路运输：启用公路舱单前，免予填报；启用公路舱单后，填报进出口总运单号。

③ 铁路运输：填报运单号。

④ 航空运输：填报总运单号+"_"+分运单号，无分运单的填报总运单号。

⑤ 邮件运输：填报邮运包裹单号。

（2）转关运输货物的报关单。

① 进口。

水路运输：直转、中转填报提单号。提前报关免予填报。

铁路运输：直转、中转填报铁路运单号。提前报关免予填报。

航空运输：直转、中转货物填报总运单号+"_"+分运单号。提前报关免予填报。

其他运输方式：免予填报。

以上运输方式进境货物，在广东省内用公路运输转关的，填报车牌号。

② 出口：

水路运输：中转货物填报提单号；非中转货物免予填报；广东省内汽车运输提前报关的转关货物，填报承运车辆的车牌号。

其他运输方式：免予填报。广东省内汽车运输提前报关的转关货物，填报承运车辆的车牌号。

（3）采用"集中申报"通关方式办理报关手续的，报关单填报归并的集中申报清单的进出口起止日期〔顺序为年（4位）、月（2位）、日（2位）〕。

（4）无实际进出境的货物，免予填报。

12. 货物存放地点

该项填报货物进境后存放的场所或地点，包括海关监管作业场所、分拨仓库、定点加工厂、隔离检疫场、企业自有仓库等。

13. 消费使用单位/生产销售单位

（1）消费使用单位填报已知的进口货物在境内的最终消费、使用单位的名称，包括：

① 自行进口货物的单位。

② 委托进出口企业进口货物的单位。

（2）生产销售单位填报出口货物在境内的生产或销售单位的名称，包括：

① 自行出口货物的单位。

② 委托进出口企业出口货物的单位。

③ 免税品经营单位经营出口退税国产商品的，填报该免税品经营单位统一管理的免税店。

（3）减免税货物报关单的消费使用单位/生产销售单位应与"中华人民共和国海关进出口货物征免税证明"（以下简称"征免税证明"）的"减免税申请人"一致；保税监管场所与境外之间的进出境货物，消费使用单位/生产销售单位填报保税监管场所的名称（保税物流中心（B型）填报中心内企业名称）。

（4）海关特殊监管区域的消费使用单位/生产销售单位填报区域内经营企业（"加工单位"或"仓库"）。

（5）编码填报要求：

① 填报18位法人和其他组织统一社会信用代码。

② 无18位统一社会信用代码的，填报"NO"。

（6）进口货物在境内的最终消费或使用以及出口货物在境内的生产或销售的对象为自然人的，填报身份证号、护照号、台胞证号等有效证件号码及姓名。

14．监管方式

监管方式是以国际贸易中进出口货物的交易方式为基础，结合海关对进出口货物的征税、统计及监管条件综合设定的海关对进出口货物的管理方式。其代码由4位数字构成，前两位是按照海关监管要求和计算机管理需要划分的分类代码，后两位是参照国际标准编制的贸易方式代码。

根据实际对外贸易情况按海关规定的《监管方式代码表》选择填报相应的监管方式简称及代码。一份报关单只允许填报一种监管方式。

特殊情况下加工贸易货物监管方式填报要求如下：

（1）进口少量低值辅料（即5 000美元以下，78种以内的低值辅料）按规定不使用《加工贸易手册》的，填报"低值辅料"。使用《加工贸易手册》的，按《加工贸易手册》上的监管方式填报。

（2）加工贸易料件转内销货物以及按料件办理进口手续的转内销制成品、残次品、未完成品，填制进口报关单，填报"来料料件内销"或"进料料件内销"；加工贸易成品凭"征免税证明"转为减免税进口货物的，分别填制进、出口报关单，出口报关单填报"来料成品减免"或"进料成品减免"，进口报关单按照实际监管方式填报。

（3）加工贸易出口成品因故退运进口及复运出口的，填报"来料成品退换"或"进料成品退换"；加工贸易进口料件因换料退运出口及复运进口的，填报"来料料件退换"或"进料料件退换"；加工贸易过程中产生的剩余料件、边角料退运出口，以及进口料件因品质、规格等原因退运出口且不再更换同类货物进口的，分别填报"来料料件复出""来料边角料复出""进料料件复出""进料边角料复出"。

（4）加工贸易边角料内销和副产品内销，填制进口报关单，填报"来料边角料内销"或"进料边角料内销"。

（5）企业销毁处置加工贸易货物未获得收入，销毁处置货物为料件、残次品的，填报"料件销毁"；销毁处置货物为边角料、副产品的，填报"边角料销毁"。

企业销毁处置加工贸易货物获得收入的，填报为"进料边角料内销"或"来料边角料内销"。

（6）免税品经营单位经营出口退税国产商品的，填报"其他"。

15. 征免性质

根据实际情况按海关规定的《征免性质代码表》选择填报相应的征免性质简称及代码，持有海关核发的"征免税证明"的，按照"征免税证明"中批注的征免性质填报。一份报关单只允许填报一种征免性质。

加工贸易货物报关单按照海关核发的《加工贸易手册》中批注的征免性质简称及代码填报。特殊情况填报要求如下：

（1）加工贸易转内销货物，按实际情况填报（如一般征税、科教用品、其他法定等）。

（2）料件退运出口、成品退运进口货物填报"其他法定"。

（3）加工贸易结转货物，免予填报。

（4）免税品经营单位经营出口退税国产商品的，填报"其他法定"。

16. 许可证号

该项填报进（出）口许可证、两用物项和技术进（出）口许可证、两用物项和技术出口许可证（定向）、纺织品临时出口许可证、出口许可证（加工贸易）、出口许可证（边境小额贸易）的编号。

免税品经营单位经营出口退税国产商品的，免予填报。

一份报关单只允许填报一个许可证号。

17. 启运港

该项填报进口货物在运抵我国关境前的第一个境外装运港。

根据实际情况，按海关规定的《港口代码表》填报相应的港口名称及代码，未在《港口代码表》列明的，填报相应的国家名称及代码。货物从海关特殊监管区域或保税监管场所运至境内区外的，填报《港口代码表》中相应海关特殊监管区域或保税监管场所的名称及代码，未在《港口代码表》中列明的，填报"未列出的特殊监管区"及代码。

其他无实际进境的货物，填报"中国境内"及代码。

18. 合同协议号

该项填报进出口货物合同（包括协议或订单）编号。未发生商业性交易的免予填报。

免税品经营单位经营出口退税国产商品的，免予填报。

19. 贸易国（地区）

发生商业性交易的进口填报购自国（地区），出口填报售予国（地区）。未发生商业性交易的填报货物所有权拥有者所属的国家（地区）。

按海关规定的《国别（地区）代码表》选择填报相应的贸易国（地区）中文名称及代码。

20. 启运国（地区）/运抵国（地区）

启运国（地区）填报进口货物启始发出直接运抵我国或者在运输中转国（地）未发生任何商业性交易的情况下运抵我国的国家（地区）。

运抵国（地区）填报出口货物离开我国关境直接运抵或者在运输中转国（地区）未发生任何商业性交易的情况下最后运抵的国家（地区）。

不经过第三国（地区）转运的直接运输进出口货物，以进口货物的装货港所在国（地区）为启运国（地区），以出口货物的指运港所在国（地区）为运抵国（地区）。

经过第三国（地区）转运的进出口货物，如在中转国（地区）发生商业性交易，则以中转国（地区）作为启运/运抵国（地区）。

按海关规定的《国别（地区）代码表》选择填报相应的启运国（地区）或运抵国（地区）中文名称及代码。

无实际进出境的货物，填报"中国"及代码。

21．经停港/指运港

经停港填报进口货物在运抵我国关境前的最后一个境外装运港。

指运港填报出口货物运往境外的最终目的港；最终目的港不可预知的，按尽可能预知的目的港填报。

根据实际情况，按海关规定的《港口代码表》选择填报相应的港口名称及代码。经停港/指运港在《港口代码表》中无港口名称及代码的，可选择填报相应的国家名称及代码。

无实际进出境的货物，填报"中国境内"及代码。

22．入境口岸/离境口岸

入境口岸填报进境货物从跨境运输工具卸离的第一个境内口岸的中文名称及代码；采取多式联运跨境运输的，填报多式联运货物最终卸离的境内口岸中文名称及代码；过境货物填报货物进入境内的第一个口岸的中文名称及代码；从海关特殊监管区域或保税监管场所进境的，填报海关特殊监管区域或保税监管场所的中文名称及代码。其他无实际进境的货物，填报货物所在地的城市名称及代码。

离境口岸填报装运出境货物的跨境运输工具离境的第一个境内口岸的中文名称及代码；采取多式联运跨境运输的，填报多式联运货物最初离境的境内口岸中文名称及代码；过境货物填报货物离境的第一个境内口岸的中文名称及代码；从海关特殊监管区域或保税监管场所离境的，填报海关特殊监管区域或保税监管场所的中文名称及代码。其他无实际出境的货物，填报货物所在地的城市名称及代码。

入境口岸/离境口岸类型包括港口、码头、机场、机场货运通道、边境口岸、火车站、车辆装卸点、车检场、陆路港、坐落在口岸的海关特殊监管区域等。按海关规定的《国内口岸编码表》选择填报相应的境内口岸名称及代码。

23．包装种类

该项填报进出口货物的所有包装材料，包括运输包装和其他包装，按海关规定的《包装种类代码表》选择填报相应的包装种类名称及代码。运输包装指提运单所列货物件数单位对应的包装，其他包装包括货物的各类包装，以及植物性铺垫材料等。

24．件数

该项填报进出口货物运输包装的件数（按运输包装计）。特殊情况填报要求如下：

（1）舱单件数为集装箱的，填报集装箱个数。

（2）舱单件数为托盘的，填报托盘数。

不得填报为零，裸装货物填报为"1"。

25．毛重（千克）

该项填报进出口货物及其包装材料的重量之和，计量单位为千克，不足1千克的填报为"1"。

26. 净重（千克）

该项填报进出口货物的毛重减去外包装材料后的重量，即货物本身的实际重量，计量单位为千克，不足1千克的填报为"1"。

27. 成交方式

该项根据进出口货物实际成交价格条款，按海关规定的《成交方式代码表》选择填报相应的成交方式代码。

无实际进出境的货物，进口填报CIF，出口填报FOB。

28. 运费

该项填报进口货物运抵我国境内输入地点起卸前的运输费用，出口货物运至我国境内输出地点装载后的运输费用。

运费可按运费单价、总价或运费率三种方式之一填报，注明运费标记（运费标记"1"表示运费率，"2"表示每吨货物的运费单价，"3"表示运费总价），并按海关规定的《货币代码表》选择填报相应的币种代码。

免税品经营单位经营出口退税国产商品的，免予填报。

29. 保费

该项填报进口货物运抵我国境内输入地点起卸前的保险费用，出口货物运至我国境内输出地点装载后的保险费用。

保费可按保险费总价或保险费率两种方式之一填报，注明保险费标记（保险费标记"1"表示保险费率，"3"表示保险费总价），并按海关规定的《货币代码表》选择填报相应的币种代码。

免税品经营单位经营出口退税国产商品的，免予填报。

30. 杂费

该项填报成交价格以外的、按照《中华人民共和国进出口关税条例》相关规定应计入完税价格或应从完税价格中扣除的费用。可按杂费总价或杂费率两种方式之一填报，注明杂费标记（杂费标记"1"表示杂费率，"3"表示杂费总价），并按海关规定的《货币代码表》选择填报相应的币种代码。

应计入完税价格的杂费填报为正值或正率，应从完税价格中扣除的杂费填报为负值或负率。

免税品经营单位经营出口退税国产商品的，免予填报。

31. 随附单证及编号

根据海关规定的《监管证件代码表》和《随附单据代码表》选择填报除本规范第十六条规定的许可证件以外的其他进出口许可证件或监管证件、随附单据代码及编号。

本栏目分为随附单证代码和随附单证编号两栏，其中代码栏按海关规定的《监管证件代码表》和《随附单据代码表》选择填报相应证件代码；随附单证编号栏填报证件编号。

（1）加工贸易内销征税报关单（使用金关二期加贸管理系统的除外），随附单证代码栏填报"c"，随附单证编号栏填报海关审核通过的内销征税联系单号。

（2）一般贸易进出口货物，只能使用原产地证书申请享受协定税率或者特惠税率（以下统称"优惠税率")的(无原产地声明模式),"随附单证代码"栏填报原产地证书代码"Y",在"随附单证编号"栏填报"<优惠贸易协定代码>"和"原产地证书编号"。可以使用原产地证书或者原产地声明申请享受优惠税率的(有原产地声明模式),"随附单证代码"栏填写"Y","随附单证编号"栏填报"<优惠贸易协定代码>""C"(凭原产地证书申报)或"D"(凭原产地声明申报),以及"原产地证书编号(或者原产地声明序列号)"。一份报关单对应一份原产地证书或原产地声明。各优惠贸易协定代码如下:

"01"为"亚太贸易协定";
"02"为"中国—东盟自贸协定";
"03"为"内地与香港紧密经贸关系安排"(香港CEPA);
"04"为"内地与澳门紧密经贸关系安排"(澳门CEPA);
"06"为"台湾农产品零关税措施";
"07"为"中国—巴基斯坦自贸协定";
"08"为"中国—智利自贸协定";
"10"为"中国—新西兰自贸协定";
"11"为"中国—新加坡自贸协定";
"12"为"中国—秘鲁自贸协定";
"13"为"最不发达国家特别优惠关税待遇";
"14"为"海峡两岸经济合作框架协议(ECFA)";
"15"为"中国—哥斯达黎加自贸协定";
"16"为"中国—冰岛自贸协定";
"17"为"中国—瑞士自贸协定";
"18"为"中国—澳大利亚自贸协定";
"19"为"中国—韩国自贸协定";
"20"为"中国—格鲁吉亚自贸协定"。

海关特殊监管区域和保税监管场所内销货物申请适用优惠税率的,有关货物进出海关特殊监管区域和保税监管场所以及内销时,已通过原产地电子信息交换系统实现电子联网的优惠贸易协定项下货物报关单,按照上述一般贸易要求填报;未实现电子联网的优惠贸易协定项下货物报关单,"随附单证代码"栏填报"Y","随附单证编号"栏填报'<优惠贸易协定代码>"和"原产地证据文件备案号"。"原产地证据文件备案号"为进出口货物的收发货人或者其代理人录入原产地证据文件电子信息后,系统自动生成的号码。

向香港或者澳门特别行政区出口用于生产香港CEPA或者澳门CEPA项下货物的原材料时,按照上述一般贸易填报要求填制报关单,香港或澳门生产厂商在香港工贸署或者澳门经济局登记备案的有关备案号填报在"关联备案"栏。

"单证对应关系表"中填报报关单上的申报商品项与原产地证书(原产地声明)上的商品项之间的对应关系。报关单上的商品序号与原产地证书(原产地声明)上的项目编号应一一对应,不要求顺序对应。同一批次进口货物可以在同一报关单中申报,不享受优惠税率的货物序号不填报在"单证对应关系表"中。

(3)各优惠贸易协定项下,免提交原产地证据文件的小金额进口货物"随附单证代码"栏填报"Y","随附单证编号"栏填报"<优惠贸易协定代码>XJE00000","单证对应关系表"

享惠报关单项号按实际填报，对应单证项号与享惠报关单项号相同。

32. 标记唛码及备注

填报要求如下：

（1）标记唛码中除图形以外的文字、数字，无标记唛码的填报 N/M。

（2）受外商投资企业委托代理其进口投资设备、物品的进出口企业名称。

（3）与本报关单有关联关系的，同时在业务管理规范方面又要求填报的备案号，填报在电子数据报关单中"关联备案"栏。

保税间流转货物、加工贸易结转货物及凭"征免税证明"转内销货物，其对应的备案号填报在"关联备案"栏。

减免税货物结转进口（转入），"关联备案"栏填报本次减免税货物结转所申请的"中华人民共和国海关进口减免税货物结转联系函"的编号。

减免税货物结转出口（转出），"关联备案"栏填报与其相对应的进口（转入）报关单"备案号"栏中"征免税证明"的编号。

（4）与本报关单有关联关系的，同时在业务管理规范方面又要求填报的报关单号，填报在电子数据报关单中"关联报关单"栏。

保税间流转、加工贸易结转类的报关单，应先办理进口报关，并将进口报关单号填入出口报关单的"关联报关单"栏。

办理进口货物直接退运手续的，除另有规定外，应先填制出口报关单，再填制进口报关单，并将出口报关单号填报在进口报关单的"关联报关单"栏。

减免税货物结转出口（转出），应先办理进口报关，并将进口（转入）报关单号填入出口（转出）报关单的"关联报关单"栏。

（5）办理进口货物直接退运手续的，填报"<ZT"+"海关审核联系单号或者《海关责令进口货物直接退运通知书》编号"+">"。办理固体废物直接退运手续的，填报 "固体废物，直接退运表××号/责令直接退运通知书××号"。

（6）保税监管场所进出货物，在"保税/监管场所"栏填报本保税监管场所编码（保税物流中心（B型）填报本中心的国内地区代码），其中涉及货物在保税监管场所间流转的，在本栏填报对方保税监管场所代码。

（7）涉及加工贸易货物销毁处置的，填报海关加工贸易货物销毁处置申报表编号。

（8）当监管方式为"暂时进出货物"（代码 2600）和"展览品"（代码 2700）时，填报要求如下：

① 根据《中华人民共和国海关暂时进出境货物管理办法》（海关总署令第233号，以下简称《管理办法》）第三条第一款所列项目，填报暂时进出境货物类别，如：暂进六，暂出九。

② 根据《管理办法》第十条规定，填报复运出境或者复运进境日期，期限应在货物进出境之日起6个月内，如：20180815 前复运进境，20181020 前复运出境。

③ 根据《管理办法》第七条，向海关申请对有关货物是否属于暂时进出境货物进行审核确认的，填报《中华人民共和国××海关暂时进出境货物审核确认书》编号，如：<ZS 海关审核确认书编号>，其中英文为大写字母；无此项目的，无须填报。

上述内容依次填报，项目间用"/"分隔，前后均不加空格。

④收发货人或其代理人申报货物复运进境或者复运出境的:货物办理过延期的,根据《管理办法》填报"货物暂时进/出境延期办理单"的海关回执编号,如:<ZS海关回执编号>,其中英文为大写字母;无此项目的,无须填报。

（9）跨境电子商务进出口货物,填报"跨境电子商务"。

（10）加工贸易副产品内销,填报"加工贸易副产品内销"。

（11）服务外包货物进口,填报"国际服务外包进口货物"。

（12）公式定价进口货物填报公式定价备案号,格式为:"公式定价"+备案编号+"@"。对于同一报关单下有多项商品的,如某项或某几项商品为公式定价备案的,则备注栏内填报为:"公式定价"+备案编号+"#"+商品序号+"@"。

（13）进出口与《预裁定决定书》列明情形相同的货物时,按照《预裁定决定书》填报,格式为:"预裁定+《预裁定决定书》编号"（例如:某份预裁定决定书编号为R-2-0100-2018-0001,则填报为"预裁定R-2-0100-2018-0001"）。

（14）含归类行政裁定报关单,填报归类行政裁定编号,格式为:"c"+四位数字编号,如c0001。

（15）已经在进入特殊监管区时完成检验的货物,在出区入境申报时,填报"预检验"字样,同时在"关联报检单"栏填报实施预检验的报关单号。

（16）进口直接退运的货物,填报"直接退运"字样。

（17）企业提供ATA单证册的货物,填报"ATA单证册"字样。

（18）不含动物源性低风险生物制品,填报"不含动物源性"字样。

（19）货物自境外进入境内特殊监管区或者保税仓库的,填报"保税入库"或者"境外入区"字样。

（20）海关特殊监管区域与境内区外之间采用分送集报方式进出的货物,填报"分送集报"字样。

（21）军事装备出入境的,填报"军品"或"军事装备"字样。

（22）申报HS为3821000000、3002300000的,属于下列情况的,填报要求为:属于培养基的,填报"培养基"字样;属于化学试剂的,填报"化学试剂"字样;不含动物源性成分的,填报"不含动物源性"字样。

（23）属于修理物品的,填报"修理物品"字样。

（24）属于下列情况的,填报"压力容器""成套设备""食品添加剂""成品退换""旧机电产品"等字样。

（25）申报HS为2903890020（入境六溴环十二烷）,用途为"其他（99）"的,填报具体用途。

（26）集装箱体信息填报集装箱号（在集装箱箱体上标示的全球唯一编号）、集装箱规格、集装箱商品项号关系（单个集装箱对应的商品项号,半角逗号分隔）、集装箱货重（集装箱箱体自重+装载货物重量,千克）。

（27）申报HS为3006300000、3504009000、3507909010、3507909090、3822001000、3822009000,不属于"特殊物品"的,填报"非特殊物品"字样。"特殊物品"定义见《出入境特殊物品卫生检疫管理规定》。

（28）进出口列入目录的进出口商品及法律、行政法规规定须经出入境检验检疫机构检验的其他进出口商品实施检验的，填报"应检商品"字样。

（29）申报时其他必须说明的事项。

33. 项号

该项分两行填报。第一行填报报关单中的商品顺序编号；第二行填报备案序号，专用于加工贸易及保税、减免税等已备案、审批的货物，填报该项货物在《加工贸易手册》或"征免税证明"等备案、审批单证中的顺序编号。有关优惠贸易协定项下报关单填制要求按照海关总署相关规定执行。其中第二行特殊情况填报要求如下：

（1）深加工结转货物，分别按照《加工贸易手册》中的进口料件项号和出口成品项号填报。

（2）料件结转货物（包括料件、制成品和未完成品折料），出口报关单按照转出《加工贸易手册》中进口料件的项号填报；进口报关单按照转进《加工贸易手册》中进口料件的项号填报。

（3）料件复出货物（包括料件、边角料），出口报关单按照《加工贸易手册》中进口料件的项号填报；如边角料对应一个以上料件项号时，填报主要料件项号。料件退换货物（包括料件、不包括未完成品），进出口报关单按照《加工贸易手册》中进口料件的项号填报。

（4）成品退换货物，退运进境报关单和复运出境报关单按照《加工贸易手册》原出口成品的项号填报。

（5）加工贸易料件转内销货物（以及按料件办理进口手续的转内销制成品、残次品、未完成品）填制进口报关单，填报《加工贸易手册》进口料件的项号；加工贸易边角料、副产品内销，填报《加工贸易手册》中对应的进口料件项号。如边角料或副产品对应一个以上料件项号时，填报主要料件项号。

（6）加工贸易成品凭"征免税证明"转为减免税货物进口的，应先办理进口报关手续。进口报关单填报"征免税证明"中的项号，出口报关单填报《加工贸易手册》原出口成品项号，进、出口报关单货物数量应一致。

（7）加工贸易货物销毁，填报《加工贸易手册》中相应的进口料件项号。

（8）加工贸易副产品退运出口、结转出口，填报《加工贸易手册》中新增成品的出口项号。

（9）经海关批准实行加工贸易联网监管的企业，按海关联网监管要求，企业需申报报关清单的，应在向海关申报进出口（包括形式进出口）报关单前，向海关申报"清单"。一份报关清单对应一份报关单，报关单上的商品由报关清单归并而得。加工贸易电子账册报关单中项号、品名、规格等栏目的填制规范比照《加工贸易手册》。

34. 商品编号

该项填报由10位数字组成的商品编号。前8位为《中华人民共和国进出口税则》和《中华人民共和国海关统计商品目录》确定的编码；9、10位为监管附加编号。

35. 商品名称及规格型号

该项分两行填报。第一行填报进出口货物规范的中文商品名称，第二行填报规格型号。具体填报要求如下：

（1）商品名称及规格型号应据实填报，并与进出口货物收发货人或受委托的报关企业所提交的合同、发票等相关单证相符。

（2）商品名称应当规范，规格型号应当足够详细，以能满足海关归类、审价及许可证件管理要求为准，可参照《中华人民共和国海关进出口商品规范申报目录》中对商品名称、规格型号的要求进行填报。

（3）已备案的加工贸易及保税货物，填报的内容必须与备案登记中同项号下货物的商品名称一致。

（4）对需要海关签发《货物进口证明书》的车辆，商品名称栏填报"车辆品牌+排气量（注明cc）+车型（如越野车、小轿车等）"。进口汽车底盘不填报排气量。车辆品牌按照《进口机动车辆制造厂名称和车辆品牌中英文对照表》中"签注名称"一栏的要求填报。规格型号栏可填报"汽油型"等。

（5）由同一运输工具同时运抵同一口岸并且属于同一收货人、使用同一提单的多种进口货物，按照商品归类规则应当归入同一商品编号的，应当将有关商品一并归入该商品编号。商品名称填报一并归类后的商品名称；规格型号填报一并归类后商品的规格型号。

（6）加工贸易边角料和副产品内销、边角料复出口，填报其报检状态的名称和规格型号。

（7）进口货物收货人以一般贸易方式申报进口属于《需要详细列名申报的汽车零部件清单》（海关总署2006年第64号公告）范围内的汽车生产件的，按以下要求填报：

① 商品名称填报进口汽车零部件的详细中文商品名称和品牌，中文商品名称与品牌之间用"/"相隔，必要时加注英文商业名称；进口的成套散件或者毛坯件应在品牌后加注"成套散件""毛坯"等字样，并与品牌之间用"/"相隔。

② 规格型号填报汽车零部件的完整编号。在零部件编号前应当加注"S"字样，并与零部件编号之间用"/"相隔，零部件编号之后应当依次加注该零部件适用的汽车品牌和车型。汽车零部件属于可以适用于多种汽车车型的通用零部件的，零部件编号后应当加注"TY"字样，并用"/"与零部件编号相隔。与进口汽车零部件规格型号相关的其他需要申报的要素，或者海关规定的其他需要申报的要素，如"功率""排气量"等，应当在车型或"TY"之后填报，并用"/"与之相隔。汽车零部件报验状态是成套散件的，应当在"标记唛码及备注"栏内填报该成套散件装配后的最终完整品的零部件编号。

（8）进口货物收货人以一般贸易方式申报进口属于《需要详细列名申报的汽车零部件清单》（海关总署2006年第64号公告）范围内的汽车维修件的，填报规格型号时，应当在零部件编号前加注"W"，并与零部件编号之间用"/"相隔；进口维修件的品牌与该零部件适用的整车厂牌不一致的，应当在零部件编号前加注"WF"，并与零部件编号之间用"/"相隔。其余申报要求同上条执行。

（9）品牌类型。品牌类型为必填项目。可选择"无品牌"（代码0）、"境内自主品牌"（代码1）、"境内收购品牌"（代码2）、"境外品牌（贴牌生产）"（代码3）、"境外品牌（其他）"（代码4）如实填报。其中，"境内自主品牌"是指由境内企业自主开发、拥有自主知识产权的品牌；"境内收购品牌"是指境内企业收购的原境外品牌；"境外品牌（贴牌生产）"是指境内企业代工贴牌生产中使用的境外品牌；"境外品牌（其他）"是指除代工贴牌生产以外使用的境外品牌。上述品牌类型中，除"境外品牌（贴牌生产）"仅用于出口外，其他类型均可用于进口和出口。

（10）出口享惠情况。出口享惠情况为出口报关单必填项目。可选择"出口货物在最终目的国（地区）不享受优惠关税""出口货物在最终目的国（地区）享受优惠关税""出口货物不能确定在最终目的国（地区）享受优惠关税"如实填报。进口货物报关单不填报该申报项。

（11）申报进口已获3C认证的机动车辆时，填报以下信息：

① 提运单日期。填报该项货物的提运单签发日期。

② 质量保质期。填报机动车的质量保证期。

③ 发动机号或电机号。填报机动车的发动机号或电机号，应与机动车上打刻的发动机号或电机号相符。纯电动汽车、插电式混合动力汽车、燃料电池汽车为电机号，其他机动车为发动机号。

④ 车辆识别代码（VIN）。填报机动车车辆识别代码，须符合国家强制性标准《道路车辆识别代号（VIN）》（GB 16735）的要求。该项目一般与机动车的底盘（车架号）相同。

⑤ 发票所列数量。填报对应发票中所列进口机动车的数量。

⑥ 品名（中文名称）。填报机动车中文品名，按《进口机动车辆制造厂名称和车辆品牌中英文对照表》（原质检总局2004年52号公告）的要求填报。

⑦ 品名（英文名称）。填报机动车英文品名，按《进口机动车辆制造厂名称和车辆品牌中英文对照表》（原质检总局2004年52号公告）的要求填报。

⑧ 型号（英文）。填报机动车型号，与机动车产品标牌上整车型号一栏相符。

（12）进口货物收货人申报进口属于实施反倾销反补贴措施货物的，填报"原厂商中文名称""原厂商英文名称""反倾销税率""反补贴税率"和"是否符合价格承诺"等计税必要信息。

格式要求为："|<><><><><>"。"|"、"<"和">"均为英文半角符号。第一个"|"为在规格型号栏目中已填报的最后一个申报要素后系统自动生成或人工录入的分割符（若相关商品税号无规范申报填报要求，则需要手工录入"|"），"|"后面5个"<>"内容依次为"原厂商中文名称""原厂商英文名称（如无原厂商英文名称，可填报以原厂商所在国或地区文字标注的名称，具体可参照商务部实施贸易救济措施相关公告中对有关原厂商的外文名称写法）""反倾销税率""反补贴税率""是否符合价格承诺"。其中，"反倾销税率"和"反补贴税率"填写实际值，如税率为30%，填写"0.3"。"是否符合价格承诺"填写"1"或者"0"，"1"代表"是"，"0"代表"否"。填报时，5个"<>"不可缺项，如第3、4、5项"<>"中无申报事项，相应的"<>"中内容可以为空，但"<>"需要保留。

36. 数量及单位

该项分三行填报。

（1）第一行按进出口货物的法定第一计量单位填报数量及单位。法定计量单位以《中华人民共和国海关统计商品目录》中的计量单位为准。

（2）凡列明有法定第二计量单位的，在第二行按照法定第二计量单位填报数量及单位。无法定第二计量单位的，第二行为空。

（3）成交计量单位及数量填报在第三行。

（4）法定计量单位为"千克"的数量填报，特殊情况下填报要求如下：

① 装入可重复使用的包装容器的货物，按货物扣除包装容器后的重量填报，如罐装同位素、罐装氧气及类似品等。

② 使用不可分割包装材料和包装容器的货物，按货物的净重填报（即包括内层直接包装的净重重量），如采用供零售包装的罐头、药品及类似品等。

③ 按照商业惯例以公量重计价的商品，按公量重填报，如未脱脂羊毛、羊毛条等。

④ 采用以毛重作为净重计价的货物，可按毛重填报，如粮食、饲料等大宗散装货物。

⑤ 采用零售包装的酒类、饮料、化妆品，按照液体/乳状/膏状/粉状部分的重量填报。

（5）成套设备、减免税货物如需分批进口，货物实际进口时，按照实际报检状态确定数量。

（6）具有完整品或制成品基本特征的不完整品、未制成品，根据《商品名称及编码协调制度》归类规则按完整品归类的，按照构成完整品的实际数量填报。

（7）已备案的加工贸易及保税货物，成交计量单位必须与《加工贸易手册》中同项号下货物的计量单位一致，加工贸易边角料和副产品内销、边角料复出口，填报其报验状态的计量单位。

（8）优惠贸易协定项下进出口商品的成交计量单位必须与原产地证书上对应商品的计量单位一致。

（9）法定计量单位为立方米的气体货物，折算成标准状况（即摄氏零度及1个标准大气压）下的体积进行填报。

37. 单价/总价/币值

单价填报同一项号下进出口货物实际成交的商品单位价格。无实际成交价格的，填报单位货值。

总价填报同一项号下进出口货物实际成交的商品总价格。无实际成交价格的，填报货值。

币值按海关规定的《货币代码表》选择相应的货币名称及代码填报，如《货币代码表》中无实际成交币种，需将实际成交货币按申报日外汇折算率折算成《货币代码表》列明的货币填报。

38. 原产国（地区）

原产国（地区）依据《中华人民共和国进出口货物原产地条例》《中华人民共和国海关关于执行〈非优惠原产地规则中实质性改变标准〉的规定》以及海关总署关于各项优惠贸易协定原产地管理规章规定的原产地确定标准填报。同一批进出口货物的原产地不同的，分别填报原产国（地区）。进出口货物原产国（地区）无法确定的，填报"国别不详"。

按海关规定的《国别（地区）代码表》选择填报相应的国家（地区）名称及代码。

39. 最终目的国（地区）

最终目的国（地区）填报已知的进出口货物的最终实际消费、使用或进一步加工制造国家（地区）。不经过第三国（地区）转运的直接运输货物，以运抵国（地区）为最终目的国（地区）；经过第三国（地区）转运的货物，以最后运往国（地区）为最终目的国（地区）。同一批进出口货物的最终目的国（地区）不同的，分别填报最终目的国（地区）。进出口货物不能确定最终目的国（地区）时，以尽可能预知的最后运往国（地区）为最终目的国（地区）。

按海关规定的《国别（地区）代码表》选择填报相应的国家（地区）名称及代码。

40. 境内目的地/境内货源地

境内目的地填报已知的进口货物在国内的消费、使用地或最终运抵地,其中最终运抵地为最终使用单位所在的地区。最终使用单位难以确定的,填报货物进口时预知的最终收货单位所在地。

境内货源地填报出口货物在国内的产地或原始发货地。出口货物产地难以确定的,填报最早发运该出口货物的单位所在地。

海关特殊监管区域、保税物流中心(B型)与境外之间的进出境货物,境内目的地/境内货源地填报本海关特殊监管区域、保税物流中心(B型)所对应的国内地区。

按海关规定的《国内地区代码表》选择填报相应的国内地区名称及代码。境内目的地还需根据《中华人民共和国行政区划代码表》选择填报其对应的县级行政区名称及代码。无下属区县级行政区的,可选择填报地市级行政区。

41. 征免

该项按照海关核发的"征免税证明"或有关政策规定,对报关单所列每项商品选择海关规定的《征减免税方式代码表》中相应的征减免税方式填报。

加工贸易货物报关单根据《加工贸易手册》中备案的征免规定填报;《加工贸易手册》中备案的征免规定为"保金"或"保函"的,填报"全免"。

42. 特殊关系确认

根据《中华人民共和国海关审定进出口货物完税价格办法》(以下简称《审价办法》)第十六条,填报确认进出口行为中买卖双方是否存在特殊关系,有下列情形之一的,应当认为买卖双方存在特殊关系,应填报"是",反之则填报"否":

(1)买卖双方为同一家族成员的。

(2)买卖双方互为商业上的高级职员或者董事的。

(3)一方直接或者间接地受另一方控制的。

(4)买卖双方都直接或者间接地受第三方控制的。

(5)买卖双方共同直接或者间接地控制第三方的。

(6)一方直接或者间接地拥有、控制或者持有对方5%以上(含5%)公开发行的有表决权的股票或者股份的。

(7)一方是另一方的雇员、高级职员或者董事的。

(8)买卖双方是同一合伙的成员的。

买卖双方在经营上相互有联系,一方是另一方的独家代理、独家经销或者独家受让人,如果符合前款的规定,也应当视为存在特殊关系。

出口货物免予填报,加工贸易及保税监管货物(内销保税货物除外)免予填报。

43. 价格影响确认

根据《审价办法》第十七条,填报确认纳税义务人是否可以证明特殊关系未对进口货物的成交价格产生影响,纳税义务人能证明其成交价格与同时或者大约同时发生的下列任何一款价格相近的,应视为特殊关系未对成交价格产生影响,填报"否",反之则填报"是":

(1)向境内无特殊关系的买方出售的相同或者类似进口货物的成交价格。

(2)按照《审价办法》第二十三条的规定所确定的相同或者类似进口货物的完税价格。

(3) 按照《审价办法》第二十五条的规定所确定的相同或者类似进口货物的完税价格。

出口货物免予填报，加工贸易及保税监管货物（内销保税货物除外）免予填报。

44．支付特许权使用费确认

根据《审价办法》第十一条和第十三条，填报确认买方是否存在向卖方或者有关方直接或者间接支付与进口货物有关的特许权使用费，且未包括在进口货物的实付、应付价格中。

买方存在需向卖方或者有关方直接或者间接支付特许权使用费，且未包含在进口货物实付、应付价格中，并且符合《审价办法》第十三条的，在"支付特许权使用费确认"栏目填报"是"。

买方存在需向卖方或者有关方直接或者间接支付特许权使用费，且未包含在进口货物实付、应付价格中，但纳税义务人无法确认是否符合《审价办法》第十三条的，填报"是"。

买方存在需向卖方或者有关方直接或者间接支付特许权使用费且未包含在实付、应付价格中，纳税义务人根据《审价办法》第十三条，可以确认需支付的特许权使用费与进口货物无关的，填报"否"。

买方不存在向卖方或者有关方直接或者间接支付特许权使用费的，或者特许权使用费已经包含在进口货物实付、应付价格中的，填报"否"。

出口货物免予填报，加工贸易及保税监管货物（内销保税货物除外）免予填报。

45．自报自缴

进出口企业、单位采用"自主申报、自行缴税"（自报自缴）模式向海关申报时，填报"是"；反之则填报"否"。

46．申报单位

自理报关的，填报进出口企业的名称及编码；委托代理报关的，填报报关企业名称及编码。编码填报18位法人和其他组织统一社会信用代码。

报关人员填报在海关备案的姓名、编码、电话，并加盖申报单位印章。

47．海关批注及签章

该项供海关作业时签注。

报关单录入凭单：申报单位按报关单的格式填写的凭单，用作报关单预录入的依据。该凭单的编号规则由申报单位自行决定。

预录入报关单：预录入单位按照申报单位填写的报关单凭单录入、打印，由申报单位向海关申报，海关尚未接受申报的报关单。

报关单证明联：海关在核实货物实际进出境后按报关单格式提供的，用作进出口货物收发货人向国税、外汇管理部门办理退税和外汇核销手续的证明文件。

六、进出口税费核算

进出口税费是指进出口环节中由海关征收的关税、消费税、增值税等税费。

进出口税费征纳的法律依据主要是《中华人民共和国海关法》《中华人民共和国进出口关税条例》以及其他有关法律和行政法规。对进出口货物征收关税及其他税费是国家运用经济手段来调节进出口货物数量的基本方法。

(一)进口关税

进口关税是指一国(地区)海关对进入其境内的货物和物品征收的关税,这是关税中最主要的一种。以是否按照税则税率征收税款,可将进口关税分为正税和附加税。

1. 正税

正税是指按照《进出口税则》中的进口税率征收的关税,具有规范性、相对稳定性的特点。正税包括以下几类:

(1)从价税。

从价税是指以货物、物品的价格作为计税标准,以应征税额占货物价格的百分比为税率,价格和税额成正比例关系的关税。我国对进出口货物征收关税主要采用从价税计税标准。

(2)从量税。

从量税是指以货物和物品的计量单位(如重量、数量、容量等)作为计税标准,按每一计量单位应征税额征收的关税。

我国目前对冻整鸡及鸡产品、啤酒、石油原油、胶片等进口商品征收从量税。

(3)复合税。

复合税是指在《进出口税则》中,一个税目中的商品同时使用从价、从量两种标准计税,计税时按两者之和作为应征税额征收的关税。

我国目前对广播级磁带录像机、其他磁带录像机、磁带放像机、非特种用途广播级电视摄像机及其他电视摄像机等进口商品征收复合关税,对旺季期间出口肥料(如尿素及其他氮肥、磷酸氢二铵等)征收复合关税。

(4)滑准税。

滑准税是指在《进出口税则》中预先按产品的价格高低档指定若干不同的税率,然后根据进口商品加工的变动而增减进口税率的一种关税。当商品价格上涨时采用较低税率,当商品价格下跌时则采用较高税率,其目的是使该种商品的国内市场加工保持稳定。我国目前对关税配额外进口的一定数量的棉花实行滑准税。

2. 附加税

附加税是指国家出于特定需要,对进口货物除征收关税正税之外另行征收的关税,一般具有临时性特点。附加税包括以下几类:

(1)反倾销税。

反倾销税是指为抵制外国商品倾销进口,保护国内相关产业而征收的一种进口附件税,即在倾销商品进口时除征收进口关税外,另外加征反倾销税。

(2)反补贴税。

反补贴税是指抵消进口商品在制造、生产和输出时直接或间接接受的任何奖金或补贴而征收的附加税,即在补贴商品进口时除征收进口关税外,另外加征反补贴税。

(3)保障措施关税。

保障措施关税是指因进口产品数量增加,并对生产同类产品或直接竞争产品的国内产业造成严重损害或严重威胁而征收的关税,分为临时性保障措施关税和最终保障措施关税两类。

（4）报复性关税。

报复性关税是指当他国对本国出口货物有不利或歧视性待遇时，对从该国进口的货物予以报复而征收的一种附加税。

（二）进口环节海关代征税

进口货物、物品在办理海关手续放行后，进入国内流通领域，与国内流通领域，与国内货物同等对待，需缴纳应征的国内税。进口货物、物品的国内税依法由海关在进口环节征收。目前，进口环节海关代征税主要有增值税、消费税两种。

增值税是以商品的生产、流通和劳动服务各个环节所创造的新增价值为课税对象的一种流转税。消费税是以消费品或消费行为的流转额作为课税对象而征收的一种流转税。

（三）出口关税

出口关税是指一国（地区）海关以出境货物、物品为课税对象所征收的关税。

为鼓励出口，世界各国一般不征收出口关税或仅少数商品征收出口关税。征收出口关税的主要目的是限制和调控某些商品的过度、无序出口，特别是防止本国一些重要自然资源和原材料的无序出口。目前我国主要对资源性、高耗能性商品征收出口关税。

（四）滞报金

按照规定，进口货物应自装载货物的运输工具申报进境之日起14日内向海关申报，未按规定期限向海关申报的，由海关自起征日之日起，至海关接受申报之日止，按日征收相应货物完税加收万分之五的滞报金。

（五）滞纳金

按照规定，关税、进口环节增值税、进口环节消费税的纳税义务人或其代理人，应当自海关填发税款缴款书之日起15日内向指定银行缴纳税款。逾期缴纳税款的，由海关自缴款期限届满之日起至缴清税款之日止，按日征收晚于规定期限缴纳税款万分之五的滞纳金。

（六）担保

根据《海关事务担保条例》规定，进出口通关环节，进出口单位为申请提前放行货物及申请办理特定海关业务时可办理担保手续。具体可采取交付担保资金或保证函的形式，其金额不超过可能承担的最高税款总额。

（七）进出口关税核算的步骤

进出口关税核算的步骤主要有3个：确定完税价格；选择适用税率；按照公式计算税款。

1. 确定完税价格

我国海关征收进出口税费主要以从价税为基础进行计算，即主要以货物的价格为基础确定纳税义务人需向海关缴纳的税款。按照一定的法律规范和判断标准确定进出口货物完税加工（即海关在计税关税时使用的计税价格）十分重要，这是进行税费核算的首要步骤。

2. 选择适用税率

目前，世界各国关税大多采用复式税率设置，即针对同一税则号列（商品编码）货物存在不同关税税率。这主要是原产国差异、国家税收政策等因素导致的。

适用税率的确定与商品归类、货物原产国关系十分密切，只有在准确核定进出口货物商品归类、货物原产地的基础上，才能运用税率适用的相关规定选择确定最为适合的计征税率。适用税率的确定是进行税费核算的第二步。

（1）确定商品归类。

按照归类原则，将应税货物归入恰当的税则号列。

（2）确定货物原产地。

目前，世界主要国家关税税则均为复式关税税则，同一税则号列商品因原产地不同税率也可能不同，确定货物原产地是税率选择适用的重要条件。

（3）运用税率适用规则最终确定计征税率。

在进出口货物商品归类及原产地已经明确的基础上，按照税率适用的规定最终确定计税税率。

3. 按照公式准确计算税款

在完税加工、税率等关键要素确定无误的情况下，按照规定的计算公式进行准确计算，是进口关税核算的最后步骤，也是核心所在。计算公式如下：

$$应纳关税税额 = 完税价格 \times 进口关税税率$$

出口关税、进口环节代征税及附加税的核算步骤基本同进口关税，在确定完税加工、税率后按照规定的计算顺序及公式进行计算即可。

担保资金核算的基本步骤与进出口税款的核算步骤一致。

（八）滞报金核算的基本步骤

滞纳金核算的最关键步骤是滞报期间的确定，其次是进口货物完税价格的核定。滞报金的征收，以自运输工具申报进境之日起第15日为起征日，以海关接受申报之日为截止日。起征日和截止日均计入滞报期间。滞纳期间及完税价格确定后，按照滞报金的计算公式准确进行计算。计算公式如下：

$$滞报金额 = 进口货物完税价格 \times 0.5‰ \times 滞报期间（滞报天数）$$

（九）滞纳金核算的基本步骤

滞纳金核算的最关键步骤是期间的确定，海关征收滞纳金自缴款期限届满之日起，至纳税义务人缴清税款之日止，按日征收滞纳税款万分之五的滞纳金。滞纳期间确定后，按照滞纳金的计算公式准确进行计算。计算公式如下：

关税滞纳金金额＝滞纳关税税额×0.5‰×滞纳天数

进口环节海关代征税滞纳金金额＝滞纳进口环节海关代征税税额×0.5‰×滞纳天数

七、关单

关单，即"出口货物装货单"，也叫"场站收据"，俗称"落船纸""下货纸""下纸单"。装货单是接受托运人提出装运申请的船公司，签给托运人的命令，船长将货物装船的单据。作为装船的依据，装货单是货主向海关办理出口货物申报手续的单据，又叫关单。同时是托运人办妥货物托运的证明，船公司通知船方接受装运货物指示文件。

下货纸是托运的时候给船公司的，海关放行后船公司凭以命令装船的依据。报关的时候也要用下货纸。

八、列举报关所需文件

报关委托书（原件和原章）、报关草单（利于方便告诉税号）、出口收汇核销单、合同原件、发票原件、箱单原件、下货纸、出口货物通关单、加工贸易手册（加工贸易）、一批一证或非一批一证。

任务二　货物运输

【学习目标】

学习货物运输相关知识。

一、选择集装箱

学习项目三案例一中选择集装箱时，首先考虑限重，再考虑尺寸规格。

西服外包装的体积为 $1 \times 0.5 \times 0.27 = 0.135$（立方米），运输总数量是 207 箱，最后所得数据为：$0.135 \times 207 = 27.945$（立方米）。装一个 20 尺的集装箱正好。

（一）集装箱的尺寸

集装箱的尺寸按集装箱内部的最大长、宽、高尺寸计，高度为箱底板面至箱顶板最下面的距离，宽度为两内侧衬板之间的距离，长度为箱门内侧板面至端壁内衬板之间的距离。它决定了集装箱内容积和箱内货物的最大尺寸。

国际上通常使用的干货柜（Drycontainer）有以下尺寸：

（1）20 英尺[①] × 8 英尺 × 8 英尺（6 英寸），简称 20 尺货柜（内径：5 898 毫米 × 2 352 毫米 × 2 390 毫米）。

（2）40 英尺 × 8 英尺 × 8 英尺（6 英寸），简称 40 尺货柜（内径：12 024 毫米 × 2 352 毫米 × 2 390 毫米）。

40 尺高柜：40 英尺 × 8 英尺 × 9 英尺（6 英寸）。内容积为：$11.8 \times 2.34 \times 2.68$ 米，配货毛重一般为 26 吨，体积为 68 立方米。

45 尺高柜：内容积为：13.58 米 × 2.34 米 × 2.68 米，配货毛重一般为 29 吨，体积为 86 立方米。

20 尺开顶柜：内容积为 5.89 米 × 2.32 米 × 2.31 米，配货毛重 20 吨，体积 31.5 立方米。

40 尺开顶柜：内容积为 12.01 米 × 2.33 米 × 2.15 米，配货毛重 30.4 吨，体积 65 立方米。

20 尺平底货柜：内容积 5.85 米 × 2.23 米 × 2.15 米，配货毛重 23 吨，体积 28 立方米。

40 尺平底货柜：内容积 12.05 米 × 2.12 米 × 1.96 米，配货毛重 36 吨，体积 50 立方米。

（二）集装箱拼箱流转程序

（1）发货人自己负责将货物运至集装箱货运站；

---

① 1 英尺 = 0.304 8 米，1 英寸 = 2.54 厘米，1 尺 = 0.333 3 米。

（2）集装箱货运站负责备箱、配箱、装箱；
（3）集装箱货运站负责将装载的集装箱货物运至集装箱码头；
（4）根据堆场计划将集装箱暂存堆场，等待装船；
（5）根据装船计划，将集装箱货物装上船舶；
（6）通过海上运输，将集装箱货物运抵卸船港；
（7）根据卸船计划，从船上卸下集装箱货物；
（8）根据堆场计划在堆场内暂存集装箱货物，等待货运站前来提货；
（9）集装箱货运站掏箱交货；
（10）集装箱空箱回运。

（三）集装箱整箱流转程序

（1）发货人在自己工厂或仓库货装箱地点配置集装箱；
（2）发货人在自己工厂或仓库货装箱地点配箱、装箱；
（3）通过内陆运输，将集装箱货物运至集装箱码头；
（4）根据堆场计划在堆场内暂存集装箱货物，等待装船；
（5）根据装船计划，将集装箱货物装上船舶；
（6）通过海上运输，将集装箱货物运抵卸船港；
（7）根据卸船计划，从船上卸下集装箱货物；
（8）根据堆场计划在堆场内暂存集装箱货物，等待收货人前来提货；
（9）通过内陆运输，将集装箱货物运至收货人工厂和仓库；
（10）收货人在自己工厂和仓库掏箱地点掏箱；
（11）集装箱空箱回运。

（四）集装箱货运的交接方式

Full Container Load（FCL）：整柜；
Less than Container Load（LCL）：零担货物。

（1）整箱交，整箱接（FCL/FCL）：货主在工厂或仓库把装满货后的整箱交给承运人，收货人在目的地以同样整箱接货，换言之，承运人以整箱为单位负责交接。货物的装箱和拆箱均由货方负责。

（2）拼箱交、拆箱接（LCL/LCL）：货主将不足整箱的小票托运货物在集装箱货运站或内陆转运站交给承运人，由承运人负责拼箱和装箱（Stuffing，Vanning）运到目的地货站或内陆转运站，由承运人负责拆箱（Unstuffing，Devantting），拆箱后，收货人凭单接货。货物的装箱和拆箱均由承运人负责。

（3）整箱交，拆箱接（FCL/LCL）：货主在工厂或仓库把装满货后的整箱交给承运人，在目的地的集装箱货运站或内陆转运站由承运人负责拆箱后，各收货人凭单接货。

（4）拼箱交，整箱接（LCL/FCL）：货主将不足整箱的小票托运货物在集装箱货运站或内陆转运站交给承运人。由承运人分类调整，把同一收货人的货集中拼装成整箱，运到目的地后，承运人以整箱交，收货人以整箱接。

上述各种交接方式中，整箱交、整箱接的效果最好，也最能发挥集装箱的优势。

（五）集装箱货物交接地点

集装箱货物的交接，根据贸易条件所规定的交接地点不同一般分为以下方式：

（1）门到门（Door to Door）：从发货人工厂或仓库至收货人工厂或仓库。

（2）门到场（Door to CY）：从发货人工厂或仓库至目的地或卸箱港的集装箱堆场。

（3）门到站（Door to CFS）：从发货人工厂或仓库至目的地或卸箱港的集装箱货运站。

（4）场到门（CY to Door）：从起运地或装箱港的集装箱堆场至收货人工厂或仓库。

（5）场到场（CY to CY）：从起运地或装箱港的堆场至目的地或卸箱港的集装箱堆场。

（6）场到站（CY to CFS）：从起运地或装箱港的集装箱堆场至目的地或卸箱港的集装箱货运站。

（7）站到门（CFS to Door）：从起运地或装箱港的集装箱货运站至收货人工厂或仓库。

（8）站到场（CFS to CY）：从起运地或装箱港的集装箱货运站至目的地或卸箱港的集装箱堆场。

（9）站到站（CFS to CFS）：从起运地或装箱港的集装箱货运站至目的地或卸箱港的集装箱货运站。

（六）集装箱交接方式

以上9种交接方式，进一步可归纳为以下4种方式：

（1）门到门：这种运输方式的特征是，在整个运输过程中，完全是集装箱运输，并无货物运输，故最适宜于整箱交、整箱接。

（2）门到场站：这种运输方式的特征是，由门到场站为集装箱运输，由场站到门是货物运输，故适宜于整箱交、拆箱接。

（3）场站到门：这种运输方式的特征是，由门至场站是货物运输，由场站至门是集装箱运输，故适宜于拼箱交、整箱接。

（4）场站到场站：这种运输方式的特征是，除中间一段为集装箱运输外，两端的内陆运输均为货物运输，故适宜于拼箱交、拆箱接。

二、订舱

出口货物订舱委托书如图4-5所示。

（一）查看客户货运委托书的要点

不管是否有委托协议，对于每单业务而言，货主一般都会给货代发海运出口代理委托书，即构成这单业务的委托凭证。业务员接到委托书后需明确的重点信息如下：

1. 装运期限、装运港、目的港

这些信息直接影响货代应订舱的航线船期，班轮的开航日期不应晚于客户要求的装运船期。

出口货物订舱委托书

SHIPPER：（托运人）			
CONSIGNEE：（收货人）			
NOTIFY PARTY：（通知人）			
Vessel/Voy：（船名/航次）	Port of loading：（装运港）	Port of discharge：（卸货港）	Port of delivery：（目的港）
Marks（唛头）	PKG（件数）	Description of goods（货名及规格）	G.W.（毛重）	CBM（体积）
TOTAL				

委托我司拖车 YES（　） NO（　）　　委托我司报关 YES（　） NO（　）

拖车地点/时间/联系人

柜型		运费支付方式	预付（　）	可否中转	可（　）
柜量			到付（　）		否（　）

1. 本公司有责任有义务配合委托人及船公司处理好运输环节中的各项事宜，但对船期延时抵港、延时开船、爆舱甩柜、中转、报关延误等非本公司所能控制的一切责任和费用不负担赔偿。
2. 我司按照代理协议（合同）规定或本委托的指示负责办理委托事项。在委托人授权范围内行事，因托运人指示或资料提供不清、不当、延误而造成的损失与责任概由委托人负责。
3. 在运输环节中，由于各种非我司原因而产生的额外费用（如查柜、改船、超期、压车、放空等）一律实报实销。
4. 订舱人保证所提供资料全部属实，若有不符，订舱人将承担由此所产生的全部法律责任和经济责任，承运人不承担任何相关责任。

订舱人签章：
　　　年　月　日

图 4-5　订舱委托书

2. 品名、毛重、件数、尺码、箱型、箱量

从货物的品名判断货物的性质，进而判断在运输中有无特殊要求，这会影响订舱、报价、选箱、装载等一系列工作。货物的毛重、尺码会影响集装箱预配，进而影响向船公司预订的集装箱型号、数量和报价。

3. 运费及支付时间

客户付费方式一般与使用的贸易术语有关，C 组术语常为运费预付，F 组术语常为运费到付，但是因承运人较为强势，很少接受到付。因此，实际操作中多采取船公司提单预付、货代提单到付。

4. 特约服务内容

（1）出口装箱：即客户委托货代装集装箱而不是自己装集装箱（实际操作中，货主自装集装箱的情况较少）。需在委托书中注明到门装箱（即派车拉空箱到客户工厂或仓库所在地装箱，再将重箱送至港口码头堆场，也称产地装箱）或内装箱（即由客户将货物送至货代指定地点装箱）。

（2）代理报关、报检、海运保险等。

（二）操作流程

李冬确认王鹏填制的订舱委托书信息后，紧接着向宁波船务代理公司进行订舱。李冬仔细填写了场站收据十联单，并通过 E-mail 方式将单证信息传给宁波外轮船务代理公司，委托它们代为订舱。

为了方便，在集装箱运输业务中，我国大部分港口一般规定统一使用场站收据十联单。货代公司缮制十联单，第一联留底，其余九联送交船务代理公司订舱，其作用相当于订舱单。

船务代理公司接受订舱后，在场站收据联单上加填船名、航次及编号（此编号俗称关单号，与该批货物的提单号基本保持一致），并在第五联装货单上盖章，表示订舱确认，然后将第二至四联留存，第五至第十联全部退还货代公司。

至此，李冬的订舱任务完成。

三、班轮运输

（一）班轮运输的概念

班轮运输，又称"提单运输"，是指托运人将一定数量的货物交由作为承运人的轮船公司，轮船公司按固定航线，沿线停靠在固定的港口，按固定船期、固定运费进行的国际海上货物运输。班轮运输多用于运输量少、货价高、交接港分散的货物，是海上货物运输中使用最为广泛的一种方式。轮船公司或其代理人在接受交付托运的货物后签发提单，提单是班轮运输合同的形式和证据。

（二）班轮运输的特点

班轮运输的特点是"四固定""一负责"，具体阐述如下：

（1）具有"四固定"的特点，即是固定航线、固定港口、固定船期和相对固定的费率。这是班轮运输的最基本特征。

（2）班轮运价内包括装卸费用，即货物由承运人负责配载装卸，承托双方不计滞期费和速遣费，也不规定装卸时间。

（3）承运人对货物负责的时段是从货物装上船起，到货物卸下船止，即"船舷至船舷"（Rail to Rail）或"钩至钩"（Tackle to Tackle）。

（4）承运双方的权利义务和责任豁免以签发的提单为依据，并受统一的国际公约的制约。

（5）班轮运输面向大量的货主，单个货主所托运的货物数量不多，但通过班轮运输的货物，在海上运输中往往价值较高。

（三）班轮运输的作用

（1）有利于一般杂货和不足整船的小额贸易货物的运输。班轮只要有舱位，不论数量多少、挂港多少、直运或转运都可接受承运。

（2）由于"四固定"的特点，时间有保证，运价固定，为贸易双方洽谈价格和装运条件提供了方便，有利于开展国际贸易。

（3）班轮运输长期在固定航线上航行，有固定设备和人员，能够提供专门的、优质的服务。

（4）由于事先公布船期、运价费率，有利于贸易双方达成交易，减少磋商内容。

（5）手续简单，货主方便。由于承运人负责装卸和理舱，托运人只要把货物交给承运人即可，省心省力。

（四）基本港

基本港是班轮运输中固定航线上固定挂靠的港口，具有效率高、装备全、费用低的特点。班轮一般只在基本港挂靠、装卸货物，需要班轮在非基本港卸货一般须付直航附加费。

（五）班轮运输单据

1. 托运单（B/N）

托运单是指货主或货代向船代或班轮公司提出要约。

船代或船方签发"装货单"，是船代或船方对货方的承诺，运输合同即告达成。

    要约＋承诺＝合同成立

提单是运输合同的证明文件，但不是合同本身。装货单和托运单都是运输合同的重要组成部分，两者缺一不可。

2. 装运单（S/O）

装运单是船运公司承诺运载货物的证明文件。装运单一经签发，运输合同即告成立，船、货双方都应受到约束。

装运单是向海关办理报关的依据。它在"第二联"，也叫"关单"。

装运单也是船方对船长下达接收货物装船的命令。

3. 收货单

收货单即是"大副收据"M/R。它的作用主要体现在以下两个方面：

（1）证明承运人已经收到货物，而且已经装船是划分船货双方责任的重要依据。

（2）它是托运人据以向船方代理人或船长换取正本"已装船提单"的凭证。

4. 提单

提单是指一种用以证明海上货物运输合同成立和货物已由承运人接管或装船，以及承运人据以保证至目的港交付货物的单证。

5. 提货单（Delivery Order，D/O）

提货单是目的港的船代向持有提单的货主签发的提货单据，也叫小提单。

6. 理货单（Tally Sheet）

理货单是指在装船时，理货员根据船方或托运人的委托对货物进行理货点数后所出具的明细单。如发现货物外包装表面有残损、破裂、渗漏等缺陷、瑕疵或标志不清时，理货员在理货单上均需详细批注。

四、运费计算

（一）班轮运费的构成

班轮运费包括基本运费和附加运费两部分。

基本运费是指对任何一种托运货物计收的运费，是整个运费的主要构成部分。

普通货物的基本运输是指在正常运输条件下，运到基本港的费用，是根据基本运价和计费吨计算得出的。基本运价按航线上基本港之间的运价给出，是计算班轮运费的基础。

附加运费，是指在基本运费的基础上，根据各种具体情况，为了补偿船方的额外支出或器材消耗，而需要加收的费用。

班轮公司除收取运价表中规定的基本运费外，还要根据货物种类或不同的服务内容，视不同情况增收不同的附加运费，以弥补基本运费的不足。附加运费可以按每一计费吨（或计费单位）加收，也可按基本运费（或其他规定）的一定比例计收。

常见的附加费如下：

（1）燃油附加费（Bunker Adjustment Factor，BAF；Bunker Surcharge，BS）
（2）货币贬值附加费（Currency Adjustment Factor，CAF）；
（3）港口附加费（Port Additional）；
（4）港口拥挤附加费（Port Congestion Surcharge）；
（5）转船附加费（Transshipment Additional）；
（6）超长附加费（Long Length Additional）；
（7）超重附加费（Heavy Lift Additional）；
（8）直航附加费（Direct Additional）；
（9）选港附加费（Optional Surcharge）；
（10）绕航附加费（Deviation Surcharge）。

（二）班轮运费的计算标准

班轮运费的计算标准是指计算运费时使用的计算单位。班轮运费的计收中涉及的基本概念有运费吨、起码运费等。

运费吨，是计算运费的一种特定的计费单位。通常取重量和体积中相对值较大的为计费标准，以便对船舶载重量和舱容的利用给予合理的费用支付。

如：100个纸箱包装的纸制品，重1.2吨，体积为15立方米，它的运费吨则按（15＞1.2）15吨计算。而100箱的铁钉，重9吨，体积为2.6立方米，它的运费吨则按9吨计算。

起码运费（Minimum Rate/Minimum Freight），也称起码提单，指以一份提单为单位最少收取的运费。承运人为维护自身的最基本收益，对小批量货物收取起码运费，用以补偿其最基本的装卸、整理、运输等操作过程中的成本支出。

件杂货和拼箱货一般以1运费吨为起码运费标准，最高不超过5运费吨；有的以提单为单位收取起码运费,按提单为标准收取起码运费后不再加收其他附加费。

班轮运输中,主要使用的计费标准是按容积和重量计算运费。但对于贵重商品,则按货物价格的某一百分比计算运费,而对于某些特定的商品也可能按其某种包装状态的件数计算运费。

某些商品则按实体个数或件数计算运费,如活牲畜按"每头"(Per Head)计收,车辆按"每辆"(Per Unit)计收,以及按承运人与托运人双方临时议定的费率计收运费。

承运人制定的运价表中具体规定了各种不同商品的计算运费标准。

(1)按货物的毛重(重量吨,W)计收运输费用。贸易中是以净重付货款。这一点与运输按毛重计收不同,要区别开。

例如:100吨货,从上海运到新加坡,运费率为每吨50港币。其基本运费为多少?

解:$50 \times 100 = 5\,000$(港币)

(2)按货物的体积(尺码吨,M)计收。以重量吨计收的货物叫重货;以尺码吨计收的货物叫轻泡货。另外,有的也按积载系数计收运费。

积载系数是指装运货物的重量同体积的比率数。

例如:某货物共150件,每件尺码为长60厘米,宽40厘米,高20厘米。1立方米为1尺码吨。这批货物从上海运到新加坡,每尺码吨费率为70港币。求这批货物的运费。

解:基本运费 $= 150 \times 0.6 \times 0.4 \times 0.2 \times 70 = 504$(港币)

(3)按货物的FOB总值(A.V.)计收。一般按FOB货价的百分之几计算,通常是1%~5%,适用于高值货物,简称从价运费。

例如:某工艺品一批,FOB价值50万美元,由上海到伦敦,从价运费率为2%。其基本运费为多少?

解:$50 \times 2\% = 1$(美元)

(4)按货物重量或尺码从高计收(W/M)。

例如:如果货物体积为18立方米,重量为20吨,假定每尺码吨或重量吨的运费为1美元,按W/M计收运费,应为多少?

解:按"W"算,运费为 $20 \times 1 = 20$(美元)

按"M"算,运费为 $18 \times 1 = 18$(美元)

由于W>M,所以基本运费为20美元。

(5)按货物的重量、尺码或价值三者从高计收(W/M or A.V.)。

(6)按货物重量或者尺码选择其高者,再加上从价运费计收(W/M plus A.V.)。

例如:某货物按运价表规定以W/M Plus A.V.计费。以1立方米体积或1吨重量为1运费吨。由甲地至乙地的运费率为每运费吨25美元加1.5%(US$25 PLUS 1.5%)。现装运货物体积为4立方米,毛重为3.6吨,其FOB价值为8 000美元。求其基本运费。

解:按"W"计算,基本运费为:$25 \times 3.6 = 90$(美元)

按"M"计算,基本运费为:$25 \times 4 = 100$(美元)

"W/M"为100美元。

"A.V"为:$8000 \times 1.5\% = 120$(美元)

"W/M Plus A.V."为:$100 + 120 = 220$(美元)

（7）按每件货物作为一个计费单位收费。如汽车、火车头按辆；活牲畜如牛、羊等按头（Per Head）计费。

（8）临时议定运价：大宗低值货物，如粮食、豆类、煤炭、矿砂等。

（三）计算案例

（1）以 CFR 价格条件销售给加拿大温哥华一批罐头水果汁，重量为 8 吨，尺码为 10 立方米。求该批货物总运价。

解：先查出水果汁准确译名为"Fruit Juice"。

从有关运价本中的"货物分级表"（Classification of Commodities）查找相应的货名。查到为 8 级，计算标准为 M，即按货物的尺码计算运费。

再查中国—加拿大航线等级费率表（Sale of Class Rates for China-Canada Service）。温哥华位于加拿大西海岸，从该表温哥华一栏内即查出 8 级货物相应的基本费率为每吨 219.00 美元。

另须查附加费率表，查知有燃油附加费为 20%。

已知该货的基本费率和附加费，即可代入公式：

$$总运价 = 基本运费 + 附加费 = (219.00 + 219.00 \times 20\%) \times 10 = 2\,628（美元）$$

（2）某企业以 CIF 合同出口柴油机一批，共 15 箱，总毛重 5.65 吨，总体积 10.676 立方米。在青岛装中国远洋运输公司轮船，经香港转运至苏丹港，计算该企业应付船公司运费。

第一步：查货物分级表，计费等级 10 级，计算标准 W/M。

第二步：查中国—香港航线费率表，基本费率，青岛到香港费率 22 美元，香港中转费 13 美元，10 级货费率 95 美元。

第三步：附加费率，港口拥挤费率 10%。

第四步：计算，10.676 > 5.65，按尺码吨计。

$$(22 + 13 + 95 + 95 \times 10\%) = 139.5$$
$$139.5 \times 10.676 = 1\,489.302（美元）$$

（3）某班轮从上海港装运 10 吨，共计 11 立方米的蛋制品去英国普利茅斯港，要求直航，求全部运费。

解：查中远货物分级表知蛋制品为 12 计算标准为 W/M，由已知条件，应按尺码吨计算。

再从中国到欧洲地中海航线分级费率表查出 12 级货物的基本费率为 116 美元/运费吨。

从附加费率表中查知，普利茅斯港直航附加费为每运费吨 18 美元；燃油附加费为 35%。

代入运费计算公式，得总运费额 = [116(1 + 35%) + 18] × 11 = 1 920.60（美元）。

（4）错误理解运费吨案例：

某出口公司出口货物对外报价 FOB 新港，每公吨 500 港元。外商要求改报 CIF 香港价。业务人员在查阅运价表时见该商品每运费吨为 50 港元，并匡算保险费为 6 港元，便以 CIF 每公吨 556 港元对外报价，结果成交 150 公吨。到装运时发现运价表上运费吨 50 港元是指尺码吨，不是重量吨，因商品积载系数为 2.5/1（立方米/公吨），因而给国家造成损失（11 400 港元）。

任务三　收汇核销

【学习目标】

学习并理解收汇核销的具体流程及相关知识。

一、收汇核销流程

收汇核销流程如图 4-6 所示。

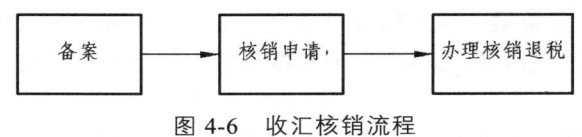

图 4-6　收汇核销流程

（一）备案

例如，学习项目三的案例一，宁波劲畅服装有限公司对货物装船且收妥结汇核销单进行备案。劲畅的小高（财务）必须持企业法人代码证、海关登记证、企业营业执照、进出口企业证明、单位介绍信、备案申请书、电子口岸卡、经办人身份证、条码章（长5厘米，宽1.5厘米）、出口合同（正本复印件，加盖公章）等文件完成备案工作。

备案完成后，可以在外管局领取核销单。

外管局在核销单上加盖"条码章"，在两个夹缝"出口单位盖章处"加盖宁波劲畅发展有限公司公章。

都准备好后，就可以到海关进行申请核销了。

（二）核销申请

出口报关后，海关在"核销单"上加盖"海关验讫章"，然后退还给小高。

小高拿到单据后，可到外管局办理出口核销。

（三）办理核销退税

小高持核销单、报关单、税单到外管局办理核销，第三联上写了具体的币值（USD 430 560），加盖公章和签订日期，并留存第三联。（银行的结汇凭证，上面有结汇金额、牌价和核销单号。）

最后，小高拿着核销单第三联（出口退税专用联）、报关单（黄色联）、发票、横联发票到国税局办理出口退税。国税局将税款退到劲畅公司账上。

二、出口收汇核销程序

（一）领核销单

（1）先在电子口岸申领核销单，具体步骤为：进入电子口岸—出口收汇—核销单申请。

（2）带着相关资料包括电子口岸卡、领单证明、单位证明几份金额较大的合同和身份证复印件（全部盖公章，并在第一页上标注组织机构代码××××××××××），到外管局领取核销单。具体步骤：将领单资料交给外管局，除电子口岸卡外，其他的资料留下，在打印出的领单明细上签字，并登记申领的单位、申领的份数和时间等信息。

（二）核销单备案

（1）领回来的空白核销单要先在电子口岸备案，我们多在××港备案，如个别单子需从别的港口出，先撤销备案，再备案到其他港口。

（2）具体如下：

进入电子口岸—批量备案—输入核销单号—口岸（××00）—设置口岸。

备案完成后，先在空白的核销单上盖上单位公章（骑缝章）和条形码章，并在核销单申领表上（自制）登记。

（3）应注意的是，因为报关错误而废掉的核销单，要拿着作废的核销单，到外管局注销，注销后将作废的核销单留在外管局。

（三）网上交单

（1）核销单交单是将报关单的信息通过电子口岸，上传到外管局、银行和税务局。

（2）核对报关单信息。报完关，要求货代回传报关单，如传真件不清楚，可进入通商汇输入报关单号（条形码号码），查询核对报关信息是否正确，如有不符，相差很多时或货代报错时，要求货代改报关单，务必要做到单单一致。要及时上电子口岸查看是否有报关单的信息，有了报关单信息就可以网上交单，也可在货代退回核销单后交单。

（3）具体如下：插入电子口岸卡，进入电子口岸主页—点击登录—输入密码—确认。

① 核销交单：出口收汇—企业交单—输入核销单号—点击—交单。

② 交单后要及时在核销系统中查看是否有核销单的信息。如果没有从数据交换中选择单笔数据更新，重新输入核销单号进行更新。

（4）交单后要在核销单申领表上（自制）找出相对应的核销单号，并注明核销单退回时间和网上交单时间。

（四）银行核销

（1）核销分为逐笔核销（一次只能核一笔）和批次核销。不收汇的，只能逐笔核销。批次核销的贸易方式为一般贸易，逐笔核销的贸易方式为货样广告品等。

（2）一般海运的货物3周以内货代就会将核销单、报关单的核销联和出口退税联退回，在核销系统中找到相对应的水单信息后，带上核销单和报关单的核销联到中国银行找取相对应的水单的核销联。在核销单和报关单的核销联上盖收汇结汇专用章，在水单上盖5个章［收汇结汇专用章、已核对章、外管局收汇核销联章、核销员（×）和复审员（×）的姓名章。］

（3）境内收汇还要去外管局盖出口收汇已核销章、日期章和核销员姓名章。

（4）回来后要在核销单申领表上（自制）找出相对应的核销单号并注明核销时间。

（五）网上报审

（1）网上报审主要是将核销信息通过核销系统上报到外管局。一般贸易，从银行核销完以后，还要进行网上报审。

（2）具体操作如下：

① 进入出口收汇核销网上报审系统。

② 选择正处理业务中的批次报审。

③ 点击新建，贸易方式选择一般贸易。

④ 从核销单信息上选择要报审的核销单号，添加。

⑤ 从收汇水单信息中选择相对应的水单号，添加。注意查看右上方的差额，不可太大。

⑥ 保存放入待报审箱。

⑦ 选择数据交换菜单—数据报送—核销数据报送。选择点击左键开始报送。报审成功后会有提示。

（3）境内收汇的网上没有水单的信息，要选择补录信息申报，补录水单信息。具体如下：

进入出口收汇核销网上报审系统—补录信息申报—境内收汇管理—新建—输入内容（带星号的必填）—保存。

（4）报审完要及时查询报审结果。（一般第二天就会有消息）

选择数据交换—数据提取—全部数据提取，点击开始查询，有消息后才可到外管局盖章核销（境内收汇）。

注意：要在正常上班时间进行网上报审，以防信息丢失。

（六）退税交单

退税交单是将核销单的信息上报到国税局。

一般贸易是在银行核销完以后进行退税交单的。

退税交单：进入电子口岸—出口退税—数据报送—选择报送—选择报关单号（后9位）—报送。

退税查询：出口退税—数据查询—状态查询—输入报关单号。

有消息后财务才可去办理退税。

（七）到外管局核销

（1）境内收汇的要携带下列资料到外管局核销。打印出报送后的批次核销信息登记表—

式两份（盖公章，签名），出口发票（形式发票和出口专用发票均可，盖公章），核销单（填写完整），税单和报关单退税联（银行盖章）。

（2）具体步骤如下：

① 将核销资料给外管局—外管局在核销系统中审核—审核通过。

② 盖章（每一张都盖出口收汇已核销章，核销单和登记表还要盖日期章，并在登记表上盖核销员姓名章）—留一份信息登记表给外管局。

（3）回来后要在核销单申领表上（自制）找出相对应的核销单号并注明核销时间。

（4）核销完以后要在出口核销登记表中（电子档）记录。

（八）出口收汇核销单

核销单具体内容（见图 4-7）及填制方法如下：

出口收汇核销单
存根
编号：

出口单位：
出口总价：
收汇方式：
预计收款日期：
报关日期：
备注：

出口收汇核销单
编号：

外汇指定银行结汇/收帐情况： 我行已凭此办理结汇/收帐 年 月 日 （盖 章）	
海关核放情况： 年 月 日	海关签章
外汇管理局核销情况： 年 月 日（盖章）	

出口收汇核销单
出口退税专用
编号：

出口单位：		
货物名称	货物数量	出口总价
报关单编号：		
外汇管理局核销情况： 年 月 日（盖章）		

（未经核销此联不准撕开）

图 4-7 出口收汇核销单

1. 存根联内容及填制

（1）出口单位：填写出口公司或企业名称并加盖公章。

（2）出口总价：填写合同或信用证的成交总价。

（3）收汇方式：L/C、D/P、D/A 和 T/T 等。

（4）预计收款日期：根据不同的收汇方式，计算可能收汇的大概日期。

（5）报关日期：与报关单上填报日期相同。

（6）备注：填写收汇方面需要说明的事项。

2. 出口收汇核销单正本内容及填制

（1）外汇指定银行结汇/收账情况：表明在我国出口地出口商委托结汇银行收账的情况，即银行已于何年、月、日办理结汇或收账，并由银行盖章。

（2）海关核放情况：即在报关时，经审核放行后，海关在此栏加盖海关验讫章。

（3）外汇管理局核销情况：即在货物已出口、出口单位收到货款后，向外管局办理核销时，由外汇管理局核销盖章。

3. 出口退税专用联内容及填制

（1）出口单位：同上。
（2）货物名称、数量、总价：按合同或信用证及商业发票填写。
（3）报关单编号：填写报关单后，海关在报关单上批注的编号。
（4）外汇管理局核销情况：出口结汇后，由外汇管理局核销盖章注明后，才能办理申请退税工作。

三、提单

（一）提单相关知识

海运提单（Marine Bill of Lading or Ocean Bill of Loading），简称提单（Bill of Lading，B/L），是国际结算中的一种重要的单据。

1. 提单签发

有权签发提单的人有承运人及其代理、船长及其代理、船主及其代理。代理人签署时必须注明其代理身份和被代理方的名称及身份。签署提单的凭证是大副收据，签发提单的日期是货物被装船后大副签发收据的日期。

2. 提单有正本和副本之分

正本提单一般签发一式两份或三份，是为了防止提单在流通过程中遗失后，可以使用另一份正本。各份正本具有同等效力，但其中一份提货后，其余各份均告失效。副本提单不用承运人签署，份数根据托运人和船方的实际需要而定。副本提单只用于日常业务，不具备法律效力。

（二）提单的分类

（1）按货物是否已装船，分为：已装船提单、收货待运提单。
（2）按提单上有无批注，分为：清洁提单、不清洁提单。
（3）根据运输方式，分为：直达提单、转船提单、联运提单、多式联运提单。
（4）按签发提单的时间，分为：倒签提单、顺签提单、预借提单、过期提单。
（5）按提单收货人的抬头，分为：记名提单、指示提单、不记名提单。
记名提单不可以转让。指示提单可以背书转让。不记名提单可以不背书而直接转让。

（三）常用运单介绍

1. 直达、转船、多式联运提单

（1）直达提单 B/L。

直达提单（Direct Bill of Lading，B/L），指货物从装船港（POL）装船后，中途没有任何换船，由同一艘船一直运到卸货港（POD）卸货而签发的提单。直达提单上仅列有起运港和目的港的港口名称。在国际贸易中，如果信用证（L/C）规定不准转船（Transshipment not Allowed），卖方就必须取得船公司签发的直达提单后才能向银行办理议付货款。

（2）多式联运提单。

多式联运提单（Combined Transport Bill of Lading）是指根据多式联运合同，由多式联运经营人运用两种或两种以上不同的运输方式，把货物从起运国（或地区）境内接货地点运至目的国（或地区）境内指定的交货地点的货物运输。多式联运成立的条件有：一个多式联运经营人组织全程运输并对全程运输负责；一套覆盖运输全程的多式联运合同；一套多式联运提单；必须使用两种或两种以上的不同运输方式。

（3）联运提单/转船提单。

联运提单/转船提单（Through Bill of Lading 或 Transshipment B/L），跟直达提单相对，指承运人在装船港签发的，货物必须在中途进行一次或多次转船，才能运至目的港的提单。联运提单和多式联运提单有本质区别，联运是同一种运输方式的分段运输，多式联运则是至少由两种不同的运输方式才能完成的运输。

2. 倒签提单、顺签提单、预借提单、过期提单

顺签提单是指货物装船后，承运人或者船代应货主的要求，以晚于该票货物实际装船完毕的日期作为提单签发日期的提单。

倒签提单是指承运人应托运人的要求在货物装船后，提单签发的日期早于实际装船完毕日期的提单。

预借提单是指由于信用证规定的装运期和交单结汇期已到，货主因故未能及时备妥货物或尚未装船完毕的，或由于船公司的原因船舶未能在装运期内到港装船，应托运人要求而由承运人或其代理人提前签发的已装船提单。简而言之，就是指提单在货物尚未全部装船时，或者货物虽然已经由承运人接管但尚未开始装船的情况下签发的。

过期提单是指，提单晚于货物到达目的港提单。几种提单的不同之处为：

（1）责任承担人不一样。顺签提单和过期提单由发货人承担最大的风险，倒签提单和预借提单由承运人承担最大的风险。

（2）时间不一样。比如顺签提单将晚于该票货物的实际装船完毕的日期作为提单签发日期。

（3）不常用性质。现在预借提单和过期提单在运输当中已经不常用到，顺签提单也极少用到，只有倒签提单还会使用。

3. 记名提单、指示提单、不记名提单

（1）记名提单。

记名提单又称收货人抬头提单，是指提单上的收货人栏中已具体填写收货人名称的提单。提单所记载的货物只能由提单上特定的收货人提取，或者说承运人在卸货港只能把货物交给提单上所指定的收货人。如果承运人将货物交给提单指定的以外的人，即使该人占有提单，承运人也应负责。这种提单失去了代表货物可转让流通的便利，但同时可以避免在转让过程中可能带来的风险。

使用记名提单，如果货物的交付不涉及贸易合同下的义务，则可不通过银行而由托运人

将其邮寄给收货人，或由船长随船代交。这样，提单就可以及时送达收货人，而不致延误。因此，记名提单一般只适用于运输展览品或贵重物品，特别是短途运输中使用较有优势，而在国际贸易中较少使用。

（2）指示提单。

指示提单是指在提单正面"收货人"一栏内填写"凭指示"（To Order）或"凭某人指示"（Order of…）字样的提单。按照表示指示人的方法不同，指示提单又分为托运人指示提单、记名指示人提单和选择指示人提单。如果在收货人栏内只填记"指示"字样，则为托运人指示提单。这种提单在托运人未指定收货人或受让人之前，货物所有权仍属于卖方，在跟单信用证支付方式下，托运人就是以议付银行或收货人为受让人，通过转让提单而取得议付货款的。如果收货人栏内填记"某某指示"，则为记名指示提单。如果在收货人栏内填记"某某或指示"，则为选择指示人提单。记名指示提单或选择指示人提单中指名的"某某"既可以是银行，也可以是托运人。

指示提单是一种可转让提单。提单的持有人可以通过背书的方式把它转让给第三者，而不须经过承运人认可，所以这种提单较受买方欢迎。而不记名指示（托运人指示）提单与记名指示提单不同，它没有经提单指定的人背书才能转让的限制，所以其流通性更大。指示提单在国际海运业务中使用较广泛。

（3）不记名提单。

不记名提单是指提单上收货人一栏内没有指明任何收货人，而注明"提单持有人"（Bearer）字样或将这一栏空白，不填写任何人的名称的提单。不记名提单不需要任何背书手续即可转让，或提取货物，极为简便。承运人应将货物交给提单持有人，谁持有提单，谁就可以提货，承运人交付货物只凭单，不凭人。这种提单丢失或被窃，风险极大，若转入善意的第三者手中时，极易引起纠纷，故国际上较少使用。另外，根据有些班轮公会的规定，凡使用不记名提单，在给大副的提单副本中必须注明卸货港通知人的名称和地址。

【总结提升】

一、学习提升

1. 集装箱的容积一般是（ ）。
   A. 大于 1 立方米
   B. 大于 10 立方米
   C. 大于 20 立方米
   D. 大于 50 立方米

2. 设由天津新港运往莫桑比克马普托门锁 500 箱，每箱体积为 0.025 立方米，毛重为 30 千克。试问：该批门锁的运费是多少（设到马普托每运费吨的运费为 450 港元，另加收燃油附加费 20%，港口附加费 10%）？查得门锁属 10 级货，计收标准为 W/M。

3. 出口到澳大利亚悉尼港某商品 100 箱，每箱毛重 30 千克，体积 0.035 立方米，运费计算标准为 W/M10 级。查 10 级货直运悉尼港基本运费为 200 元人民币，加货币附加费 35.8%，再加燃油附加费 28%，港口拥挤费 25%。试问：该批商品的运费是多少？

4. 罐头水果汁 10 公吨，体积 12 立方米，装中国远洋运输公司轮船运至加拿大温哥华。查阅货物分级表，水果汁属于 8 级货，按 M 计费。到温哥华的 8 级货物相应基本费率为港币 219.00 元。查到港口附加费率 10%。试问：应付船公司的运费是多少？

5. 上海运往肯尼亚蒙巴萨港口"门锁"（小五金）一批计 100 箱，每箱体积为 20 厘米 × 30 厘米 × 40 厘米，每箱重量为 25 千克。当时燃油附加费为 40%，蒙巴萨港口拥挤附加费为 10%。试问：该批货物的运费是多少？

6. 出口箱装货物共 100 箱，报价为每箱 4 000 美元 FOB 上海，基本费率为每运费吨 26 美元或 1.5%，以 W/M or Ad Val 选择法计算。每箱体积为 1.4 m × 1.3 m × 1.1 m，毛重为每箱 2 公吨，并加收燃油附加费 10%，转船附加费 40%。试问：这批货物的总运费是多少？

7. 我方某公司出口箱装货物一批，报价为 CFR 利物浦每箱 35 美元，英国商人要求改报 FOB 价。该批货物每箱的体积为 45 厘米 × 40 厘米 × 25 厘米，每箱毛重为 35 千克，商品计费标准为 W/M，基本运费为 120 美元/运费吨，并加收燃油附加费 20%。试问：我方应如何报价？

二、任务问题

三、完成结果

四、任务评价反馈

五、学习笔记

学习项目五
完成空运、多式联运出口任务

【任务准备】

案例引入

2019年年初,意大利代理商陈伟明与湖州汇泰公司签订丝绸服装贸易合同确定的贸易条件为FOB上海。同年4月23日,陈伟明与意大利国际货运咨询有限责任公司米兰分公司(以下简称"I·F·C公司")签订了一份《委托运输合同》约定:由I·F·C公司为陈伟明实施从中国到意大利进口货物的运输,陈伟明把从中国出口的货物交I·F·C公司在中国办事处的负责人何绥凤,后者必须在一个星期内把所收到的货物运到意大利,保证不发生交货延误。货到米兰后,陈伟明要立即给付I·F·C公司运费才可提货,否则,陈伟明还要支付仓库保管费。

合同签订后,陈伟明于同年4月29日传真告知汇泰公司,并告知了I·F·C公司中国办事处负责人何绥凤在杭州的住址,要求汇泰公司速与其接洽办理出口手续。为便于订舱发运,汇泰公司按照何绥凤的要求改用东方航空公司的《国际货物托运书》,将填好的托运书传真给何绥凤。何绥凤将托运书交给了东航的销售代理华迅公司。汇泰公司于同年5月至9月间先后7次按照何绥凤的指示将货物送到上海虹桥机场华迅公司的仓库。该公司签收了货物,随后代填并签发了6票东航货运主运单,还委托华力空运有限公司上海分公司签发1票中国国际航空公司主运单。华迅公司签发的6票主运单上记载的托运人为华迅公司,收货人为比利时I·F·C米兰公司。华迅公司还签发7票航空货运分运单。分运单上记载的托运人为汇泰公司,收货人为托运书上汇泰公司指定的意大利客户。在此期间,华迅公司按照航空公司预付运费的要求,先后向东航和华力空运有限公司上海分公司支付了7票货的空运费(外汇人民币)449 311.50元(其中6笔为上海到布鲁塞尔空运费、1笔为上海到米兰空运费)。货物发出后,华迅公司未将航空分运单正本托运人联交给汇泰公司,亦未向汇泰公司索要空运费。7货物于同年5月至9月间陆续运到米兰,陈伟明先后向I·F·C米兰公司支付了全程空陆运费、清关费及杂费,提取了货物。I·F·C米兰公司分别开具了发票和收据,同时声明该批货物的运送合同已履行完毕。

2021年2月10日,华迅公司致函汇泰公司称:当时汇泰公司委托I·F·C公司,但I·F·C公司与华迅公司有代理协议,现I·F·C公司将收款权移交给华迅公司,要求汇泰公司依照航空分运单支付上海到米兰7票货的全程空运费101 712.824美元。汇泰公司以运费由外商支付,本公司无支付运费义务为由拒付,双方酿成纠纷。华迅公司遂向浙江省湖州市中级人民法院起诉,要求汇泰公司支付航空分运单记载的全程空运费及滞纳金共计126 123.04美元。

思考：
（1）简述案例中涉及的航空货运环节与主要单证。
（2）汇泰公司是否应该支付华讯公司索要的运费？为什么？
（3）汇泰公司在此单航空货运中的失误是什么？
（4）华讯公司在此单航空货运中的失误是什么？

任务一　国际空运操作

【学习目标】

学习国际空运相关知识并进行实操演练。

一、国际航空运输

国际航空货物运输,是指根据各当事人所订的合同约定,不论运输中有无间断或转运,始发地和目的地点是在两个缔约国的领土内,或者始发地和目的地都在一个缔约国的领土内而在另一个缔约国(甚至非缔约国)的领土内有一个约定的经停地点的任何货物和邮件的运输。

(一)国际航空货物运输的特点

1. 运输速度快

从航空业诞生之日起,航空运输就以快速而著称。到目前为止,飞机仍然是最快捷的交通工具,常见的喷气式飞机的经济巡航速度大多在每小时850~900千米,快捷的交通工具大大缩短了货物在途时间。可以这样说,快速加上全球密集的航空运输网络才有可能使我们为从前渴望而不可及的鲜活商品开辟远距离市场,能够随行就市,应对瞬息万变的市场行情,增强商品的竞争力。

目前,在我国的进口商品中,采用航空运输的主要有通信设备、电脑、成套设备中的精密部件、电子产品和其他精密的高科技产品。出口商品主要有服装、丝绸、棉针织品、工艺品、海鲜农副产品、鲜花、水果和蔬菜、电子和机械产品等。

2. 不受地面条件限制

航空运输利用天空这一自然通道,不受地理条件的限制。对于地面条件恶劣、交通不便的内陆地区非常合适,有利于当地资源的出口,促进当地经济的发展。

航空运输使本地与世界相连,对外的辐射面广,而且航空运输比公路运输与铁路运输占用土地少,对于寸土寸金、地域狭小的地区发展对外交通无疑是十分适合的。

3. 安全、准确

与其他运输方式相比,航空运输的安全性较高。2021年,世界各航空公司共执行航班1 800万架次,仅发生严重事故11起,风险率约为三百万分之一。另外,航空公司的运输管理制度也比较完善,货物的破损率较低。如果采用空运集装箱的方式运送货物,则更为安全。

4. 节约包装、保险、利息等费用

由于采用航空运输方式，货物在途时间短，周转速度快，企业存货可以相应减少。一方面，有利于资金的回收，减少利息支出；另一方面，也可以降低企业仓储费用。同时，航空货物运输安全准确、货损货差少、保险费用较低，与其他运输方式相比，包装简单，包装成本低，能降低企业经营成本，增加收益。此外，由于航空运输速度快，货物周转期短，货损货差少，货物的包装、保险和利息等方面的费用也较低。

当然，航空运输也有自己的局限性，主要表现在航空货运的运输费用较其他运输方式更高，不适合低价值货物；航空运载工具舱容有限，对大件货物或大批量货物的运输有一定的限制；飞机飞行安全容易受恶劣气候影响。但总的来讲，随着新兴技术的广泛应用，产品更趋向薄、轻、短、小、高价值，管理者更重视运输的及时性、可靠性，航空货运将会有更大的发展空间。

5. 航空货物运输安全性好，货损少

现代国际民航飞机飞行高度一般都在1万米左右，在此高度飞行，气流非常平稳，飞行颠簸很小，飞行时间又短，可以有效降低货物的破损率和差错率。特别是对于易碎品、易腐品，更适合使用航空运输。

6. 航空货物运输成本高，价格高

空运以千克计费，价格明显比其他运输方式高，这是航空货物运输相对于其他运输方式最不利的方面。所以空运特别适合重量轻、体积小、价值高的货物，如电子产品、药品，以及很多高科技产品。

7. 空运对运输对象的特殊要求较多

如批量特别大价值又不高的货物不适合空运；超长、超高、超大、超重等货物也不适合空运。

（二）国际航空货物运输基础知识

1. 国际航空货物运输组织

（1）国际民用航空组织（ICAO）。

国际民用航空组织于1947年4月4日成立，是联合国专门机构之一，也是政府间的国际航空机构。它的总部设在加拿大的蒙特利尔，现有成员150多个，其宗旨是根据安全和有秩序的方式发展，使国际航运业务建立在机会均等的基础上，并予以完善和经济的经营。

（2）国际航空运输协会（IATA）。

国际航空运输协会是各国航空运输企业之间的联合组织，会员必须是国际民用航空组织成员方的空运企业。协会于1945年4月16日在哈瓦那成立。协会的主要任务是推动航空运输企业的发展，加强国际航空企业间的合作及与国际民航组织和其他国际组织的合作。

（3）国际货运代理协会联合会（FIATA）

国际货运代理协会联合会是一个非营利性国际货运代理的行业组织。该会于1926年5月31日在奥地利维也纳成立，总部现设在瑞士苏黎世，并分别在欧洲、美洲、亚太、非洲和中东四个区域设立了区域委员会，任命地区主席。FIATA设立的目的是代表、保障和提高国际货运代理在全球的利益。该会是在世界范围内运输领域最大的非政府和非营利性组织，具有广泛的国际影响。其会员来自全球161个国家和地区的国际货运代理行业，包括106家协会会员和近6 000家企业会员。

该联合会的宗旨是保障和提高国际货运代理在全球的利益，工作目标是团结全世界的货运代理行业；以顾问或专家身份参加国际性组织，处理运输业务，代表、促进和保护运输业的利益；通过发布信息，分发出版物等方式，使贸易界、工业界和公众熟悉货运代理人提供的服务；提高制定和推广统一货运代理单据、标准交易条件，改进和提高货运代理的服务质量，协助货运代理人进行职业培训，处理责任保险问题，提供电子商务工具。

2. 航空货运代理人

货运代理人提供给发货人有关出口货物方面的服务，及收货人进口货物方面的服务。

（1）提供运输商有关进口国的各种信息。

（2）提供从货主那里收货及集中货物的各种设备。

（3）安排从货主处取货。

（4）准备运输文件，如填制航空货运单，包括各种费用的收取。按照与运输有关的国家、海关、承运人的要求备好各种文件，如商业发票、装箱单等。

（5）检查进出口许可证是否完备符合有关政府规定。

（6）保证包装单及其他必要的文件如危险货物申报单、动物证明书等，以便其符合有关国家政府及IATA规定。

（7）为货主办理保险业务。

（8）安排货物运输，订舱及在机场的交付。

（9）追踪货物的运输过程。

3. 航空运输地理、航线、时差

（1）IATA分区：

① ATA1区：南北美洲，包括南北美洲大陆及相邻岛屿，格陵兰岛、百慕大群岛、西印度群岛和加勒比海群岛，夏威夷群岛（包括中途岛和帕尔米拉岛）。

② IATA2区：欧洲、非洲。欧洲（包括俄罗斯欧洲部分）及相邻岛屿：冰岛、亚速尔群岛；非洲以及相邻岛屿，阿森松岛、西亚（中东）包括伊朗。

③ IATA3区：亚洲及大洋区。亚洲及相邻岛屿（不包括已经在2区地区），东印度群岛，澳大利亚，新西兰及相邻岛屿。太平洋内岛屿（不包括已经在1区内地区）。

（2）世界上最繁忙的航空线：

① 西欧—北美间的北大西洋航空线。

② 西欧—中东—远东航空线。

③ 远东—北美的北太平洋航线。

此外，还有北美—南美，西欧—南美，西欧—非洲，西欧—东南亚—澳新，远东—澳新，北美—澳新等重要国际航空线。

（3）时差。

根据国际规定，全球划分为24个时区，即每15°相隔一个时区，每个时区都有一条中央经线，0时区的中央经线为0°经线，东西两侧各跨7.5°为0时区的范围，从0时区向东，依次为东一区、东二区、东三区，一直到东十二区，相反从0时区向西，依次为西一区、西二区、西三区，一直到西十二区，东十二区和西十二区各跨7.5°。中央经线180°组成一个时区。

时差，就是两个时区间相差的时区数，如东一区与东八区的时差为7小时，西一区与东八区的时差为9小时，同侧减，异侧加。中国北京时间位于东八区。

4. 民用航空运输飞机

（1）按机身的宽窄分类：

窄体机：一般只在下货舱装运散货。

宽体机：宽一般在4.72米以上，客舱有两条走廊，三排座椅，可装运集装货物及散装货物。

（2）按照飞机使用用途分类：

全货机：主舱及下舱全部载货。

全客机：只在下舱载货。

客货混用机：主舱前部设有旅客座椅，后部可装载货物，下舱内也可装载货。

5. 集装运输

集装运输就是将一定数量的单位货物装入集装货物的箱内，或在带有网套的板上作为运输单位进行运输安排。

6. 航空货运代码

国家代码：两字码，如CN /GB/ US（中/英/美）。

城市代码：三字码，如BJS/NYC/TYO（北京/纽约/东京）。

机场代码：三字码，如PEK/JFK/NRT（北京/纽约/东京）。

有些城市代码与机场代码一致，如广州CAN/CAN（广州/白云机场）。

航空公司代码有两字码和三字码，如CA（中国国际航空公司），KLM（荷兰皇家航空公司）。

航空货运操作代码主要体现在货物操作的各个方面。

二、国际航空运输实操——橙汁国际物流公司接到阿坝农产品出口任务

（一）询价（接受客户询价）

空运询价8要素：

（1）品名（是否危险品）；

（2）重量（涉及收费）、体积（尺寸大小及是否泡货）；

（3）包装（是否木箱，有无托盘）；

（4）目的机场（是否基本点）；

（5）要求时间（直飞或转飞）；

（6）要求航班（各航班服务及价格差异）；

（7）提单类别（主单及分单）；

（8）所需运输服务（报关方式、代办单证、是否清关派送等）。

（二）根据客户委托缮制货物托运书（Shippers Letter of Instruction，SLI，）

货物托运书如图 5-1 所示。

国际货物托运书
SHIPPER'S LETTER OF INSTRUCTION

TO：　　　　　　　　　　　　　　　　　　　　　　　　　进仓编号：

托运人	
发货人 SHIPPER	
收货人 CONSIGNEE	
通知人 NOTIFY PARTY	

起运港		目的港		运费	
标记唛头 MARKS	件数 NUMBER	中英文品名 DESCRIPTION OF GOODS		毛重（公斤）G. W (KGS)	尺码（立方米）SIZE (M³)

1. 货单到达时间：	2. 航班：	运价：
	★如改配航空公司请提前通知我司	
电　话：		
传　真：	（公章）	
联系人：		
地　址：		
托运人签字：	制单日期：　年　　月 2 日	

图 5-1　货物托运书

货物托运书填写要求：

（1）托运人（付货人）——国内贸易商客户（客户资源）。

（2）收货人——国外贸易商客户（客户资源）。

（3）通知人——除收货人外的通知人，如代理公司或银行。

（4）始发地（起运港）——广州、深圳、香港机场。

（5）目的地（目的港）——国外具体机场。

（6）运费——预付、到付，其他运费——预付、到付。

（7）货物描述——唛头及箱号、包装类别、货物名称。

（8）毛重——要求尽量准确，以便确定运价区间。

（9）尺码——要求准确并且有丈量的余量。

（10）报关、商检安排及单证文件交接——是否自办商检，单证资料是否齐全。

（11）货物交接——起运地或目的地的提送货方式。

（12）备注——其他事项的表述。

（13）签字盖章——订舱确认。该项务必要求客户签字确认。

（三）审核出口单证

李冬是橙汁国际物流公司优秀的业务员，他负责本次阿坝农产品的出口任务。李冬审核客户提交的出口单证。要审核的单证包括贸易合同、商业发票、装箱单、报关委托书、报检委托书、外汇核销单、出口许可证、报关单、商检通关单（已商检）、检验检疫证书、产地证等。

主要审核是否盖章，以及符合要求，以免在报关环节延误。

（四）预配舱和订舱

李冬将阿坝客户预报的信息输入电脑，计算出各航线的件数、重量、体积，按照客户的出运要求和货物情况，结合比较各航空公司的航班时刻总表以及各航空公司不同机型对不同板箱的重量和高度要求，制订预配舱方案（选择适合的承运人），并配上运单号（一般情况下，航空公司会将运单定期发放给与其有运价协议的航空货运代理公司）。

李冬确定合适的承运人、航班和运单号后，向四川双流国际机场办理订舱业务。

订舱后，航空公司签发舱位确认书，同时给予装货集装箱领取凭证，以表示舱位订妥。航空公司根据实际情况安排航班和舱位。

（五）接货

李冬组织货物入航空公司仓库（以双流入仓环节为例）。
（1）理货：制作主标签和分标签。
（2）过磅："可收运书"加盖"安检章"，"可收运章"以及签名确认。
（3）打单：货运代理根据货站的"可收运书"将全部货物数据，打在航空公司的运单上。
双流的航空货运有三大货运站：
第一个货运部是国航货运部，主要接收深圳航空、西藏航空和中国国航的货物。
第二个货运部是川航货运部，主要接收川航和南航的货物。
第三个货运部是新机场货站，主要接收除川航、南航、国航以外的航空公司的货物。

（六）海关申报

（1）出口单证及时交给报关行。
（2）海关验收完货物，在报关单上盖验收章后，缮制航空运单（即打单）。
（3）将收货人提供的货物随行单据订在运单后面。
（4）将制作好的运单标签贴在每一件货物上。
（5）持缮制完的航空运单到海关报关放行。
（6）将盖有海关放行章的运单与货物一齐交于航空公司。航空公司验收单货无误后，在交接单上签字。

（七）发货

李冬特别要关注空运落货情况：

（1）旅客行李过多，造成货运舱位不够，导致已经排载的货物被临时落下。
（2）海关调查部门对某票货物有质疑，造成货物不能运输。
（3）因气候原因，飞机需要临时增加油料的载量，导致飞机起飞以及落地重量超载，以致落下货物，控制载量。
（4）因商业原因或者其他原因造成航空公司或者货代以及货主要求停运而造成落货。

（八）货物跟踪

李冬对航班、货物进行跟踪，可以登录航空公司的网站，根据航空主单号，查询货物的状态。

查询显示：已收货，已起运，正在转运等，做好接货的准备。

（九）费用结算

（1）在出口货运中，发/收货人、承运人和货运代理公司之间要进行费用结算。
（2）货代和发/收货人结算费用主要是预付运费、地面运输费和各种服务费、手续费；与承运人结算主要是航空运费、代理费及代理佣金；与国外代理人结算主要涉及运费和利润分成。
（3）实践中，到付运费由发货方的航空货运代理人为收货人垫付。因此，航空货代公司的国外代理人在将货物移交收货人时，应收回到付运费和有关款项。

任务二　国际多式联运操作

【学习目标】

学习国际多式联运相关知识并进行实操。

一、国际多式联运

1980年5月在日内瓦通过的《联合国国际货物多式联运公约》规定：国际多式联运是指由多式联运经营人按多式联运合同，以至少两种不同的运输方式，将货物从一国境内接管货物的地点运至另一国境内指定交货地点的运输方式。

（一）国际多式联运的基本特征

（1）承托双方必须订立"一份国际多式联运合同"；
（2）全程运输必须使用"一张国际多式联运单据"；
（3）全程必须"至少包括两种运输方式的连贯运输"（运输链的意思）；
（4）必须是"国际货物运输"；
（5）必须由"一个多式联运经营人对全程负责"；
（6）全程运输适用"单一的运费费率"。

（二）"四环一链"

国际集装箱多式联运最明显的特点是将传统的国际海运"港到港"运输发展成为"门到门"运输。因此，传统的"两点一线"运输方式已演变为"四环一链"运输方式。
第一环：出口国内陆集疏点（内陆货运站）；
第二环：出口国集装箱码头；
第三环：进口国集装箱码头；
第四环：进口国内陆集疏点（内陆货运站）。

（三）国际集装箱货物的集散方式

（1）门到门交接（Door to Door）；
（2）门到场交接（Door to CY）；
（3）门到站交接（Door to CFS）；

（4）场到门交接（CY to Door）；
（5）场到场交接（CY to CY）；
（6）场到站交接（CY to CFS）；
（7）站到门交接（CFS to Door）；
（8）站到场交接（CFS to CY）；
（9）站到站交接（CFS to CFS）。

（四）国际集装箱多式联运链

由于运输领域内的集装箱化运动的迅猛发展促进了运输载体的标准化发展，各种运输方式能够有机地结合在一起，充分发挥其在整个流通领域内的特殊作用。

所谓"多式联运链"，概括地说，就是指货物在流通过程中各种运输方式及各种运输环节的有机组合。

（五）多式联运链的种类

目前，陆桥运输链的表现形式主要有3种。

1. 通过大陆两端连接海运的大陆桥运输链

大陆桥运输链，是指采用集装箱专列，把大陆当作连接两端海运的桥梁，使之与集装箱船结合起来的一种运输方式。

3条主要的大陆桥运输链如下：

（1）西伯利亚大陆桥。

在大陆桥运输中，日本—欧洲、中近东（伊朗、阿富汗）之间的西伯利亚大陆桥是最典型的多式联运链。它是远东—欧洲运输距离最短的一条运输链，可实现集装箱的门到门运输。

目前，经西伯利亚大陆桥往返欧洲与亚洲的联运链主要有3条：海路—铁路；海路—铁路—公路；海路—铁路—海路。

（2）北美大陆桥。

北美大陆桥包括美国大陆桥和加拿大大陆桥。

美国大陆桥运输始于1967年，包括两条路线：一是连接太平洋与大西洋的路线；二是连接太平洋与墨西哥湾的路线。

加拿大大陆桥于1979年开通使用，与美国大陆桥是平行的，是连接太平洋与大西洋的大陆通道。

（3）新亚欧大陆桥。

新亚欧大陆桥是第二条在亚欧大陆上的欧亚大陆桥，该大陆桥的中国和哈萨克斯坦区段于1992年12月1日正式开通。亚欧第二大陆桥连接大西洋和太平洋两大经济中心带，将给中亚地区的振兴与发展创造新的契机，并已逐步成为我国中西部地区与中亚、中东和欧洲地区之间新的经济带。东起我国连云港，经陇海铁路到新疆，出阿拉山口至鹿特丹，横贯西亚各国、波兰、俄国、德国、荷兰等30多个国家和地区，全线10 800千米。比西伯利亚大陆桥缩短2 000千米，节省运费30%，与海运相比，可节省60%的运输时间。

2. 海陆、陆海联运的小陆桥运输链

小陆桥运输，也就是比大陆桥的海—陆—海运输缩短一段海上运输，成为陆—海，或海—陆联运方式的运输。

美国小陆桥是在 1972 年由美国的船公司和铁路公司联合创办的，它将日本或远东至美国东部大西洋口岸或美国南部墨西哥湾口岸的货运，由原来的全程海运改为由日本或远东装船至美国西部太平洋口岸或南部墨西哥湾口岸，以陆上铁路或公路作为桥梁把美国东海岸与西海岸和墨西哥湾连接起来。

4 条主要的小陆桥运输链如下：

欧洲—美国东海岸转内地（或反向运输）；

欧洲—美国海湾地区转内地（或反向运输）；

远东—美国西海岸转内地（或反向运输）；

澳大利亚—美国西海岸转内地（或反向运输）。

3. 直接进行水陆联运的微桥运输链

微型陆桥运输，就是没有通过整条陆桥，而只利用了部分陆桥区段，是比小陆桥更短的海陆运输方式，又称半陆桥运输。美国微型陆桥运输是指从日本或远东至美国中西部地区的货运，由日本或远东运至太平洋港口后，再换装铁路或公路续运至美国中西部地区。

微型陆桥运输在时间费用等方面的优越性更大，近几年来发展迅速。我国出口美国的集装箱货物，在进口商寄来的信用证中经常出现"IPI"一词，其英文全称为"Interior Point Intermodal"，意即"内陆地点多式联运"，货物的交货地为美国的内陆主要城市，是典型的微型陆桥运输。

（六）多式联运经营人的主体

各运输段的实际承运人、无船承运人都可以成为多式联运经营人。

无船承运人具有双重身份。对货物托运人来说，他是承运人，因为提单是由他签发的。但对完成实际运输的承运人来说，他又是货物托运人，委托拥有运输工具的承运人将货物运至指定地点。在法律上有权订立运输合同，并因此而承担履行合同的义务和责任。

充当无船承运人必须根据住所地国家的法律法规进行登记。可签发自己的提单，并按自己制定的运价收取运费。

无船承运人的类型：

（1）承运人型。

承运人型是指在多式联运条件下，某一运输段的实际承运人与货物托运人签订全程运输合同，并签发多式联运单证，对全程运输负责的当事人。因此，承运人型的多式联运经营人又称"契约承运人"。

（2）转运人型。

转运人型是指在多式联运条件下，专门从事转运业务，并签发自己提单的当事人。转运人通常在中转地或目的地拥有自己的办事处或代理人，由其安排运输、中转、发货等。

与承运人型相比较，转运人型可利用最合适的承运人进行运输，并选择最佳运输路线。随着国际多式联运的发展，转运人型发展得很快，其根本原因是：传统的"港至港"已延伸至"门到门",使原来航线两端的港口至内陆腹地的揽货业务逐渐地依赖于转运人,给其提供了生存、发展的条件。

(3)经纪人型。

无船承运人充当经纪人,是近年来多式联运发展而产生的一种运输服务形态。这类运输商(暂命名)不直接向货主提供运输方式,只注重货物运输方式的选择和相关服务的改善,并采用"批发"手段,即由转运人签发多式联运单证,由其提供经纪服务。这也是国际集装箱多式联运发展的一种新的趋势。

(七)国际货运代理人

1. 国际货运代理的定义

国际货运代理协会联合协会将国际货运代理定义为:根据客户的指示,为客户的利益而揽取货物的人,其本人并非承运人。货代也可以这些条件,从事与运送合同有关的活动,如储货、报关、验收、收款。

我国国际货运代理业管理规定实施细则将国际货运代理定义为:国际货物运输代理企业可以作为进出口货物收货人、发货人的代理人,也可作为独立经营人从事国际货代业务。

2. 对国际货运代理业的理解

国际货运代理企业作为代理人从事国际货运代理业务,是指国际货运代理企业接受进出货物收货人、发货人或其代理人的委托,以委托人或自己的名义办理有关业务,收取代理费或佣金的行为。

国际货运代理企业作为独立经营人从事国际货运代理业务,指国际货运代理企业接受进出货物收货人、发货人或其代理人的委托,签发运输单证,履行运输合同并收取运费和服务费的行为。

3. 国际货运代理人的基本性质

货运代理人主要是接受委托方的委托,就有关货物运输、转运、仓储、装卸等事宜。

它与货物托运人订立运输合同,同时又与运输部门签订合同,对货物托运人来说,他又是货物的承运人。

目前,相当部分的货物代理人掌握各种运输工具和储存货物的库场,在经营其业务时办理包括海陆空在内的货物运输。

4. 多式联运经营人与国际货运代理人的区别

多式联运经营人需要对全程负责,而国际货运代理人仅对某一端点(启运地或目的地)负责。在大多数情况下,两者的具体业务很相似,仅责任分担不同,前者的法律后果由自己承担,后者的法律后果则由被代理人承担。

5. 国际货运代理人提供多式联运服务

国际货运代理人在多式联运中充当主要承运人的角色,并承担组织在单一合同下,通过多种运输方式进行门到门的货物运输。它可以以当事人的身份,与其他承运人或其他服务提供者分别谈判并签约。但是,这些分拨合同不会影响多式联运合同的执行,也就是说,不会影响发货人的义务。当货代作为多式联运经营人时，通常需要提供包括运输和分拨全过程的"一揽子"服务，并对其客户承担更大的责任。

二、国际多式联运实操

李冬所在的国际物流公司，接到客户委托，帮其将一批工艺品运往德国柏林。

（一）接受托运申请，订立多式联运合同

李冬根据货主提出的托运申请和自己的运输路线等情况，判断是否接受该托运申请。如果能够接受，货主或李冬根据货物交接方式、时间、地点、付费方式等达成协议，填写场站收据（货物情况可暂空），并把其送至联运经营人处编号，多式联运经营人编号后留下货物托运联，将其他联交还给货主或李冬。

（二）集装箱的发放、提取及运送

多式联运大多数使用集装箱运输。多式联运中使用的集装箱一般应由经营人提供。货主可自行装箱，也可由经营人从堆场装箱地点的空箱拖运（这种情况需加收空箱拖运费）。

如是拼箱货（或是整箱货但发货人无装箱条件不能自装）时，则由多式联运经营人将所用空箱调运至接收货物集装箱货运站，做好装箱准备。

（三）出口报关

若联运从港口开始，则在港口报关；若从内陆地区开始，应在附近的海关办理报关。一般由李冬办理，也可委托多式联运经营人代办。报关时应提供场站收据、装箱单、出口许可证等有关单据和文件。

（四）货物装箱

1. 自行装箱

本次货物由货主自行装箱。李冬提取空箱后，请海关派员到装箱地点监装和办理加封事宜。如需理货，还应请理货人员现场理货并与之共同制作装箱单。

2. 委托多式联运经营人或货运站装箱

若货主不具备装箱条件，李冬可委托多式联运经营或货运站装箱（指整箱货情况）。李冬帮助货主将货物以原来形态运至指定的货运站。如是拼箱货物，李冬应负责将货物运至指定的集装箱货运站，由货运站按多式联运经营人的指示装箱。无论装箱工作由谁负责，装箱人均需制作装箱单，并办理海关监装与加封事宜。

（五）接收货物

本次货物由货主自行装箱，李冬负责将货物运至双方协议规定的地点。多式联运经营人或其代理人（包括委托的堆场业务员）在指定地点接收货物。

验收货物后，代表联运经营人接收货物的人应在场站收据正本上签章并将其交给李冬。

（六）核收多式联运费用

多式联运费用主要包括运费、杂费、中转费和服务费。

（七）订舱及安排货物运送

李冬帮助客户签订多式联运合同后，由多式联运经营人制订运输计划。该计划包括货物的运输路线，区段的划分，各区段实际承运人的选择确定及各区段衔接地点的到达、起运时间等内容。

（八）办理保险

李冬帮助货主投保货物运输险。该保险也可由货主承担费用，由多式联运经营人代为办理。货物运输保险可以全程投保，也可以分段投保。在多式联运经营人方面，应投保货物责任险和集装箱保险，由经营人或其代理人向保险公司或以其他形式办理。

（九）签发多式联运提单，组织完成货物的全程运输

多式联运经营人的代表收取货物后，经营人应向货主签发多式联运提单。在把提单交给货主前，应注意按双方议定的付费方式及内容、数量向货主收取全部应付费用。

【总结提升】

一、学习提升

1. 班轮运输中承运人与托运人的责任如何划分？

2. 简述航空货物运输的业务操作程序。

3. 简述国际多式联运的交接方法。

4. 国际货运代理的功能有哪些?

5. 简述国际货运代理的业务范围。

6. 当以不同身份出现时,国际货运代理的责任有什么区别?

7. 国际空运代理的功能有哪些?

二、任务问题

三、完成结果

四、任务评价反馈

五、学习笔记

学习项目六
总结国际物流公司工作流程

【任务准备】

案例引入

2006年12月，某广州国际物流企业有一票空运货（共三托器材）从英国进口到广州白云机场，运输方式为Door-广州白云机场，原计划的运输时间是当地时间12月4日从英国BHX机场出运，先飞抵英国LON机场转运到法国CDG机场，再转运至广州机场，预计到达时间为12月8日。但到12月8日依然未接到机场到货通知。9日，联系机场空运进口部门，其通知暂时无此票货的任何信息。获悉此情况后马上联系英国代理，由于时差的关系，收到回复已是9日晚上，代理向起运地航空公司查询。10日早上，收到代理的回复，被告知货物短收（注：即货物出运件数与到达件数不符，属于不正常现状），二托已到达广州，办理出口手续。其中一托错运到巴西GRU机场，再查询广州白云机场，答案相同。

分析：一是客户急需要此器材，以投入生产；二是巴西的进出口管理制度复杂，从巴西GRU机场运到白云机场，时间漫长。依据业务流程再造的基本原则，认真分析出现此问题的关键是缺少及时的信息反馈跟踪的流程，造成工作被动。

为了纠正此问题，公司立即对工作流程进行了改进，马上通知客户此票货出现的异状，并与发货地代理取得联系，要求知道整票货所出现的详细情况；查询海关相关部门，得知不能分批提，客户焦急，要求该公司务必以最短的时间运回那一托货；英国代理通知此票货是由于航空公司的出错，把三托货的其中一件跟另一票应去巴西的一件货在上机时配乱了，货已到达巴西GRU机场。该公司指令英国代理继续向当地航空公司跟踪此事，同时联系该公司巴西的代理，请他们帮忙协助，代理积极配合，马上根据此票货的情况向当地相关部门查询。由于时差的关系，英国→巴黎→中国→巴西，这一过程转眼已过了一个星期，客户不断催，态度也开始变差。但此情况已非该公司所能控制的，涉及航空公司及其他国家制度问题，再加上时差原因，事情进展拖慢，公司只能不断地联系代理，等待他们的新消息。12月28日，接到巴西代理通知，此票货已成功通过巴西海关，重新安排航班上机，运返巴黎再转至广州。12月30日，那一托货物抵达广州，三托货物收齐可提。从货交该公司代理至货到达广州白云机场，历时近1个月，并产生了不良后果，包括客户的不满、要求索赔和处理手续的增多等，而值得庆幸的是货物最终能够完整地运返，送到客户手上。

国际物流业务流程汇总

【学习目标】

学习并理解国际物流业务流程。

一、外贸流程

（1）业务人员收到客户的寄样要求（如提供图纸、样品等），首先记录下客户要求寄样的样品信息及要求，并填写寄样申请单。经过审核后，样品负责人员根据客户的要求准备样品。

（2）准备好样品后，业务人员将样品邮寄给客户，并记录本次寄样的信息（包括寄样的日期、快递公司、是否收取费用及费用多少等）。

（3）如果客户对样品不满意，或者要求改进后再寄，业务人员记录下这些信息后，重复1、2步。

（4）如果客户对样品确认合格，则业务人员草拟报价单（业务人员快速查询该产品的报价历史记录、已成交的历史记录及厂家的报价情况）。

（5）经过多次磋商，客户接受报价，业务人员根据该报价单制作订单（合同或形式发票）传真给客户会签。

（6）业务人员根据订单，填写成本测算单。

（7）落实信用证或预付款。根据订单里的付款方式，进行相应落实。以 L/C 方式的订单，在签订订单后，及时催证；收到客户的信用证，认真审证，并做好记录。对于非 L/C 方式的订单，业务人员填写非 L/C 方式申请单，申请单需要经过审批才生效。

外贸流程如图 6-1 所示。

二、报检流程

（1）填写"进出境货物报检单"。

（2）准备报检所需单据。

（3）商检部门进行审核，如果通过就可以领取入境货物通关单，如果不能通过就重新申请。

（4）到商检部付费进行检验检疫作业，如果合格就获得检验检疫证书，若不合格就重新申请。

报检流程如图 6-2 所示。

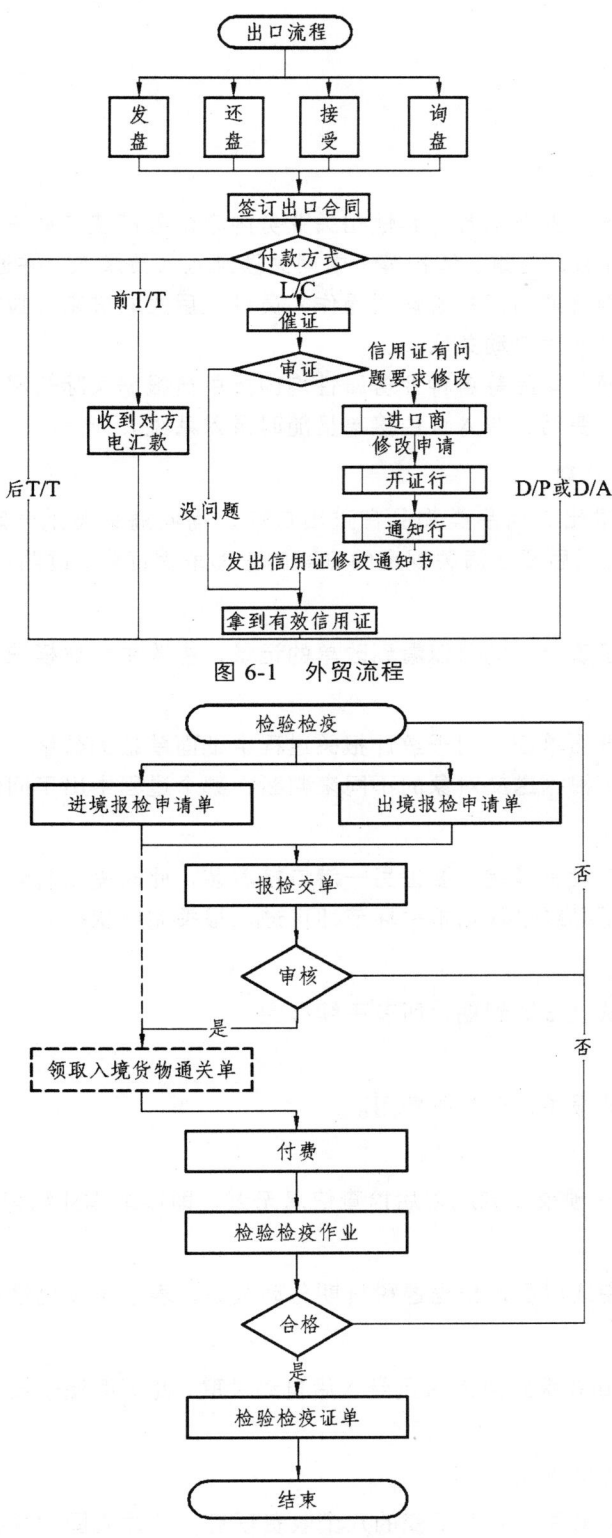

图 6-1 外贸流程

图 6-2 报检流程

三、报关流程

(一)出口业务

1. 接单作业

接单员录入最基本的业务信息,其他相关业务内容由各模块自动关联或导入。如报关单的明细信息(品名、件数、毛重、体积等)由报关预录入人员录入,并通过 H2K 接口导入智讯通;归档编号、归档日期由归档管理的操作人员录入后关联进来;拉黄联日期、退税日期由退税作业工作人员录入后自动关联。

转关、商检、扣箱、军品等各种业务属性均由接单员根据实际情况选择记录。

该业务产生的各类费用、收入也由接单员随时录入系统。

2. 保金保函截止日期

某些展览品等非进出口商品类物品在进出口前,需向海关缴纳一定量的保证金以防走私,待货物进出口完成以后要在海关规定的日期内去领取保证金,过期将缴纳滞留金或没收。

3. 改单信息

若此票业务经过了改单,则可以看到改单的记录,由改单作业模块自动关联进来。

4. 单证信息

记录申报需要的纸面单证,用于统计报关过程中纸面单证的数量。如果遗失,便于查找在哪个过程中丢失,可根据送交对象的不同来判断在哪个过程中出了问题。

5. 转关

货物可能在某港口没有装完,要去另一港口接着装,此时需要转到另一个港口去报关。做此标记后该票业务不必经过现场报关环节即可进入报关完成状态。

6. 担保手续完成

保金保函物品的截止日期到期,所有手续办完。

7. 加急

加急的业务需立即报关,要加收费用。

8. 接单完成

接单人员在 H2000 预录入完成以后检查信息无误,即接单作业结束。

9. 已退客户

在退税签收作业完成以后,根据退税日期自动关联,表示黄联已经归还给客户。

10. 预录入信息

所有信息都由 H2000 系统录入人员录入后自动关联,此页面便于接单人员查看此票报关单的情况。

11. 费用输入—费用模板

与长期客户的业务来往中固定不变的几个收费项目,可建立固定模板,节省录入时间。在接单基本信息中选定委托人以后,费用输入里自动关联已经建立的费用模板。

12. 报关作业

接单完成后，报关行将赴海关进行现场报关，在此过程中涉及多种纸面单证的流转，主要包括报关控制、报关状态等。

13. 报关批号

同一批拿到现场报关的单子生成一个报关批号，便于统计查找有问题的单子。

14. 插单

当已扫描完一批需现场报关的单子并确定保存生成一个报关批号以后，发现仍有单子需要同时申报，为了不再重复扫描已扫过的单子，只需进行插单操作，输入柜应报关批号，接着扫入需要插入的单子即可。

15. 报关状态

报关员现场报关回来后通过报关控制记录每票的状态，报关主管可通过报关状态查询各票报关单目前处于何种状态。

16. 报关控制

报关员将现场报关完毕的报关单拿回来以后，依次扫入每票的报关编号，分别标注报关单的情况（通关—报关完成，所有报关所需单证都已取回—单证取回，海关需要现场查验—查验，被退回—退单）。所有业务的状态记录后，可打印报关交接单，以便与退税工作人员进行工作交接，从而在单证丢失情况下分清责任。

17. 出口作业分类

出口征税商品和非征税商品不可放在同一批中申报。

18. 退税作业

在出口业务中，报关行需要为出口企业取得合法出口的证明文件，以便出口企业办理退税手续。

19. 退税状态

与报关作业里的报关状态类似，海关报关完成以后拿黄联回来，以便查询哪些黄联没有拿回。

20. 退税控制

将和黄联附带一起的报关单逐票扫入。退税完成表示将黄联退给客户，如果发生错单，则进行错单登记。

21. 退税签收作业

报关完成从海关获得出口退税证明（黄联）交还给客户，与客户进行签收、交接工作。

22. 出口报关单

出口报关单供报关行工作人员查看报关单明细信息之用；当出现类似到所属海关申报而无法获取预录入信息的情况，也可在此进行报关明细信息的补充录入。

23. 改单作业

改单作业用于记录发生报关差错、需要修改的业务,不仅需要记录差错的原因以便分清责任,而且对由此产生的费用也需进行统一管理。

24. 正常改单

如果海关黄联没拉出来,可能是因为接单或录入人员出错,或者客户自己出错,造成海关未放行,需改单重新申报。

25. 事后改单

海关放行,但黄联拉回来后客户仍不能退税的,可能是客户自己出错,需要去海关改单,重新拉黄联。

26. 代办改单

如果客户需要事后改单,可委托其他报关行代理改单。改单效率高,可以减轻工作量。

27. 归档管理

所有报关工作完成后,报关行要将业务过程中涉及的各种资料、记录进行归类整理,形成自己的业务档案,方便今后查询。

归档人员将报关完成后的报关单或核销单通过扫描枪扫入系统,若该报关单报关未完成,系统会自动提示。已经完成的报关单自动生成归档编号。

28. 跨月补归档

本月做的归档是上月留下的业务,要补到上个月的档案中去。

29. 费用清单

费用清单指专用于报关行与其客户间进行费用确认的清单。报关环节中发生的各项费用具有不同的属性,有些是报关行收取的服务费用,有些是报关环节中支付给其他单位的费用,所有这些最后均要向客户收取,报关行必须提供准确、详细的清单,说明产生费用的金额、项目等。

系统可以按照客户、时间、费用类型等条件,打印不同格式的费用清单,满足各类客户的要求。

出口报关流程如图 6-3 所示。

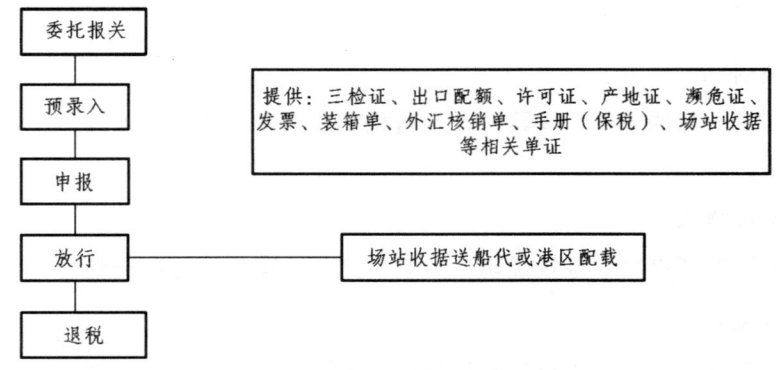

图 6-3　出口报关流程

（二）进口业务

1. 接单作业

进口接单的信息不仅来源于接单员自行录入、H2K 导入、其他模块关联，还可能来自车队、码头等现场部门。业务过程中产生的各类费用、收入由接单员随时录入。

2. 电脑放行时间

预录入海关电子审核通过。

3. 一放时间

现场报关放行时间。

4. 二放时间

货物真正从港区仓库出来的时间。

5. 垫付保证金

报关行替客户预先垫付保证金。

6. 垫付关税

报关行替客户预先垫付的关税。

7. 出税单日期

进口报关前需向海关申请征税，即海关签发税单，报关行记录税单签发的日期。

8. 付税日期

付税日期即已经征税的日期。

9. 送检口岸

送检口岸即商品送去三检的地点。

10. 调单作业

记录到船公司处凭提单换取提货单的工作过程及相关要素。

11. 检验检疫

进口商品多数需要进行检验检疫。检验检疫由专人操作，记录检验类型、时间、费用等，检验通过后方允许报关。

12. 报关作业

接单完成后，报关行将赴海关进行现场报关，在此过程中涉及多种纸面单证的流转，主要包括报关控制、报关状态等。

现场报关后不再扫描报关单号，而是直接在记录中标注报关状态。

13. 送提货信息

进口业务中，部分大型报关行将其服务领域拓展到货物运输。送提货信息由车队直接操作，填写送货计划和实际工作记录，记录发生的费用，并打印各种送货通知单、计划表等。

14. 改单作业

用于记录发生报关差错、需要修改的业务。不仅需要记录差错的原因以便分清责任,而且对由此产生的费用也需进行统一管理。

15. 报关证明联作业

报关行打印符合海关规则的进口报关证明清单,以取得客户合法进口的证明,以便客户办理付汇。

16. 客户签收

报关完成后用相关纸面单证与客户进行交接,打印签收单供客户确认。

17. 费用清单

费用清单指专用于报关行与其客户间进行费用确认的清单。报关环节中发生的各项费用具有不同的属性,有些是报关行收取的服务费用,有些是报关环节中支付给其他单位的费用,所有这些最后均要向客户收取。报关行必须提供准确、详细的清单,说明产生费用的金额、项目等。

系统可以按照客户、时间、费用类型等条件,打印不同格式的费用清单,满足各类客户的要求。

18. 账务管理

账务管理包括应收应付登记、费用审核、发票管理、账单管理、销账等报关业务资金流过程。

19. 业务预警

由于报关过程中环节多、要求烦琐,系统须针对若干容易出现问题的工作节点进行预警和提示,最大限度地避免工作差错。

20. 保证金

某些物品在办理进出口通关手续时,为了防止走私,要向海关缴纳保证金抵押,通关后在海关规定的期限内去海关取回这笔押金,否则要缴纳滞留费或者被没收。

21. 接单—报关完成

从接单时间到报关完成时间在系统中可自行设置,及时提示在正常时间内没有报关完成的业务。

22. 查验—报关完成

需要到现场查验的单子,从查验时间到报关完成时间系统中也可自设,及时提示查验完成以后未能在正常时间内完成报关的业务。

23. 未拉黄联

出口报关完成后需在规定的时间内去海关拉黄联。此时间段内未拉黄联的业务会自动预警。

24. 未退客户

从海关拉回黄联以后需在规定时间内退还给客户。此时间段也可在系统中设置,以及时提示还未来得及退还的单子。

25. 查验费收

需要查验的单子,接单人员未能在费用输入中输入查验费,为防止费用结算漏掉查验费,在预警模块也可提示。

进口报关流程如图 6-4 所示。

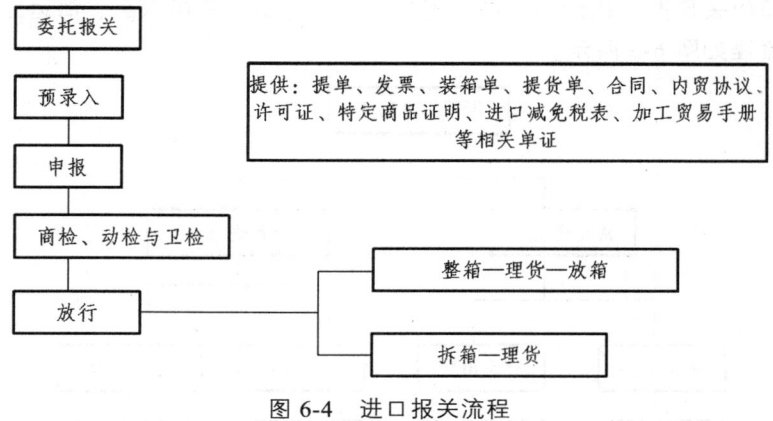

图 6-4 进口报关流程

四、国际货代流程

(一)海运出口(含拼箱)

(1)接单:接受客户订舱委托,填制委托单,包含委托人、业务来源、货物等详细信息;记录应收费用、应付费用,系统自动计算盈亏金额;记录随附单证;记录出入库信息;根据贸易条件决定直发单或出分单(House Bill Lading,HB/L),并且可以输入一些特殊的订舱要求。

(2)打印单据(必须有套打和非套打两种方式选择):委托单填制好后,保存数据,然后系统提示打印相关单据,包括海运出口委托书、十联单、海运进舱通知单、门到门装箱计划单、海运提单确认、海运提单确认(直发单)、货代单、电放提单、收货单(Cargo Receipt)、《货物涨码通知书》货物舱单、海运出口电放保函、《海运业务运费清单》文件清单、海运出口异地放单保函、海运出口预借保函、海运出口倒签保函、证书(Certificate)、海运出口报价确认函、海运出口报价明细确认函。

(3)拼箱:对拼箱的业务建立拼箱关系;建立装箱号,并作为拼箱的主索引号;进行拼箱操作。

(4)订舱:新建舱位代理;建立船卡,记录船名、航次、离港日(开航日期);提单确认,记录主提单号;打印单据:主单(Master Bill of Lading,MB/L)、分单(HB/L)十联单、电放通知、保函、装箱单、做箱通知。

(5)装箱:记录货箱信息;对集装箱箱号进行逻辑校验;进行全部或部分装箱操作。

(二)海运进口

(1)舱单输入:进口分拨业务处理,先进行进口舱单输入,记录船名航次、收发货人信息。

（2）接单：接受客户委托，填制委托单，包含委托人、业务来源、货物等详细信息；记录应收费用、应付费用，系统自动计算盈亏金额；记录随附单证；记录海外代理、车队、仓库、配箱类型等信息；判断并记录主/副提单出单方式。

（3）打印单据（必须有套打和非套打两种方式选择）：委托单填制好后，保存数据，然后系统提示打印相关单据，包括海运进口到货通知、电报放货担保函、海运业务运费清单。

国际货代流程如图 6-5 所示。

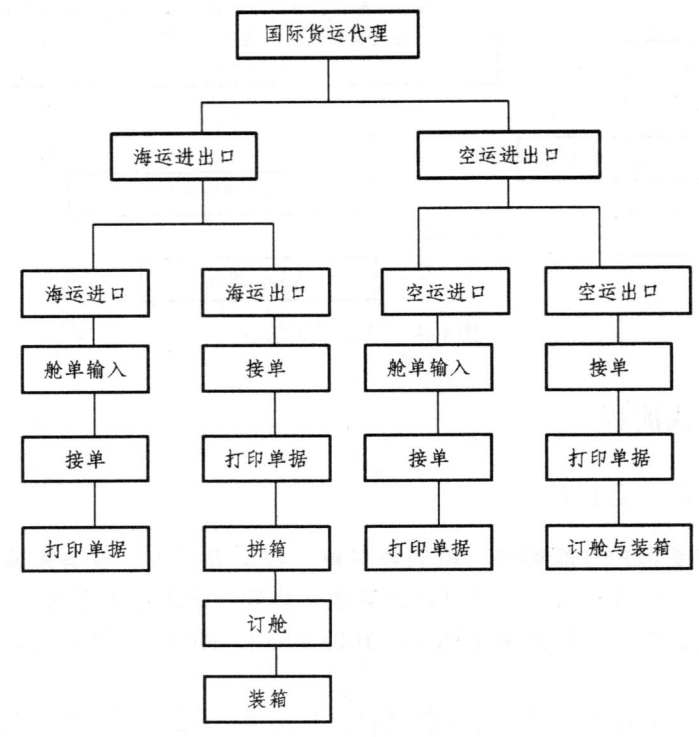

图 6-5　国际货代流程

【总结提升】

一、学习提升

1. 简述一般进出口货物通关的基本流程。

2. 简述进出口商品检验检疫的作用。

3. 我国进出口商品检验检疫机构有哪些?

4. 我国进出口商品检验检疫的内容包括什么?

5. 进出口商品检验检疫的一般流程是什么?

6. 国际货物运输的基本原则和要求是什么?

二、任务问题

三、完成结果

四、任务评价反馈

五、学习笔记

附 录

国际物流常用英语

Congestion 拥挤
Consignee 收货人
Consignor 发货人
Constants 常数
Deadweight（weight）cargo 重量货
Deadweight cargo（carrying）capacity 载货量
Deaiweight scale 载重图表
Deck cargo 甲板货
Direct discharge （车船）直卸
Direct transshipment 直接转船
Dirty（Black）（petroleum）products（D.P.P.） 原油
Disbursements 港口开支
Discharging port 卸货港
Disponent owner 二船东
Dock 船坞
Docker 码头工人
Door to Door 门到门运输
Downtime （设备）故障时间
Draft（draught） 吃水；水深
Draft limitation 吃水限制
Demurrage half despatch（D1/2D） 速遣费为滞期费的一半
Efficient deck hand（E.D.H.） 二级水手
Elevator 卸货机
Entrepot 保税货
Estimated time of departure（ETD） 预计离港时
Estimated time of readiness（ETR） 预计准备就绪时间
Even if used（E.I.U.） 即使使用
Excepted period 除外期间
Exception 异议
Exceptions clause 免责条款
Excess landing 溢卸
Ferry 渡轮
First class ship 一级船

Floating dock 浮坞

Force majeure 不可抗力

Fork-lift truck 铲车

Forty foot equivalent unit（FEU） 四十英尺集装箱换算单位

Four-way pallet 四边开槽托盘

Freeboard 干舷

Freight ton（FT） 运费吨

Grounding 触底

Gunny bag 麻袋

Gunny matting 麻垫

Hague Rules 海牙规则

Handymax 杂散货船

Harbour dues 港务费

Heavy lift additional（surcharge） 超重附加费

Heavy lift derrick 重型吊杆

Heavy weather 恶劣天气

Heavy fuel oil（H.F.O） 重油

Hire statement 租金单

Hopper 漏斗

Inducement cargo 起运量货物

Inflation adjustment factor（IAF） 通货膨胀膨胀调整系数

International Association of Classification Societies（IACS）

Inward 进港的

Inward cargo 进港货物

International Transport Workers' Federation（ITF） 国际运输工人联合会

Laden 满载的

Laden draught 满载吃水

Landbridge 陆桥

Lay-by berth 候载停泊区

Laydays（laytime） 装卸货时间

Leg（of a voyage） 航段

Limitation of liability 责任限制

Line（shipping line） 航运公司

Liner（liner ship） 班轮

Longitude 经度

Main deck 主甲板

Main port 主要港口

Manifest 舱单

Measurement cargo 体积货物
Measurement rated cargo 按体积计费的货物
Measurement rules 计量规则
Merchant （班轮提单）货方
Mobile crane 移动式起重机
More or less （mol.） 增减
Mother ship 母船
Newbuilding 新船
Nippon kaiji kyokai （NKK） 日本船级社
No cure no pay 无效果无报酬
Not otherwise enumerated （N.O.E.） 不另列举
Nominate a ship 指定船舶进行航行
To be nominated （TBN） 指定船舶
Non-conference line （Independentline，Outsider）
Non-delivery 未交货
On-carrier 接运承运人
Overstow 堆码
Pallet 托（货）盘
Pallet truck 托盘车
Palletized 托盘化的
Panamax 巴拿马型船
Parcel 一包，一票货
Booking charge 订舱费
Customs clearance fee 报关费
Labour fee or handling charge 操作劳务费
Exchange fee for CIP 商检换单费
D/O fee 换单费
Port sur-charge 港杂费
Emergent declearation change 冲关费
Customs inspection fee 海关查验费
Waiting charge 待时费
Amendment charge 改单费
LCL service charge 拼箱服务费
Animal & plant quarantine fee 动、植检疫费
Mobile crane charge 移动式起重机费
Warehouse in/out charge 进出库费
Container detention charge 滞箱费
Cartage fee 卡车运费
Commodity inspection fee 商检费

Transportation charge 转运费
Container dirtyness change 污箱费
Container damage charge 坏箱费用
Container clearance charge 清洁箱费
Dispatch charge 分拨费
FOT（free on track） 车上交货
T/T fee 电汇手续费
CFS charge 场站费
Document charge 文件费
Galvanized pallet 轻钢托盘
Galvanized metal hose 镀锌软管
Gallon（s） 加仑；（英美制体积单位）
Gab 凹口；凹槽
Fundamental condition 基本条件
Fumigation of notarization 公证职能
Fumigation of meeting emergency 应变职能
Fumigation of agent 代理职能
Fumigation/disinfection certification 熏蒸/消毒证书
Fumigation warehouse 熏蒸仓库
Fumigation certificate 熏舱证明
Full side for access container 全侧开式集装箱
Full set of clean B/L 全套清洁提单
Full service distribution co 全服务分销公司
Full operation capacity 全部工作能力
Full load 满载；全负载
Full endorsement 记名背书；完全背书
Full container ship 全集装箱船
Full container percentage 重箱比
Full container load 集装箱整箱货
Free trade zone 自由贸易区；保税区
Free trade wharf 自由贸易港码头
Free trade policy 自由贸易政策
Free trade area 自由贸易区；保税区
Free to frontier 免付边境站费用
Free overside 目的港船边交货价
Free out 船方不负担卸货费
Free on wagon（rail） 铁路货车上交货价格
Free on truck 卡车上交货价格
Free on train 火车上交货价格

Free on ship（or steamer） 船（或轮船）上交货价格
Free on rail（s） 火车上交货价格
Free on quay 码头交货价格
Free on plane 飞机上交货价格
Free on coach 货车上交货价格
Free on board destination 目的地交货
Free on board and stowed 理舱费在内的离岸价格
Mean time between failure 平均故障间隔时间
Mean sealevel 平均海平面；平均海面
Mean life 平均使用期限
Material requirements planning 物料需求计划
Rationged sorting scales 定量分选秤
Rationed packing scales 定量包装秤
Rate making distance 运价里程
Material handling management 物料搬运管理
Mate （海）驾驶员；大副
Master-pallet 大托盘；大托架
Master warehouse 主仓
Master controller 主控制器；中心控制器
Master carton（s） 主箱；成组化包装
Master air way bill 主运单（航空运输）
Master 船长；舰长
Mass transportation 大量运输；公共运输
Mass selling 集体销售；大量销售
Marshalling plan 编组计划；调配计划；堆场计划
Rate metal 稀有金属
Rapid transit railway 高速铁路
Range line 边界；国境线
Marshalling area 集装箱运输调配场区；调度场区；整理场区
Range 航程；距离
Marking or tagging 按运输要求给产品加标志或标签
Railway rolling stocks 铁路车辆
Railway receipt 铁路收据
Marketing information 市场报道；销售情报
Railway container turnover time 铁路集装箱周转时间
Railway container transport 铁路集装箱运输
Marketing concept 市场营销观念
Railway container 铁路集装箱
Railway consignment note 铁路托运单

Railway code 铁路条例
Railway bill of lading 铁路提单
Railway adminitraion 铁路管理
Railway 铁路
Rail-water terminal 水铁联运码头
Rail-water rate 铁路水路联运运价
Railroad 铁路
Market value 市面价格；市场价格
Market supply and demand 市场供求
Market size 市场规模
Market share 市场占有率；市场份额
Market sentiment 市场情绪；市场气氛
Market report 市场报告；市况报告
Market quotation 市场行情
Market principle 市场原则
Market price 市场价格
Market ability 可销性；适销性
Market 市场
Maritime container terminal 集装箱码头
Maritime Commission （美）海事委员会
Maritime claims 海事请求
Maritime 海上的；海事的；航海的；海运的
Marine insurance contract 海上保险合同
Marine insurance 海洋运输保险；海上保险；水险
Marine fuel oil 船用燃（料）油
Marine cabinet washer 船用洗舱机
Marine 海洋的；海上的；航海的
Marginal trading 边际贸易
Manufacturer's export agent 厂家出口代理人
Manufacturer's agent 厂商代理人
Manufacturer's invoice 厂商发票
Manufacturer's certificate 制造商证书
Manufacture 制造；制造业；厂商
Manufactory 工厂；制造厂
Current price 现价；市价；时价
Current cost 货币条款
Currency adjustment factor 货币贬值附加费
Currency 流通；币值
Customs warehouse 海关仓库；保税仓库

Customs valuation 海关估价
Customs tariff 关税税制
Customs office 海关；海关管理处
Customs of the sea 海事惯例
Customs of the port 港口海关
Customs of the People's Republic of China 中华人民共和国海关
Customs manifest 报关单
Customs house formalities 海关手续
Customs house broker 报关行
Customs house 海关
Customs free depot 海关免税仓库
Customs formalities 海关手续
Customs dues 海关规费；海关税
Customs drawback 海关退税
Customs declaration（s） made at the time of entry 入关申报单
Customs declaration（s） for imports and exports 货物进出口报关单
Customs declaration 报关；报关单；海关申报单
Customs clearance service 提供通关快速服务
Customs clearance 节关；报关单
Customs charges 报关费
Customs airport 海关机场
Customer support 客户支持服务
Customer service 客户服务
Customer 顾客
Customary packing 习惯包装
Customary law 习惯法
Custom of the trade 贸易惯例
Custom of the port 港口习惯；港口惯例
Custodian fee 保管费
Current standard container 通用标准集装箱
Current ruling price 时价；市价；现行价格
Current repair 小维修；日常维修
Current rate discharging（chartering） 按现行费率支付卸货费（租船）

参考文献

[1] 张良卫. 国际物流实务[M]. 3 版. 北京：电子工业出版社，2019.
[2] 刘爱娥. 国际物流实务[M]. 北京：人民邮电出版社，2013.
[3] 张清，栾琨. 国际物流实务[M]. 2 版. 北京：北京交通大学出版社，2019.
[4] 顾永才，王斌义. 国际物流实务[M]. 4 版. 北京：首都经济贸易大学出版社，2020.
[5] 陈言国，陈毅通，沈庆琼. 国际物流实务[M]. 北京：清华大学出版社，2016.
[6] 陈智刚. 国际物流实务[M]. 北京：电子工业出版社，2012.
[7] 符海青，劳健. 国际物流管理实务[M]. 北京：北京师范大学出版社，2011.
[8] 许欣逸. 国际物流运作实务[M]. 北京：中国民航出版社，2010.
[9] 程颖慧. 国际货运实务[M]. 成都：西南财经大学出版社，2018.
[10] 赵加平，张益海. 国际货运及代理实务[M]. 4 版. 北京：中国海关出版社，2017.